新行紀一著

一向一揆の基礎構造

―三河一揆と松平氏―

日本宗教史研究叢書

笠原一男 監修

吉川弘文館

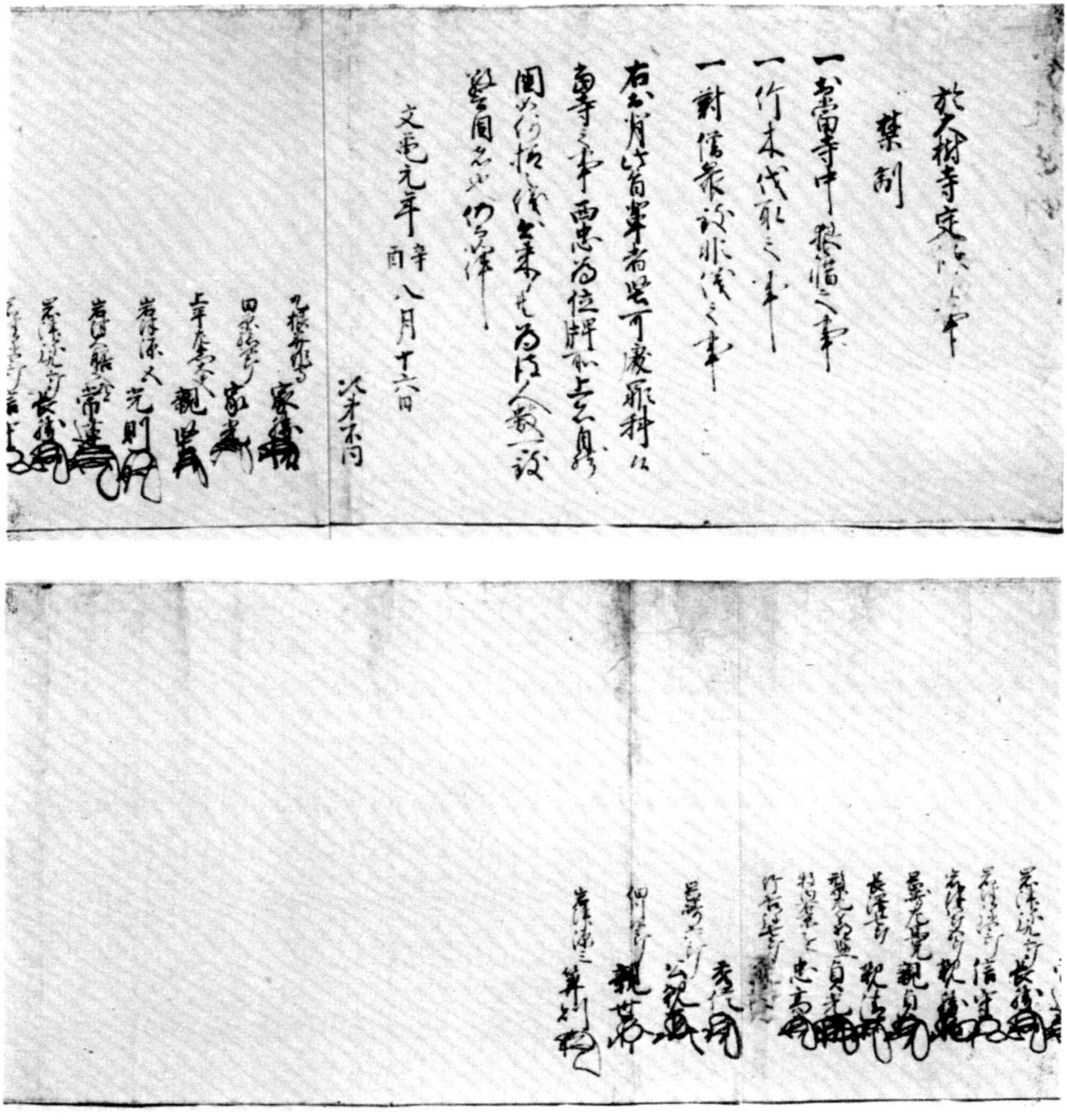
於大樹寺定条々事

禁制

一 於当寺中狼藉之事

一 竹木伐取之事

一 対僧衆致非儀之事

文亀元年辛酉八月十六日

文亀元年　松平一族連判状（大樹寺文書）

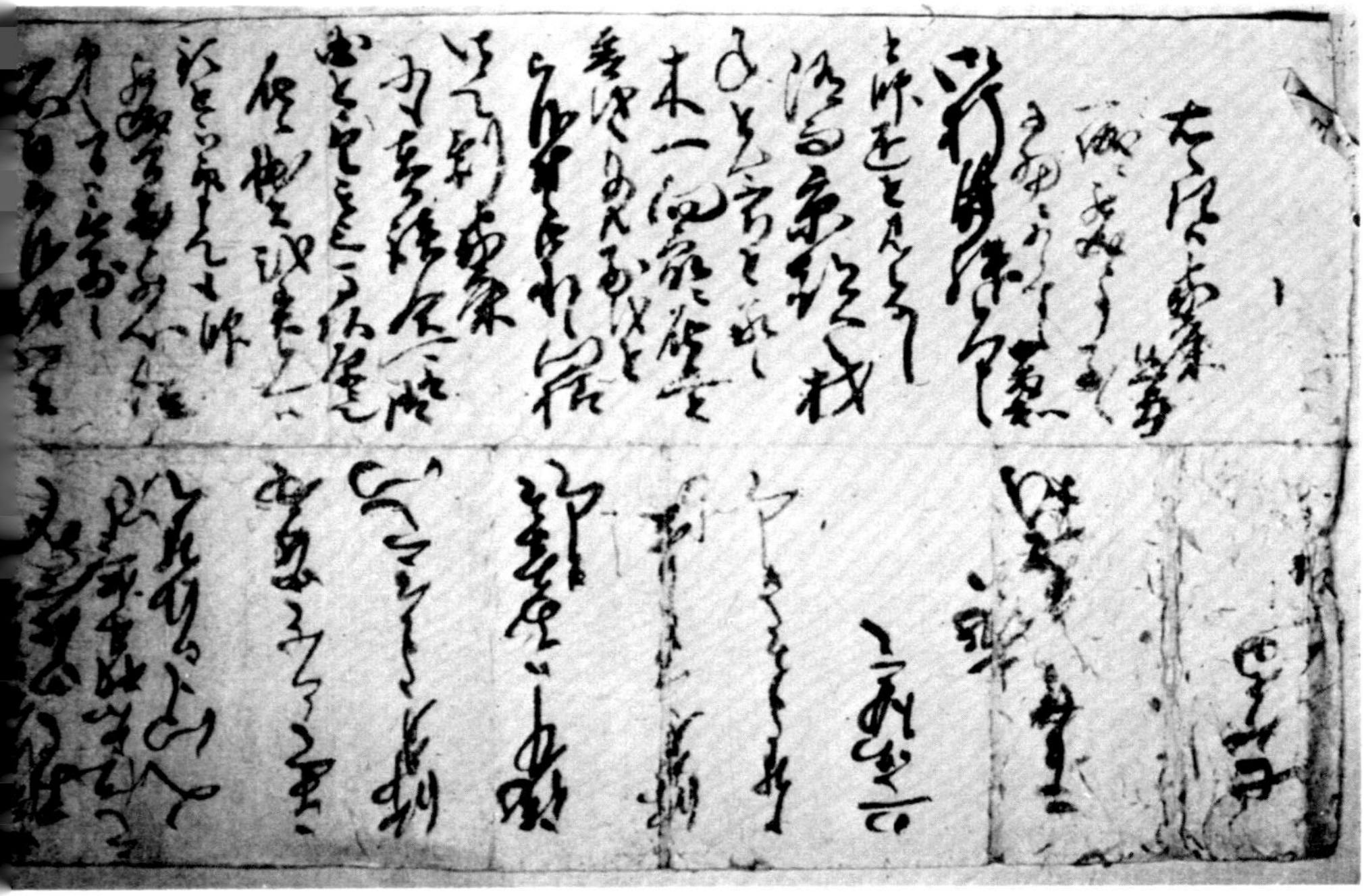

（天正16年）2月20日　本多重次書状　（上宮寺文書）

はじめに

一向一揆を中世後期史、とくに統一政権の成立とからめて理解しようとする方向が明確になってきたのは、ここ数年のことである。それ以前においては、一向一揆研究は孤立した特殊な分野とみなされ、それに言及する研究者は多くはなかった。一向一揆研究は、いわゆる真宗史の知識なしには不可能な側面をもっている。しかし織田信長の入京から突然の死にいたる十余年間、一向一揆との戦いが大きな比重をしめていたことを考えるならば、日本中世史および近世史にとって一向一揆研究が不可欠の課題であることは、おのずと明らかであろう。

それにもかかわらず、一向一揆研究の進展の速度が比較的遅いのは、真宗史の理解のみならず、一向一揆の時代全般についての充分な知識と、なによりも日本封建社会論を意識した多様な視角を必要とするところにある。すなわち一向一揆研究は、基礎構造、在地領主と戦国大名、織豊政権、中世の農民闘争、宗教教団史、さらには中世のイデオロギー等の諸研究の方法と成果を十分に摂取しつつ対処しなければならないテーマである。しかも一向一揆とされる歴史事象は多様な内容をふくみ、一世紀にわたって日本の中央地帯に分散的におこっていることが、研究の進展に大きな制約をおよぼしてきたのである。

一向一揆に関心をいだいてから十五年あまり、わたくしは越中・加賀・近江・三河の各地の一向一揆研究を少しずつ手がけてきた。この過程で、一向一揆の構造論的把握を各地の一揆についておこなってみなければ、一向一揆の正当な歴史的位置は確定できないことに気がついた。それは一言でいえば一向一揆を中世後期における固有の矛盾の中で位置づけ、その過程を基礎構造をふまえて、前記の多様な視角より分析してみなければならないということである。そのためには、一向一揆が一向一揆として不可避的に保持している宗教的関係すらも、一時的に捨象してみる必要があろうと考えるまでになった。

　このような問題意識によって本書の出発点は定まったのであるが、最初の段階では、これまで手がけた北陸や近江の一揆と三河で得られた知見とをあわせて、本題にふさわしい一書を構想していた。しかしもっとも最近に手をつけた三河一揆は、研究の進展につれてなかなかの難物であることがわかってきた。近世の二世紀半に定着した松平（徳川）中心史観というべきものによって、三河一揆も、一揆と闘った松平氏も、濃い霧の中に見えかくれする把えどころのないものとされていることに気がついたのである。このため、三河一向一揆の研究は松平中心史観の打破からはじめねばならなくなった。そうして三河にかかわる言及が圧倒的な量を占めることが明らかになった時、本書は宗教史研究叢書中に位置を占めうるかどうか疑わしいものとなった。それをあえて副題をつけて刊行することを決心したのは、まったく笠原一男先生のおすすめに負うものである。このため本書は、三河一向一揆の研究であると同時に、在地領主松平氏の研究でもあるという二面性をもっている。したがって最初に意図した一向一揆の理論的位置づけ等は捨象せざるをえなくなった。いずれ機会をみて行いたいと念願しているところである。

　本書が結果的に採用した方法は、一面、従来の一向一揆研究の不十分な点を克服するものと考えている。これまではどちらかといえば、一揆の主体の側に比重をかけて研究は進められてきた。しかし、一揆勃発の時点における基礎構造と政治的・社会的諸関係は、一揆の主体と客体を同時に規定していたのであり、一向一揆という中世後期の激動期におこった事象は、死闘を展開する両者を総合的に把握しなければ理解できないと考えるからである。この方法が何ほどの成果をあげえたかは、同学の方々の御批判によって明らかにされることであろう。

笠原先生には、一向一揆に関心をいだいた学部卒業論文の段階より、変らぬ御指導を賜わっている。また先生と旧真宗史研究会の諸先学、とくに故井上鋭夫先生には、一〇年におよぶ真宗史料調査旅行において、調査の方法とともに、歴史とは足で書く一面のあることを徹底的に体験させていただいた。越前から越後、さらに佐渡にいたる北陸地方、あるいは尾張・美濃・紀州へと、毎夏両先生をはじめとした大荷物の一団が駆けめぐった。その一員に加えていただいて得られたものが、どれだけ本書に生かせたか心許ないところも多い。

一向一揆研究にすすむまでに、歴史研究のあり方とおもしろさを教示して下さったのは、芳賀幸四郎・和歌森太郎両先生をはじめとする東京教育大学日本史研究室の諸先生であった。そこで歴史学に目を開かされたことが、やがて一向一揆というテーマにとりつくはじまりであった。また歴史学研究会中世史部会での自由な討論と批判が、ともすれば狭い視野にとどまりがちなわたくしに、一向一揆を中世後期史の中で位置づけねばならないことを意識させてくれた。

このように多数の方々の御指導をいただいてきたのであるが、なによりも本書の成立に直接にかかわるものは、大樹寺・妙源寺・上宮寺・勝鬘寺をはじめとする西三河の諸寺院、および国立公文書館・東大史料編纂所などの公的機関をふくむ多数の史料所蔵者の方々の御理解と御協力である。それなくして、刊行史料の僅少な三河一向一揆や松平氏についての研究は不可能であった。謹んで御礼を申しあげる次第である。また本書の刊行にあたっては、吉川弘文館編集部の黒板伸夫・広沢伸彦・西尾泉の諸氏に多大の御配慮と御世話をいただいた。心から謝意を表したい。

なお、この研究について、一九六六年度と七〇年度の文部省科学研究助成金の交付をうけた。

一九七四年一一月

新行紀一

目次

図版目次

表目次

第一章　一向一揆研究の現状と課題

第一節　一向一揆研究の課題

一向一揆は、封建制確立に対する農民の反抗と、そのエネルギーを利用して上級支配者の打倒をはかった在地武士の動向とが結合した国一揆であり、石山戦争およびこれに関連する一揆のみが宗教戦争としての意味をもっているという展望が、笠原一男氏によって提示されたのは、昭和二十五年のことであった。(1)これは井上鋭夫氏の指摘のごとく、(2)鈴木良一氏の中世後期における農民闘争研究の成果(3)を基礎として提起されたものであった。その後現在までこの規定は基本的に受けつがれ、その上に各地の一向一揆研究がすすめられてきた。その結果、一向一揆とよばれる歴史事実の多様な内容も次第に明らかにされ、荘家の一揆的性格のものや、戦国大名の戦闘行動に類似するものの存在も報告されている。(4)それらの一応の集大成というべきものは、笠原一男・井上鋭夫両氏の『一向一揆の研究』である。とくに井上氏は基本的には国一揆規定の線上にたちながらも、昭和三十年代以降の領主制研究、小農自立過程研究の成果をふまえて、北陸を中心とした一向一揆の複雑な内容を整理され、一揆の対抗関係による類型化をすすめ、左の五型を析出された。(5)

①　荘園領主と郷・荘門徒団（惣）
②　他宗および真宗諸派と本願寺教団
③　本願寺教団と武家勢力
④　本願寺教団の内訌
⑤　天下人と本願寺教団

笠原・井上両氏の同名の大著に関する紹介と批判は、刊行の時期になされた書評(6)にゆずるが、両氏の業績をふまえたうえで、一向一揆研究の現状の問題点を指摘しておきたい。

第一には各地域の一向一揆研究の跛行的状況である。一向一揆のおこった地域は畿内・紀伊・近江・飛驒、越前から佐渡(7)にいたる北陸地方、伊勢・美濃・尾張・三河の東海地方におよんでいる。そのうち早くから注目をあつめ、したがって研究の最も進んでいるのは加賀を中心とした北陸地方であり、一向一揆研究の諸概念も、大部分は加賀を中心に構成されている。これにたいし、畿内や東海の一揆は、その経過の大略が知られるのみで、基礎構造にふみこんだ研究はほとんどなされておらず、研究論文も各々五指にみたない。これは史料の残存状況や研究者の問題関心の所在ともかかわることであり、早急に是正することは困難であるが、加賀と同一の過程を歩まなかった地方の一揆把握に問題を生ずるおそれがあり、加賀において関係史料の僅少な部分が、そのまま全国の一向一揆に共通するかのごとき錯覚をもたらす原因となりかねないことは注意を要するところである。

たとえば一向一揆と惣結合の関連について、笠原一男氏は早くより「三人まず法義になしたきものがある、と仰られ候。その三人とは坊主と年老《トシヨリ》と長《オトナ》と、此三人さへ在所々々にして仏法に本付候はゞ、余のすえ〴〵の人はみな法義になり、仏法繁昌であろうずるよ」（栄玄記）という蓮如の言葉をひいて、惣結合と真宗との関係を指摘され（8）、井上氏はこれをうけて、越前坪江庄下郷石丸名玄明の例から、蓮如の言葉の実態を明らかにされた（9）。しかし史料的制約によってそれ以上の進展をみず、したがって一向一揆は惣結合を基盤とするといわれながらも、惣村成立と一向宗、あるいは教団の下部機構としての講と惣の関係、さらには惣結合の内部矛盾と一向一揆の関係などが、概念的に処理されたままで現在にいたっている。そのため、一向一揆を中世後期の農民闘争と連関させて把握する有力な手掛りが非常に乏しいままに終っているのである。ここにみられるような研究の現状はこれからの努力で克服されるであろうが、次の問題はもっと深刻である。

加賀を中心に進められた一向一揆研究は、前述のような一向一揆の諸類型を析出した。このような複雑な内容を含み、しかも約一世紀間にわたる歴史事実を、単一の「一向一揆」という語で表現することは相当の無理があるのではなかろうか。この点が第二の問題点である。一向一揆を国一揆の延長線上にとらえようとする方向は基本的には正しい。しかしたとえば、長享二年（一四八八）に加賀守護富樫政親を自殺させた門徒団の蜂起と、享禄・天文年間の加賀における権力争奪戦（大小一揆の乱）とを、国一揆概念をふまえた「一向一揆」なる語によって表現しようとすることは、出発点とは異なる要素を無理に包含しようとするもので、概念の拡大解釈を必然的にもたらすものではなかろうか。

最近の国一揆研究は、在地領主連合としての国人一揆と、国人一揆が農民と結合して反守護闘争として蜂起したもの（例、山城国一揆）とを区別している。(10) これを一向一揆研究にも適用するならば、守護・国人の収奪強化に反対して蜂起した一揆と、守護等を打倒した後に守護公権的諸権限行使の主体となった在地領主連合としての「一揆」とは明確に区別されねばならないであろう。したがって、井上氏のいうような内容を包括する広義の一向一揆と、国一揆概念をふまえた狭義の一向一揆とを区別することは、中世後期の農民闘争研究との関連性をより明確にするのに役立つであろう。なぜならば、狭義の一向一揆はそれに先行する諸他の農民闘争と同様に、収奪強化反対の一点で諸矛盾を内包する諸階級・諸階層が結合していたのであり、決して守護打倒後の政治体制の展望を当初から保持していたのではないからである。富樫政親打倒後の加賀において、やはり富樫一族を守護に推戴するところにみられるとおりであって、あらかじめ真宗イデオロギーによる新たな支配体制の構築が予定されていたのではない。加賀に典型的に発現するいわゆる門徒領国は、いうなれば試行錯誤的選択の結果にすぎないともいえるのである。

右のように考えるならば、いわゆる門徒領国成立後の戦闘行動を、国一揆概念をふまえた一向一揆規定のうちに包含しようとしてきた研究方向に問題があったといわねばならない。もちろんこれは、三河一揆や石山合戦期の各地一揆が、農民の利害とかかわりなかったということではない。狭義の一向一揆の有無にかかわりなく、門徒の利益を擁護しうる体制を破壊しようとする勢力との闘い、あるいは体制内部の権力争いなどを、狭義の一揆と同一の次元で把握することには問題があるということである。

第三の問題は、国一揆的一向一揆と、その勝利によって成立した政治体制、およびその擁護にかかわる武力闘争とを区別するためには、この政治体制をどう把握すればよいかという点である。これまではさきに用いた「門徒領国」あるいは「本願寺領国」なる語が一般的であった。それは守護領国および戦国大名領国などに対立的な、あるいはそれらとは性格を異にする点を強調する意味をこめて使用されてきた。真宗本願寺派の門徒の一揆の勝利によって出現し、門徒団あるいは教団本寺としての本願寺の政治的支配下にあるという意味では、一応正当な把握ということも可能であった。しかし門徒のすべてが支配者でありえないことは論理的に明白であるし、また本願寺の教権的支配も一貫して在地領主連合としての「一揆」を基盤としてのみ有効性を保持していたこと(11)を考えれば、必ずしも妥当な表現とはいいがたいのではなかろうか。これらは長享一揆後の加賀を典型として成立した術語であるが、長享一揆の中核をなし、その後の加賀における守護公権的諸権限の行使者となった在地領主連合＝「一揆」の支配の体制を正確に表現しているとはいえないのである。

なお笠原氏は、門徒領国（本願寺領国）は加賀に限定されるべきものではなく、本願寺派の教線が伸長した地域は、一向一揆の有無にかかわりなく、すべて門徒領国たりうるとされた。(12)たしかに国一揆的一向一揆の有無にかかわりなく門徒領国は存在した。三河の矢作川中・下流域、紀州の紀の川下流域、近江の湖北地方、あるいは濃尾三川下流域の長島を中心とした地域はそうであったといえよう。姫路を中心とした播州平野や安芸もそうであったかもしれない。しかしそれは門徒の量によって決定されるものではなく、なによりも「一揆」による支配が存在したかいなかによって決せられる問題であろう。「一揆」支配が存在しなければ、織田政権との対決にあたっていかに本願寺法主が護法を訴え、破門・生害で脅迫しようとも、数万の門徒による激烈な戦いは組織しえなかったであろう。

三河では碧海郡南部から幡豆郡にかけて、石川一族を中心とした「一揆」の存在が想定される。長島一揆の戦闘経過を見ていると、在地領主連合が中心となり、それに門徒農民が参加して一揆軍が構成されていたとしか考えられず、戦闘箇所は多く在地領主の小城塞の所在地であった。紀州の場合は多くの研究で知られるように、雑賀門徒の中核には在地領主連合があった。近江において、戦国大名浅井の衰退にもかかわらず、湖北十ヵ寺に主導された一向一揆がおこっていることは、やはり「一揆」支配の存在をもの語るものであろう。

このような「一揆」による支配体制は、真宗を紐帯としなくとも成立しうる可能性があったことは、山城国一揆の例から明らかである。また守護大名との武力衝突が存在しなくとも成立しえたことは、守護大名権力が弱体であった三河や紀州の例で知られよう。それだけではなく、守護大名や戦国大名の家臣団も、時と場合によっては、このような在地領主連合をとり込み、再編成して構成される場合もあったのである。したがって、門徒領国加賀の基底をなした二重の一揆支配は、決して加賀にのみ成立したのではなかったのである。そうしてこの「一揆」支配をメルクマールにするのでなければ、門徒領国の有無もその内部構造も、さらにはその歴史的位置も確定することはできないであろう。

以上一向一揆研究の現状の問題点の検討を試みたが、数年来、近世史研究者の側からの一向一揆の言及が、佐々木潤之介・朝尾直弘・原昭午氏など(13)によって積極的に行われるようになった。諸氏の論稿の特徴を一言でいえば、幕藩国家論の前提として一向一揆を位置づけようとされているところにある。したがって、笠原・井上氏らの諸研究の再構成をおこなって、一向一揆あるいは本願寺領国を、幕藩国家または織豊政権の先行条件、あるいは最後にして最強の克服すべき対象として把握される。もっとも原氏が指摘されているように、佐々木・朝尾両氏の見解は、幕藩国家の成立に関して共通の論点を含みながらもまったく対照的であり、とくに一向一揆の評価の差異が顕著である。その大要はすでに触れたことがあり(14)、紙幅の関係もあって省略するが、両氏の見解の差異はつまるところ中世社会の把握の差異であることは判然としている。それとともに、一向一揆が中世における農民闘争との関連と同時に、中世から近世への封建制の展開過程における最重要の研究課題となっている点を理解することが必要であろう。

右のように研究の現状を総括するのであるが、本書は直接に現在の研究課題に答えるものではなく、副題にあるように、主として三河一向一揆を対象とするものである。それは何よりも筆者の力量の問題ともいえるが、第一に指摘したごとき研究の跛行的状況が一定度解消されなければ、十分な解答をなしえない課題であることも事実である。そこで本書においては、まず跛行性の解消を第一目的として、三河一揆の事実経過を明らかにしようと意図している。その場合、これまでの一向一揆研究にみられた二つの欠陥、すなわち一揆の主体勢力については、真宗教団発展の視角から比較的詳細な分析を行うが、一揆をおこされた側、すなわちその段階における支配階級の側の分析がおろそかにされていた点、および一揆の勃発は基本的にはその時点における階級的矛盾の爆発であるとする視角の欠如を克服することに重点をおくことにする。それによって、一向一揆さらには日本封建制展開の研究に新たな素材と方法を提起したいと願うものである。幕藩体制を成立せしめた中心的勢力である徳川家康とその家臣団は、三河一揆と闘って勝利をおさめた時に、はじめて近世支配階級たりうる素地を形成したのであったからである。

第二節　三河一向一揆の諸問題

三河一向一揆の研究は青木義憲氏[15]にはじまり、笠原一男氏[16]・辻善之助氏[17]によって、その大略がほぼ明らかにされた。そうして三河一向一揆は通説的には、松平家康による三河領国支配の進行、すなわち戦国大名松平氏の封建支配の強化に反対する国一揆的一向一揆と位置づけられることになった。これは笠原氏が提唱された見解で、その背後には次のような実証的把握がある。[18]

一揆勃発の原因は三河三ヵ寺（佐々木上宮寺・野寺本証寺・針崎勝鬘寺）、特に上宮寺に対する家康家臣の兵糧徴発とそれにともなう軋轢であった。すなわち三ヵ寺の守護不入権の否定が一揆をひきおこしたのである。家康の家臣は一揆勃発によって、一揆に加わった門徒家臣と家康にしたがった門徒・非門徒家臣に分裂した。一揆方は反松平の酒井忠尚（忠賀）や吉良一族と連携したので、一揆は宗教戦争というよりは領国支配権をめぐる戦いの色彩が強くなった。松平家臣団の分裂は、真俗両諦の矛盾のためというよりは、どちらに味方したら自己の所領支配を全うしうるかの見通しの相違によるものであった。これは、一揆の形勢不利とみた一揆方武士が、本領安堵を条件に家康に帰服していることで明らかである。一揆は戦国大名松平氏の封建支配の強化に反対する広汎な門徒農民を含んでいたが、中心勢力であった武士門徒の離脱・降服のため敗北におわった。

右の説に反対する意見は重松明久氏から出された。(19) しかし重松氏の批判に笠原氏が反論をされ、(20) その後重松氏は見解を表明されなかった。したがって笠原説がほぼ定説化しているのであるが、重松氏個人がどう考えられるかは別として、その見解は客観的には一定の意義を有するものである。

重松氏は一向一揆全体を、本願寺教団と「自治的郷村」の切り離すことのできない共同闘争であると規定され、その理由は、中世後期の自治的郷村の存在こそ本願寺教団の発展を保障したものであり、郷村自治の擁護は当時の本願寺と農民にとっては利害の一致する点であったことにあるとされた。しかし「自治的郷村」の存在が真宗教団の発展を保障したのは守護大名段階までであって、封建諸侯（戦国大名）の支配が強化されてくると、彼らは領国支配の遂行のために、郷村の自治的要求を抑圧しようとする。そこで郷村の自治を守ろうとする門徒農民および本願寺教団と戦国大名の対決は不可避となる。このことが一向一揆の性格を土一揆的なものから宗教戦争的なものに変化させた原因である。三河一向一揆は、反守護的国一揆というよりは石山戦争の先駆的形態であって、家康の代官支配による封建的支配の強化に対して、武士・農民門徒が郷村的自治の存続をめざしたものであるとする。

右の両氏の見解は昭和二十年代のものであるが、それ以後三河一向一揆に関する包括的な論考は発表されていないので、両氏の見解の問題点は大部分現在に残されたままになっている。重松氏は、本願寺は教団発展のために、「郷村自治体制」を擁護・拡大する方向にあったとされた。この点は笠原氏も批判されたところであったが、今日からみれば両氏ともに、「郷村自治体制」なるものの具体的分析はほとんど行われていないといってよい。この点についてはすでに前節で指摘したとおりである。

笠原説の最大の問題点は、松平氏の領国支配の確立に反対する一揆といわれながら、松平の領国支配がどのような特質をもち、それはどのように形成されたかの分析が不十分なことである。松平氏の発展については、当時までの研究の成果に依拠して一応の解明をなされた。しかし、それでは十六世紀中葉の三河の経済構造はどうなっていたのか、いわゆる中間地域の特質と一向一揆はどう関係するのか、などの考察はまったく欠如していた。このため家臣団の存在形態の特質も究明されず、一揆における家臣団分裂は、どちらについた方が自己の所領支配により有利と判断したか、という一般的観点での処理になった。重松氏はこれらの点を別稿(21)で考察されたが、土地支配関係に重点をおかれたため、一向一揆との関連は明らかにされなかった。なお重松氏は戦国大名は封建支配者であるが、守護大名はそうではないとされたのは、当時における純粋封建制説にもとづいたものであろうが、現時点では問題が多い。家臣団の分裂は封建的意識の未発達のゆえとされたのも、同じ発想によったものであろう。

両氏の論争から約一五年を経て、三河一向一揆と松平領国に関する二つの論考が発表された。一つは煎本増夫氏「三河一向一揆の再検討――徳川氏の三河領国化との関連で(22)――」、他は所理喜夫氏「幕藩権力の生成と農民闘争(23)」である。所氏の論考は次節で検討することとして、まず煎本氏の所論をみてみよう。

煎本氏は、笠原・重松論争が一揆の性格論議に集中したため、一揆の実証的な検討が十分なされていないことを指摘され、その主たる理由は、一揆段階の家康家臣であった門徒武士層の歴史的性格が検討されないまま、はじめから家康譜代であったかのような錯覚によって一揆を評価したところよりきたのであろうとされた。そのうえで三河一向一揆を、「江戸幕府の権力構造の創出過程の重要な事件としてとりあげようとする」立場から、門徒武士を「家康方、本願寺教団方のいずれにつくか方向の定まらなかった在地武士層」と規定され、「兵農未分離の状態で在地支配を如何に貫徹するべきかの岐路に立たされていた彼らにとって、支配階級として定着していく苦悩は、家康の天下統一とは別の論理で検討されなければならない」と提言をされて、通説の問題点を検討され、以下のごとき結論を示された。

(1) 一揆のきっかけは菅沼定顕が上宮寺から兵糧を徴収したことにあるとする説は、史料の検討が不十分であり、定顕の実在性も疑わしい。

(2) 一揆は家康方から誘発したもので、三河の今川氏勢力を一掃せねばならない家康が、本願寺教団が西三河でもっていた物資流通の特権を早急に排除するためであったと考えられる。

(3) 一揆方の門徒武士がすべて家康家臣ではなかったし、家康の軍事動員に加わった者でも、家臣団に完全に編成されていたのではない。一揆方門徒武士の大半は松平宗家の有力家臣化していた門徒武士の庶家層か、あるいは有力な同族団を持たない武士化したばかりの上層名主層で、家臣化した寄親級上級武士層に反発し、在地の農民的要求を代弁せざるをえない立場にあったと考えられる。

(4) 一揆敗北の原因は「門徒武士層の内部分裂に原因があり、それを助長せしめたのが、実は彼らの立脚する領主的基盤――いうなれば小規模領主制であった」。つまり「郷主」的門徒武士の農民支配の「隠れ蓑」的な本願寺教団が松平氏に抵抗しえないことがわかると、階級的立場保持のため大名家臣化していった。石川、内藤等の有力門徒武士の家臣化によって、「本願寺教団の軍事的結合は弱体化し、これが一揆方の敗北に作用したと考えられる」。（傍点煎本氏）

この考察をふまえて煎本氏は、「大雑把にいうならば三河一向一揆は、農民・地侍層の抵抗組織たる本願寺教団を存続させる側と、これを破壊しなければ自らの支配階級としての領主的立場を守ることができない松平宗家を中心とした支配階級との激突であった。そして一揆が敗北したことは中世から近世への移行を象徴しているようにみえるのである」と歴史的位置づけをされている。

煎本氏は多くの新事実を明らかにされた。特に菅沼定顕の実在性への疑問から、一揆の原因を家康の誘発でないかとされた点は注目する必要がある。また門徒武士と家康家臣団との関係はこれまで未開拓の分野であり、一揆の構成や敗北の条件の考察に大きな貢献をするものである。このようにメリットは大きいが、また問題点も多い。

第一に十六世紀中葉における松平氏の領国支配の状況、および本願寺教団の存在形態が明らかにされていない。これは笠原・重松論争以来の課題であるが、煎本氏の場合もこの点が明らかではないため、家康が一揆を誘発したといわれてもそれは政治情勢からの考察が中心であり、松平領国の支配構造と本願寺教団の「支配」がどの点で衝突せざるを得なかったかは不明のままである。また本願寺教団が西三河の流通機構を支配していたといっても、そのことが領国支配となぜ対立するものであったか、また教団と門徒団になにをもたらしたか明らかではない。

第二に門徒武士の「階級的基盤」の実態が不明である。一郷を支配する「郷主」がこの地域の領主層の一般的形態といわれても、郷主がどのような土地・農民支配を行っていたのか、剰余収奪体制はどのように組織されていたのか、あるいは「郷主」は国人領主なのか「土豪」なのか、などの諸点の究明はなされずにおわっている。(24)このため一揆の敗北を「教団軍事機構」の内部分裂で説明されることになり、教団の階級的基盤に変化があったか否か、家康は一揆に勝利することによって何を獲得したのかの考察を不可能にしている。

第三は第一とも関連するが、一揆構成員の圧倒的多数をしめた筈の門徒農民にとって一揆は何であり、敗北はどのような結果をもたらしたかの考察が欠如していることである。この点は氏が門徒武士の存在形態を考察の起点にされたため、あえて触れられなかったとも考えられるが、一向一揆の歴史的位置を考えるためには不可欠の問題である。これがなければ本願寺教団の果した役割も不明となるし、何よりも一向一揆が一向一揆でなくなる。本願寺門徒であったからこそ、武士も農民も一時的にではあれ共同の敵家康との戦いに一致して参加したはずであったから。

以上のような研究史の現段階においては、三河一向一揆研究は、次の諸点を明らかにすることが必要となる。

(1) 松平氏の戦国大名化の過程と支配体制の特質

(2) 十六世紀中葉における土地所有関係の実態と農民の存在形態

(3) 一揆直前における家康領国の構造と矛盾

(4) 一揆の主体の形成過程

(5) 戦記物の域を脱した一揆の経過

右の点を念頭において以下具体的な検討を行うこととする。

註

（1）笠原一男「一向一揆の本質」（『史学雑誌』五八―六）。その後一〇年をへて笠原氏は、大著『一向一揆の研究』において、初期の一向一揆は「規模も数村の門徒が荘園領主にたいして年貢の未進を行なったり、村々の小支配者の農民支配に反抗したりする経済的性格の強い反抗」であり、やがて在地武士の門徒化が大幅に進むと一向一揆の性格は政治的性格を色濃く加え、「年貢・公事の未進から所領支配権、郡・国の支配権の奪取のための一揆」へと変化し、それは「本願寺教団の組織された力を利用した国一揆」といいうるとされ（同書八三三―四頁）、さらに石山戦争は、一向一揆勝利の結果生まれた「坊主大名領国・門徒領国」の支配者であり「法主将軍」ともいうべき政治的性格の本願寺が、その支配権保持のために戦った最後の一向一揆というべきものであるとされた（同八三四―八頁）。

（2）井上鋭夫「中世末期の本願寺と一向一揆」（真宗史研究会編『封建社会における真宗教団の展開』所収）。

（3）鈴木良一「純粋封建制成立における農民闘争」（『社会構成史大系』第一部所収）。

（4）各地の一向一揆研究に関する文献については、註（2）の井上論文のほか、同氏『一向一揆の研究』の参考文献、笠原一男編『日本宗教史研究入門』などを参照されたい。

（5）井上鋭夫『一向一揆の研究』六四九―五六頁。

（6）笠原氏については井上氏の書評（『史学雑誌』七三―一）、井上氏についての書評は北西弘氏（『史学雑誌』七八―一）、黒川直則氏（『日本史研究』一〇四）、新行（『歴史学研究』三四七）がある。また藤木久志氏の研究動向のまとめ（『日本史研究入門Ⅲ』）参照。

（7）佐渡の一向一揆については、田中圭一『佐渡金山史話』参照。

（8）笠原『一向一揆の研究』第三章第二節。

（9）井上『一向一揆の研究』第三章第二節二。

（10）佐藤和彦「国人一揆の研究視角」（『民衆史研究』五）、稲垣泰彦「応仁・文明の乱」（岩波講座『日本歴史』中世三所収）、同「土一揆について」（『歴史学研究』三〇五）等。

（11）たとえば柳千鶴「加賀一向一揆の展開」（『日本史研究』一一六）等。

（12）笠原前掲書八三四—五頁。

（13）佐々木潤之介「統一政権論の歴史的前提」（『歴史評論』二四一）、朝尾直弘「『将軍権力』の創出㈠」（同上）、原昭午「幕藩制国家の成立について」（『歴史評論』二四四）。

（14）拙稿「中世後期の農民闘争と一向一揆」（『歴史の理論と教育』二三）。

（15）青木義憲「三河一向一揆の研究」（『史淵』九）。

（16）笠原一男『日本における農民戦争』第二篇。

（17）辻善之助『日本仏教史』中世篇之五、二一二—四二頁。

（18）笠原『日本における農民戦争』および『一向一揆の研究』第一四章。

（19）重松明久「三河一向一揆の性格」（『西三河地理歴史論集』〈一九五一〉所収。のち『中世真宗思想の研究』〈一九七三〉所収）。

（20）笠原「三河一向一揆の性格について——重松明久氏の批判に答えて——」（『史学雑誌』六一—六）。

（21）重松「名主層の封建支配に関する一試論——色成年貢・公方年貢をとおして——」（『名古屋大学文学部研究論集』一五）、「在地封建制の構造——色成年貢・公方年貢再論——」（同前一七）。

（22）『史学雑誌』七八—八。

（23）『史潮』一〇四。

（24）煎本「徳川氏譜代部将の創出過程——内藤氏を中心として——」（『駿台史学』二三）に「郷主」の説明をされているが、疑問点は解消できない。

第二章　戦国大名松平氏の成立過程

第一節　松平氏研究の問題点

一　研究の現状

前章において、三河一向一揆は松平領国との関連でとらえる必要があることを指摘したが、松平領国に関する研究成果は意外に多くない。徳川氏（松平氏）に関する研究は、多種かつ多岐にわたり、徳川幕府の手になる『徳川実紀』『朝野旧聞裒藁』等にはじまり、三上・栗田段階を経ての積み重ねは膨大なものである。戦後のものでも中村孝也・北島正元・藤野保氏らの大著があり(1)、とくに家康の三河統一以後については、主要な問題はほぼ出つくしているとの感がふかい。

しかし、これらの成果は、近世史の側から、幕府成立前史として広忠以前を把握し、通史的に記述しているものが多く、ために広忠段階までの松平氏の支配体制を、あるいは十五、六世紀における三河の基礎構造の分析を欠いたままで現在にいたっている。

右の点を克服すべき課題としてとらえて研究をすすめられているのが三木靖氏・所理喜夫氏である。三木氏は「荘園体制における領主と合戦——三河国を中心として——」(2)において、額田郡を舞台としてとりあげ、「荘園体制社会に特徴的な政治過程は、公然たる武力行使による闘争」であり、「合戦」といわれてきたものの実態を明らかにし、その歴史的性格を検討しようとされた。まず鎌倉期の三河守護足利氏の検討から額田郡が国衙領から守護領となり、室町幕府成立後は高氏が三河守護となって、額田郡の所領を一族や被官に分与していた。一方十四世紀には矢作川東岸や山中郷を中心に開発が進行し、新しい在地領主層が出現し、その中で幕府「馬廻衆」山下氏の一族の中から松平を基礎に在地領主化していった者が松平(徳川)氏であったとされた。

三木氏の論稿は、これまで不明のままにのこされてきた十三、四世紀の西三河の政治・経済状況を摘出したものであり、中山七名や山下氏↓松平氏のつながりに若干の問題を残しながらも、守護勢力の弱体と在地領主連合の「一揆」による支配体制との交錯する状況を適確に指摘された。この「一揆」による支配体制を、中世後期の農民闘争の動向と関連させて把握し、「一揆」支配から戦国大名松平氏の成長をさぐり、中世から近世への展開を究明されようとしたのが所氏である。

所氏は「幕藩権力の生成と農民闘争」(3)において、「新封建制再編成説」反対の立場から、中世後期の権力と農民の関係を基軸にして、社会構成の発展過程と幕藩体制への帰結を明らかにしようとした。まず中世末期の三河には、在地領主層の権力ないし経営をテコとして小農自立を達成しようとするコースと、それを拒否する形でのコースがあり、両コースともに百姓自身の原型を創出し、とくに松平権力の本拠岡崎付近では、幕藩制農政の基本原則たる小農の直接把握と、村請体制が萌芽的に展開されはじめていたとする。

この状況に対応したのが寛正六年（一四六五）の国人地侍一揆で、その中核は松平信光と「親類被官人」であった。それは守護領国制をつきくずした新たな暴力機関で、小農自立の進行に対する領主的対応として、自ら胎生しつつある農奴制に立脚する新たな領主制を指向する闘争であった。一揆は幕府守護権力の弾圧で潰滅するが、基本的方向は維持されて十六世紀にいたり、文亀元年（一五〇一）大樹寺連判状にみられる松平宗家を中心とする大一揆と、その下部における小（地域）一揆の二重の一揆体制となる。この宗家と一揆構成員との間にあらたな封建的ヒエラルヒーが形成され、その拡大発展が松平氏権力の戦国大名への発展に他ならないとする。この体制は広忠の時期までにほぼ成立し、戦国大名松平氏の権力機構確立の契機となった三河一向一揆は、農奴制的支配体制の深化をめざす松平宗家・小領主権力と、これを拒否し、一向宗教団に結集することで小領主地域連合（小一揆）を維持し、それをテコとして領主化と弱小経営の自立を達成しようとする在地小領主・御百姓連合との対決であり、近世前期までの農民闘争形態の原型であった。そうして後者の道が圧殺された結果、三河における松平宗家に結集する在地小領主の一円的土地所有権と、それをテコとする弱小経営自立即農奴化のコースが確定したとされる。所氏の論稿はさらに続くが、本書の主題よりはなれるので省略する。その全般的な理論構成の問題は別として、限定した範囲でいえば、次の三点を問題点として指摘せねばならない。

第一に、松平氏関係史料が『朝野旧聞裒藁』に限定されたため、それに包括されない史料を捨象することになって、特に当時の土地支配関係と領主層の存在形態の究明が不十分なことである。第二に、一向衆教団に結集した小一揆といい、松平宗家を中核とした二重の一揆体制といっても、その具体的状況が解明されていない点である。したがって第三に、小農自立の二コースといい、農奴制的支配体制の深化といわれても実態は不分明であり、そのために、戦国大名松平氏の成立を、氏の第三類型とみなしうるかどうか疑問となる。以上の諸点は現存する中世後期の文書の再検討によって正否が確認されねばならない。

右のごとき問題点をもってはいるが、両氏とくに所氏の論稿は、戦国大名松平氏の成立過程を究明した最初のものであり、今後の研究の出発点となるものである。これらを参照しながら、以下松平氏の戦国大名への道を十五、六世紀の三河の状況を考えつつ検討してみよう。

二　松平氏関係史料と史料批判

従来の松平氏研究は、『三河物語』『松平記』等の近世初頭に成立した著作を基本とし、『朝野旧聞裒藁』『寛政重修諸家譜』等の近世後期の編纂物を参照して行われてきた。松平氏研究の古典的位置をしめる『岡崎市史別巻徳川家康とその周囲』にしても、これに若干の松平氏文書を使用したにとどまっている。その結果、相当の疑問を残しつつも、近世の著作の延長線上で松平氏の発展過程をとらえ、十五、六世紀における在地領主あるいは戦国大名研究とは隔絶したところで、松平氏の歴史すなわち西三河の歴史として理解してきた。

いうまでもなく、幕藩体制成立後に執筆、編纂された諸書は、程度の差こそあれ、基本的には徳川将軍家の支配を正当化し、幕藩体制を維持する立場にたっている。したがってその前史たる、いわゆる三河八代に関してもこの立場は貫徹しており、徳川将軍家の歴史として、不都合と考えられることは大部分排除されるか、改変されている。これは松平中心史観と称することができよう。

たとえば、関係史料はすべて網羅して一応は客観的立場に立っているとみられる『朝野旧聞裒藁』にしても、編纂者の史料撰択には一定の基準があって、松平氏（徳川氏）にとって不都合な部分は捨象されている。[4] また史料自体が近世に成立している場合には、すでにその史料が有した制約をなんら顧慮せずに使用されている。諸氏や寺社の書き上げ類を史料とする場合、それに記されていないことは原史料が存在するにもかかわらずに切り捨てられ、他方故意に松平氏との関係を捏造した部分がそのまま採録されている。[5] このような傾向は『寛政重修諸家譜』の原史料にもあったわけで、充分の注意が必要となろう。

松平氏に関する最古の成書ともいえる『三河物語』にしても、その記事を利用する場合には相当の注意をはらわねばならない。執筆者大久保忠教は、近世の旗本としての立場から、主家徳川氏および自家にとって不都合なことはしるさず、また自家にとって有利な事柄は特筆大書する可能性を常にもっていた。と同時に、『三河物語』の記事は何を材料として記されたかをも考えねばならない。忠教は、永禄三年（一五六〇）生れで犬居合戦が初陣と伝えるから、それ以後については本人の見聞を基礎としたと考えてよかろう。しかしそれ以前の部分は、父忠員やその兄弟、あるいは八人兄弟の末子というところから兄や従兄らの経験の伝聞によった部分、および直接経験者の生存しない段階での二次的伝聞によった部分より成る。この区別からはじめねばならないところに松平氏研究の遅れをみることもできよう。

右のような点を克服するためには、松平氏をはじめとする中世後期の文書を十分活用しなければならないのであるが、『徳川家康とその周囲』以外はほとんど活用していない。これは三河関係古文書の大部分が未刊行であり、松平歴代文書ですらすべてが活字になっているわけではないことに起因している。しかし松平氏菩提寺の大樹寺(6)をはじめ、妙源寺・上宮寺・本証寺等の真宗寺院には、松平氏関係のみならず多数の中世文書が現蔵されている。それを可能なかぎり採訪し、確実な同時代の文書・記録によって立論することを基本方針としたい。

第二節　十四、五世紀の西三河

いわゆる松平八代の初代親氏・二代泰親に関する史料はすべて近世のものであり、二人が親子か兄弟かさえはっきりしない。ただし三代信光は十五世紀中葉に生存したことは確実であるから、その父や祖父は十四世紀後葉から十五世紀前半に存命したことはまちがいない。神話は神話としておいてよいともいえるが、信光以後の松平氏の発展を考える場合に看過できない重要な論点を含んでいるので、以下当時の額田郡を中心として西三河の状況を明らかにしつつ、松平氏伝承を検討してみよう。

問題になるのはまず親氏の中山七名(一説に一七名)征服伝承、つぎに泰親・信光の岩津城攻略の伝承である。中山七名は後代に松平氏の本領と意識されたところ、岩津は信光の西三河経略の本拠となった。ともに松平氏の歴史にとって枢要の地で、この二つが否定されれば、松平創世紀は大部分虚構ということになる。

松平氏伝承によれば、新田得川氏の後裔親氏は時宗の僧となって徳阿弥と名のり、父長阿弥有親と共に三河国碧海郡大浜の時宗称名寺に来た。親氏は還俗して酒井五郎左衛門の聟となり一男（与四郎広親、酒井氏祖）を儲けたが、幾許もなく妻に死別した。その後加茂郡松平郷の松平太郎左衛門信重の聟となって家を嗣ぎ、松平南方の山上に郷敷城（郷式城）を築き本拠地とした。この後親氏は泰親と共に、加茂郡林添の藪田源五忠元を討ち取り、額田郡麻生内蔵助の城を陥れ、加茂郡二重栗の二重栗内記を大林で攻め殺したので、田口の中根、泰梨の粟生、奥岩戸の岩戸大膳（あるいは岩戸村の天野）、柳田の山内等すべて降服し、中山七名は支配下に入った。親氏の長子信広は太郎左衛門家をつぎ、二子信光が家督とされたが、親氏没時に二人は幼少のため弟泰親が家を継いだ。泰親は額田郡大平の柴田左京を追い、ついで信光とともに岩津城の岩津大膳（中根大膳とも）を討ったという。[7]

二代の生没年すら諸説あって判然とせず、新田後裔説が後世の付会であることはすでに知られたことである。[8]ただし二代の間に松平から岩津までを征服したというのは、神話とするには具体的でありすぎる。そこで中山七名をまず手掛りとして若干検討を加えてみよう。中山七名とは田口・泰梨・岩戸・麻生・柳田・名之内・毛呂をさすという。[9]もっともこれは『朝野旧聞裒藁』で確定されたもので、中山荘あるいは中山郷のすべてであったとはいえない。『形原松平記』[10]は次のようにいう。

権現様御先祖三州額田郡松平と申所より御出候、形原の御家も同事ぬかたの郡岩津と申在所より御出候、此在所松平とならびの在所にて御座候、其族中山十里七百貫御本知也、此小名今村・やつき・田口・岩や・かへさね・中久保（中保久カ）・源山（須山カ）・こふ（古部）・大川・蓬生・形原七百貫ニ五拾貫の御加増被成、光忠様御代に形原江御移候よし慥に承伝仕候。

これによれば中山荘の範囲はさらに広く、中山七名はその一部分でしかなかった。そうして同荘は、「康正二年造内裏段銭并国役引付」（以下「康正引付」と略称）には京都七条全光寺領としてあらわれる。(11) 十五世紀中葉に荘園領主の支配下にあった中山荘に、松平氏はどのようにして進出したのであろうか。中山七名の松平との位置関係からみて、松平氏の本貫地は中山荘であり、その出自は保久郷を本貫とした室町幕府奉公衆山下氏の一族で松平の住人と結びついた者という見解もある。(12) そこで親氏・泰親時代の十四世紀後葉から十五世紀前半にかけこの額田郡を中心とした西三河の状況を検討して、これが成り立つかどうか考えてみることとする。

この頃額田郡内に所領所職を有したものには、南北朝内乱期の三河守護高氏をはじめ、観応元年（一三五〇）額田郡一揆の構成員の粟生・簗田・山室・宮重・河路・鹿島・高宮・進・梠山・大庭・土岐・和田・樫山の諸氏、(13) 寛正六年（一四六五）の額田郡牢人事件の参加者の丸山・大場・芦谷・簗田・高力・黒柳・片山の諸氏、(14) さらに「康正引付」その他の史料にあらわれる彦部・小島・山下・岩堀・大草(15)・倉持(16)・中根・天野・成瀬(17)等の諸氏があった。そのうち当面問題とする中山荘をふくむ額田郡北部山間地域に関係が深かったのは、高・粟生・鹿島（粟生庶家）・樫山・小島・彦部・倉持・山下・天野の諸氏で、樫山・天野を除いては幕府奉公衆（走衆・末衆を含む）かその一族として名があらわれる。

高氏は足利氏の有力家人として著名であるが、十五世紀中葉においても、三河国に所領所職を有していた。

高小太郎師長本領事(18)

（中略）

一　三河国　額田郡政所職　同（勲功地也）

一　同　国　矢作東宿　下村中山郷　雑役免進退分十家名

（中略）

長禄三年十二月　日

右の検討はあとにゆずり、ここでは額田郡政所職を問題とする。その起源は鎌倉時代の足利氏の三河守護時代にさかのぼり、「足利氏所領奉行番文」[19]に「一参河国　額田郡　設楽郡　富永保」とみえる足利氏所領としての額田郡支配のための機構であることは明らかである。この足利氏所領の内容は額田郡地頭職であろう。郡地頭は領域内の公田の把握、所当公事の収納、庶民の相論（雑人訴訟）の裁判、寺社造営役の催促等の権限を有し、郡内公田からの所当年貢の圧倒的部分を収納していた。また被官を郷・村地頭代に補任し、給恩地をあたえており、これら地頭代職の上にあって郡全体の支配を行うために設定されたのが郡政所職であった[20]。以上は主として北条氏所領で検証されたところであるが、三河の足利氏所領の場合も基本的には同じと考えられるが、額田郡では郷司職安堵はあっても[21]、地頭代職の明証はない。しかし高・粟生・倉持氏の例からみて、地頭郷司職・地頭代職・給恩地（屋敷・田畠）で所領は構成されていたと考えられる[22]。三河出身の足利一族仁木・細川も同様であろう。建武二年（一三三五）に足利尊氏軍が矢作川で新田義貞勢と対峙した際、尊氏は先陣の将高師泰に、三河は分国であるから矢作川を前に布陣し、決して河を越えてはならないと命じた（梅松論）背景には、右の状況があったのである。

尊氏が将軍となり高氏が三河守護に任ぜられた段階においては、額田郡の状況は相当大きく変化したであろう。一族・被官は九州にいたる各地に転戦し、多数が三河をはなれたであろう。もっとも粟生・彦部・小島などは三河に所領をもち続けた。この際額田郡地頭職は、高氏所領中の政所職の所在からみて、おそらく将軍料所となって継続したと考えられる。高氏は三河守護職とともに額田郡政所職にも任じられたので、「勲功地」と称したのではなかろうか。

観応擾乱と中央における高氏の没落が額田郡にどう影響したかは不明である。直義に味方する諸氏の「一揆」はあったが、反守護高氏の意志表示にとどまったようである。[23] 三河守護職は仁木義長に与えられたが、延文五年(一三六〇)に大島義高にかわり、応安六年(一三七三)以降永和五年(一三七八)の間に一色範光が任ぜられ、詮範・満範・義範(義貫)と代をかさねた。永享三年(一四三一)九月に義範が将軍義教に誅殺されて細川持常が任ぜられ、宝徳三年(一四五一)に持常が没した跡を甥成之が嗣いだ。このような守護の交代が在地に及ぼした影響は知りがたいが、観応一揆参加者で戦国期に名を止めない諸氏の没落・退去があったはずである。しかし長禄三年(一四五九)にいたっても郡政所職が高氏の手にあるから、[24] 高氏は守護職は失っても他の所領所職は依然保持しており、額田郡は依然将軍直轄領であったと推定される。

康暦二年(一三八〇)将軍義満は東寺西院造営料所として「御料所」山中郷を寄進した。[25] この直前の永和三年(一三七七)の山中郷北方・南方郷帳の作成者は、高氏一族で前代の足利氏所領奉行の子孫である彦部四郎左衛門であった。[26] これは右の推定を裏付けるものといえるし、同郷は十五世紀中葉には御料所として姿をみせている。[27]

以上額田郡は十三世紀以来の足利氏領で、郡政所のもとに郷司（地頭）・地頭代に分割支配されていた。南北朝内乱や守護家交代による領主個々の移動はあっても、基本的体制は十五世紀までさほど変化しなかったのであろう。「康正引付」の岩堀・大草・山下・小島・彦部等の幕府奉公衆は、郷司や地頭代として、あるいは給恩の屋敷田畠の領主として、段銭の納入者であった。この体制下において松平氏が伝承どおり所領を拡大したのであればそれはどのような方法で行われたのか。

結論を先にいえば、松平氏は幕府権力の中枢に直結し、その支持・了解をうけつつ所領拡大を行ったのであろう。何故ならば、将軍御料所たる額田郡において、あるいは政所職を保持する高氏のもとで、いかに松平氏が有力であっても、単独での合戦は当然高氏や奉公衆諸氏の反撃をうけた筈である。その痕跡がみえないことは作為によるだけではなく、松平氏を庇護する勢力があったためであろう。それは守護一色氏や政所高氏ではなく、別稿[28]で明らかになった政所執事伊勢氏ではなかろうか。伊勢氏の被官としての松平親氏・泰親の行動が、後世その一部分を拡大されて現在知られるような松平伝承となったと考えるのは無理であろうか。一色氏は額田郡に守護公権を行使した例は非常に少なく、[29] 高氏は前出のように中山郷を侵略される立場にあったから、松平氏の庇護者とはなりえなかったのである。

第三節　松平信光

松平氏本宗は三代信光にいたって同時代史料に姿をあらわす。信光は応永十一年（一四〇四）に生れ、岩津城を本拠として大給・保久を攻め取り、岡崎城を入手し、寛正六年の額田郡牢人蜂起を鎮圧し、文明年間には矢作川をこえて安城を占領した。万松寺・信光明寺・妙心寺を創建し、庶子を各地に分封して松平氏発展の基礎をかためた。(30)『三河物語』は「和泉守信光、御法名月堂、御代々御慈悲之儀ハ申ニ不及、弓矢ヲ取せ給う事、併者無。凡西三河之内、三ケ一ハ𢧐随給ふ」(31)としている。

このような信光時代の松平氏の動向を、将軍馬廻衆山下氏一族の発展ととらえ、(32)あるいは、信光は伊勢貞親と被官関係を結びながら三河守護の権力外に地縁的一揆組織による独自の権力を創出した、(33)とする見解もある。それを検討するまえに、『親元日記』にあらわれる松平和泉入道即信光と断定できないとする見解(34)を問題にしておかねばならない。これは同時代記録に信光即和泉入道とあらわれず、信光文書もないことを論拠とするものであろう。管見の範囲での信光文書・記録等は第1表の八点であるが、3・4以外は確実なものとはいい難い。しかしもっとも信頼度の高い3には「沙弥信光」とあるから、『親元日記』寛正六年五月十八・二十六日条の「松平和泉入道」は沙弥信光、すなわち松平氏の所伝の和泉守信光と考えてよいであろう。(35)

信光は保久の山下、大給の長坂を討ち、大給にはのちに親忠の子乗元が分出したという。これは『三河物語』

第1表　信光関係史料

史料番号	年月日	史料名	記事	出典（所蔵）
1	永享12・8・吉	万松寺雲盤銘	松平和泉入道信光、松平和泉守信光	A・B
2	12・8・吉	万松寺本尊台座銘	松平和泉守源信光	A・B（亡失）
3	寛正2・11	妙心寺仏像記	沙弥信光	A・B（妙心寺文書）
4	文明10・4・4	信光明寺観音堂棟札	松平和泉入道月堂信光	信光明寺観音堂修理報告書
5	13・7・22	妙心寺願文	沙弥信光	A・B（妙心寺文書）
6	18・7	信光明寺銅鐫願文	松平入道源信光	A・B
7	応仁元・5・15	戸軽主税宛書状	松平和泉守信光	A（隣松寺文書）
8	年欠　4・15	満性寺・畔柳遊山宛書状	和泉守信光	満性寺文書

出典　A＝朝野旧聞裒藁　B＝岡崎市史第一巻
1・5・6は後作の疑い大(B)、7・8は近世中期以後の作ならん、4は判読困難なるも同時代のもの。

にのみある所伝であるが、近世初頭に成立していたものである。山下氏は平氏で、惣大夫義村の時保久に住して七村を領し、以後相継いで隼人義房に至り、その女は大給城主長坂新左衛門の弟新兵衛に嫁した。義房の子が庄左衛門重通、その子が庄左衛門重久で、長坂新左衛門と共に信光と戦って敗北した。(36)保久山下氏は奉公衆一族で、「康正引付」の山下上野入道もこの一族であろう。長坂氏は碧海郡地端・坂戸に居住し、かつては足利氏に仕えたとの所伝を有するが、(37)大給長坂氏との関係は伝えられていない。

保久・大給攻めを親氏以来の征服伝承とあわせるといくつかの疑問が生ずる。大給は親氏征服地という林添の西隣りで、巴川沿いの丘陵を縫ってはしる信州への旧街道を扼する地点である。したがって松平氏が、松平郷から岩津への通路を確保するための肝要の地であり、その入手を信光の代とするのは、二代の征服伝承には都合が悪い。また保久は中山郷の北隣で、松平から中山郷へいたる東側山間通路の要地である。この地をそのままにして中山郷から岩津へ出て、もう一度山中の敵対勢力と戦ったとするのも説得的でない。なお松平氏は山下氏一族のうち松平の住人層と結びついたもので、保久・中山からその外周に出て矢作川沿いに南下し、やがて伊勢氏と結びついたものととらえ、これによって中山七名を本貫とする松平氏という伝承の不整合性の意味を理解しようとする見解もある。(38) 山下氏関係の伝承が消滅したのは、寛正の牢人一件が伝えられないと同様に、系譜を源氏に求めるために意識的に抹殺されたためというのである。山下氏は平氏であるから、この説は一応首肯できそうであるが、すでに信光が松平氏を称していること、同族との戦いの必然性が説明されない点は問題であろう。

この問題を合理的に解釈する一つの見通しは、松平氏は元来岩津を本拠として額田郡山中に攻め入ったのであり、その伝承が取捨選択されて、親氏・泰親の出自を松平郷に求めるところまで変型されたという考えである。これは泰親・信光時代の本拠岩津の歴史的位置から考えられることである。

岩津城は矢作川東岸の洪積台地の西端で矢作川沖積地を眼下に望む位置にあった。この地は古墳時代以来一大政治勢力の本拠地で、(39) 律令制下の郡衙所在地、矢作川官渡船の所在地と推定される。平安中期以降矢作川渡河点は南下して矢作（渡）—和田・六名の道が開かれたが、(40) 額田郡北部や設楽郡へは岩津から青木川沿いに進む路が至便であり、平安期の瓦を出土する真福寺、鎌倉建築の本堂・山門のある滝山寺は、岩津より山一つ越えた東にあたる。また足利一族の分出した細川・仁木の地は、ともに岩津のすぐ北方である。このような土地が鎌倉期以来そのまま放置されたとは考えがたく、岡崎築城以前は岩津が額田郡支配の中心であった可能性は大である。この岩津の地への進出伝承はすこぶる不明確で、泰親が岩津城を奪取したという点は一致するものの、従前の城主や戦闘状況はまったく記されていない。これが岩津から中山・松平へという見通しの背景である。

これを補強するのは奉公衆小島氏と松平氏との関係である。『形原松平記』が記すように、信光の子与副を初代とする形原松平家の所領中山十里七百貫の地は、奉公衆小島氏の本領蓬生を含んでいる。小島氏は「足利氏所領奉行番文」に小島掃部助、「文安番帳」に小島新蔵人、「康正引付」に小島掃部助、「長享着到」に小島蔵人丞・三州小島左京亮とある。(41)ところが延徳四年（一四九二）には松平紀伊入道栄金より所領範囲の確定がなされ、(42)弘治三年（一五五七）には「古部郷之内蓬生分」をめぐって泰梨の粟生将監と争って今川義元の裁許状をうけたが、「陣番等之儀者形原江如令与力可勤之」とある。(43)したがって小島氏は奉公衆から松平被官化し、やがて形原松平家の与力とされたわけである。このような庶家への分与地と被官の配属は、やはりこの地が新征服地であることを示すものであろう。

「康正引付」の額田郡四ヵ所から蓬生と古部の一部のみに小島氏の所領が減じたのは、松平氏の進出の反映であるが、それでは松平氏と小島氏本領の領有関係はどのようなものであったか。これはおそらく政所職の蓬生等に対する得分権を入手したのが松平氏であり、小島氏は郷司・地頭代的領主権は保持していたと解すべきであろう。(44)したがって松平氏は、「康正引付」にみられる全光寺領のごとき寺社領についてはその在地代官を被官化し、山下氏のような敵対勢力は打倒して所職を入手したのであろう。それと額田郡政所職を松平氏が入手する前後関係は不明であるが、総持尼寺領の例からみて寛正六年以前であることはまちがいない。総持尼寺は高心仏の女の創建で、高氏は額田郡比志賀（日近）、菅生郷を寺領に寄進し、観応擾乱後も歴代将軍の御判御教書や管領施行状によって、所領押妨の停止、守護使不入が命ぜられていた。その最後は文安四年（一四四七）で、以後の文書を有しないところをみると、これ以後おそらく松平氏の支配下に組み込まれていったものと考えられるのである。(45) このような信光の代の松平氏の伸展が、伊勢氏被官であることとどのようにかかわったか具体的には知りえないが、いつの時点でか松平氏は額田郡政所職の所職を入手したことはまちがいあるまい。

信光は寛正六年にいたって、額田郡における牢人蜂起を鎮圧することを伊勢貞親より命ぜられた。『今川記』(46)によれば次のような経過である。当時三河吉良氏は二流が分立し、西条の義真は在京し東条の義藤は在国していたが、両人は対立抗争をくり返し、被官の国侍も次第に下知に背くようになった。中でも丸山中務入道父子、大場二郎左衛門、簗田左京亮らは額田郡井口にたてこもって牢人を集め、鎌倉殿下知と称して京都へ運送の官物をも掠奪した。幕府は故一色義貫の家人牧野出羽守・仁木被官西郷六郎兵衛に討伐を命じ、数百の兵が三日三晩攻撃を加えて攻め落した。しかし大将分は落去して所々にかくれて狼藉を続けたので、幕府は「三河国の御家人松平和泉守入道、十田弾正父子」に討伐を命じた。丸山は大平郷で戸田に、大場は深溝で松平和泉守の子大炊助に討たれて、首は京都へ送られた。芦谷助三郎・大場長満寺などは駿河の丸子の奥に隠れたのを今川義忠に討ち取られた。

『今川記』は松平・戸田を「御家人」とするなど問題はあるが、国衆の氏名が『親元日記』の交名（五月二十六日条）にほぼ一致するところからみて大体正確とみられる。国衆は次のとおりである。

額田郡牢人交名之注文折紙

丸山中務丞子（父ハ為此事、本人討死）、同名彦次郎（中務弟也）同弟出家両人、大庭次郎左衛門尉、同弟長満寺、尾尻、同子七郎太郎、高力、黒柳、片山、簗田左京亮、芦谷兄弟、以上、

これら牢人＝国衆は額田郡南部の村落名を姓とする者が多いが、すべて奉公衆的国人領主の系譜であるとはいいきれないし、また吉良氏被官衆かどうか確定しがたい。しかし、中心的部分はそれにつらなるものであった。「康正引付」に丸山掃部助が宝飯郡三ヵ所の段銭納入者としてあらわれ、現岡崎市丸山町に丸山氏の城址がある[47]。戸田宗光が丸山を討ち取った大平の東隣が丸山町である。大庭・簗田はともに観応元年額田郡一揆参加者簗田平太資国・大庭弥平太氏景の子孫であろう。大庭は南北朝期の三河守護高氏被官としてあらわれ[48]、菩提寺深溝長満寺は南北朝期創建と伝えるから、同地の郷司・地頭代職保持者であろう。簗田も同様の存在と考えられるが、その本領は明らかではない。高力は近世の所伝によれば簗田一族といい[49]、高力（幸田町）が本領である。芦谷も同町芦谷の住人で、永禄四年（一五六一）に酒井正親に付属された芦野谷源七某[50]はその後裔であろう。尾尻は岡崎市竜泉寺町に字名が残っている。

これら諸氏が拠った井口は岩津の南方、大門の東方各二キロの地で当時の東海道交通の要地であり、「京都へ運送の官物」を抑留するには絶好の地であった。これが幕府権力の強力な発動をみた最大の原因であろう。と同時に彼らが「京都の御下知をも不用、（中略）鎌倉殿の御下知のよし申偽りて」（今川記）いた点に注意せねばならない。当時の関東では長禄元年（一四五七）に下向して堀越御所となった義政の弟政知が、古河公方成氏と対立して

いた。両者の軍は同三年十月武蔵で戦い、この年には政知方の上杉房能・持朝らは武蔵五十子に陣して成氏軍と対峙していた。[51]したがって成氏が政知方の今川氏の背後攪乱をねらったと考えられないこともない。かつて永享七年（一四三五）の持氏挙兵の際に三河国衆へ働きかけが行われた先例もあったのである。[52]

この「一揆」鎮圧にまず動員されたのは牧野・西郷氏で最も近接した松平氏ではなかった。牧野は守護一色被官というが、すでに守護職は細川氏に移っていた。牧野は宝飯郡牧野城を本拠とした国衆で、成時（古白）の代に東三河に勢力を伸展するが、当時は奉公衆一色刑部少輔被官であったと考えられる。西郷は南北朝期の三河守護仁木義長の守護代であったこともあるが、これも東三河の八名郡が本領であった。このような東三河の国衆の動員にたいし、守護細川成之がどのような役割を果したか、『今川記』はまったく伝えていない。これは細川の守護領国支配の進展がみられなかったためであると同時に、三河における奉公衆的国人領主の相対的な強さのあらわれであろう。松平氏が最初の発向に加わらなかったのは、額田郡が守護権力の枠外にあったためとも、松平氏が伊勢氏被官として守護権力の外にあったためとも、また松平自身が一揆にかかわっていたためとも考えられる。そこで信光と一揆の関係を『親元日記』によって検討してみよう。

寛正六年五月十八日三河守護細川成之の使者飯尾彦六左衛門は、「三河国額田郡牢人等事、御被官松平和泉入道親類被官等許容之沙汰有之」ので、去る四月二十九日付幕府奉行奉書の趣旨によって成敗するように松平に命ずる書状の発給を伊勢貞親に要請した。貞親の家司蜷川親元は二十日に『三河江《（戸）》御状』の下書を作成し、貞親はそれを了承したので、二十六日に貞親の松平宛書状、親元・貞雄連署の松平和泉入道・十田弾正左衛門宛伊勢氏奉行奉書、十田宛の蜷川掃部助淳親書状、および両人宛の前出交名の計六通が調えられ、二十八日に細川方へ届けられたのである。貞親直状は次のとおりであった。

三河国額田郡内輩事、及種々狼藉之間、為守護成敗之処、彼牢人等、其辺徘徊之由候、太不可然候、殊被成下御奉書一段可申付候、万一親類被官人中、許容之族候者、任御成敗之旨、厳密可致其沙汰候、巨細猶蜷川新右衛門尉可申候、謹言、

五月廿六　　　（貞）親

松平和泉入道へ

守護方は右の書状等を各々松平と戸田に送って、そこではじめて両者は発向に参加したのであり、おそらく六月上旬のことであろう。

右の経過で注目されるのは、伊勢氏被官の両氏は、幕府奉行奉書によった守護細川の命には従わず、貞親の命令ではじめて行動したこと、および信光の「親類被官人中」には「牢人」を「許容」した者があったことである。前者は伊勢氏被官が守護公権の体系外にあったことを示し、松平や戸田に限定されるものではなかったのである。後者の「親類被官人」の内容はあとで検討するとして、松平一族が「牢人」と同一行動をしたのはおそらく事実であろう。「牢人」の本領は額田郡南部であるにもかかわらず、松平の本拠岩津に近接する井口が拠点となっていることは、松平一族や信光自身と接触があってのことと考えられる。しかしこのことから、「牢人」や松平氏が室町幕府体制の外に新たな支配体制の構築をはかったものと理解することはできない。

当時の額田郡の領主層は荘園制的土地支配体系の枠内にあり、その地位は足利将軍家や政所執事伊勢氏との被官関係によって保証されていたのであるから、これを自発的に破壊することは非常な困難をともなうものであった。彼等の領主的発展の方向は、錯綜した職の体系下において、実力で近辺の職所有者を打倒する一方、被官関係によって名主層を組織することで所領の拡大をはかる以外にはなかったのである。その場合幕府・守護または これに準ずる部分との被官関係を最大限に利用することはありえても、運送物掠奪等によって守護の発向をうけるような事態は決して有効な方向ではなかったはずである。それが行われ、守護・奉公衆・伊勢氏被官を一丸とした発向をうける事態が生じたことは、「牢人」の行動に先述したような京都と関東の対立、または三河守護代吉良氏の内訌にからんだ軍事的・政治的要因を考えるべきではなかろうか。

このようにみれば、松平信光や一族が「牢人」と一時点では同一行動をとっていたとしても、そこからの離脱は簡単におこりえたわけである。松平の領主的発展にとっても不可欠な伊勢氏との被官関係を無視してまで「牢人」と同一行動をとり続けることはありえないし、嘉吉年間にさかのぼる伊勢氏との被官関係が松平氏の三河および京都・近江における所領所職の拡大に有効であるかぎりは、貞親直状や奉行奉書にもとづいて、「牢人」を討伐しその所領所職を闕所地として入手することがより有効な方法であった筈である。松平がそのように行動したことは、高力を除く「牢人」の後裔が後の松平家臣団にほとんど出現しないことからも察せられよう。松平は入手した闕所地を一族・被官に宛行ったことは、信光の子と伝えられる庶家は額田郡南部から宝飯郡西部にかけて分布していることからも推定されるところである。

ところで、信光系庶家と「親類被官人」とはどうかかわるのであろう。松平関係諸書は信光の子四八人と記すが、『朝野旧聞裒藁』が確認しているのは一七人である。そのうち確実な文書・記録に姿をみせるのは、安城をついだ親忠をはじめ親則（長沢松平）・守家（竹谷）・光重（岡崎）・親長（岩津）・家勝（丸根美作）で、さらに、『形原松平記』や小島家文書から与副（形原）もよいであろう。なお後述の文亀元年大樹寺連判状には岩津を称する六人があって、その中には信光の子もある可能性は大きいが確定はできない。庶家については節を改めて検討することとするが、このほかに信光兄弟の益親らが「親類」の中にはかぞえられよう。しかし具体的には不明といわねばならない。

「被官人」は親類以上に不分明である。初代親氏の庶子と伝える酒井氏すら、百数十年間にわたって交渉の記録がなく、長親の代にはじめて姿をみせる状況である。しかし三代にわたる征服伝承を一定度認めるならば、被官の存在は否定はできない。

この時点の松平氏の所領所職の内容を示す史料はわずかに次の年貢請状[53]のみである。

三河国額田郡大門郷内井口横大路屋敷空浄跡田畠之事、預申候処実正也、但此下地御年貢四貫五百文ニ定申候而、春中ニ壱貫文、夏中ニ壱貫文、秋納所ニ弐貫五百文沙汰可申候、若此旨をちかい申候而御年貢等無沙汰申候ハヽ、彼下地をめしはなされ候ハんニ違乱儀申ましく候、仍為後日預状如件、

松平弥次郎

長禄四年かのへたつ十一月廿六日　親則判

岩堀
横大路殿

請負者の松平親則は信光長男と伝えられ、寛正二年（一四六一）に没した長沢松平の祖とされる人物である。請負地の下地所有者岩堀横大路は奉公衆岩堀氏の一族であろう。この請負によって親則は空浄跡田畠の耕作権というよりは下地支配権を入手し、自己の下人的小農民または被官百姓を作人として年貢上納の責任を負い、名主得分を収取したのであろう。信光および松平一族の所領所職は額田郡政所職につらなるものからこのような名田の年貢請負権にいたる多様なものであり、いわゆる庶家の分出はこのような所領所職の分与をともなうものであった。

その後信光は文明年間に矢作川を越えて碧海郡安城を入手したが、これに関しては不明のことが多い。『三河物語』には年代がなく、年代を記した諸書もまちまちで[54]、時の安城城主についても明らかではない。大浜称名寺に歴代の寄進・安堵状をのこす和田氏一族かとの説もあるが確証はない[55]。信光はさらに岡崎城の西郷弾正左衛門頼嗣を攻めてこれを降し、子紀伊守光重を婿に入れたという。これも諸書の記述まちまちで、『三河物語』等は泰親時代のこととするが、ここでは『岡崎市史別巻、徳川家康とその周囲』[56]の説に従い、安城攻めと同じ性格のものと考えておく。

応仁の乱の際の三河の状況は明らかではない。守護細川成之は阿波・三河両国の兵八千余をもって東軍に加わり、吉良義真・義信も東軍であった。この三河の兵を率いたのは守護代東条近江守国氏であった。東条以下の三河勢は応仁元年十月三日の東西両軍の激突の折に一色義直勢と戦って大勝し、(57)その後京都各地を転戦して、文明八年には三河へ帰っていたらしい。ところが文明八年九月国氏は反対派に攻められて討死した。その時子とおもわれる修理亮は京都に在ったが、翌年九月に京都を退いて奈良に赴いている。(58)このような京都出征の間に三河はどうなったかはわからないが相当の混乱がおこり、応仁の乱の三河版というべき戦闘行動が各地におこったことであろう。特に東条国氏討死は三河の状況に大きな変化をひきおこしたであろう。守護権力、さらには幕府権力の失墜によって、在地の領主層にとっては領主的発展の絶好の機会となった。それに乗じたのが信光の安城・岡崎攻めであったのではなかろうか。「就中天下事更以目出度子細無之、於近国者、近江・三乃・尾張・遠江・三川・飛驒・能登・加賀・越前・大和・河内、此等ハ悉皆不応下知、年貢等一向不進上国共也」(59)といわれたように、三河においても所職横領・年貢抑留がさかんに行われるにいたったことであろう。前述の松平親則請負地のごとき土地では、幕府権力の失墜即奉公衆の地位の低下であり、武力による年貢確保が行われなければ、容易に松平一族による押領が進行したことであろう。それを可能とする武力はすでに寛正段階で成立していた。あとはそれをいかに有効に使用して所領所職の拡大をはかるかであり、それを最も効果的に行ったのが信光であったといえよう。「西三河之内、三ヶ一ハ戮随」へたのは結局この時点においてのことであろう。

信光は長享二年（一四八八）七月二日八十五歳で没した。そのあとをついだのが親忠で、庶家として岩津・形原・竹谷・長沢・大草・宮石・五井・能見・牧内・磯部等の松平氏が成立したという。この点は章節をあらためて検討することにしよう。

第四節　安城松平家の進展

一　松平親忠

松平四代の親忠は信光の三男で、文明の初年信光の譲をうけて安城に住んだ。室は加茂郡矢並の鈴木右京進重勝の女。応仁元年（一四六七）八月尾張品野、参河伊保の軍勢と井田野に戦って大勝。文明七年（一四七五）松平家菩提寺として鴨田に成道山大樹寺を創設、開山は勢誉愚底。長享元年（一四八七）八月麻生城主天野弥九郎景孝を降し、子乗清を入れる。同二年七月二十五日父信光死去ののち入道して西忠と称す。明応二年（一四九三）十月伊保城主三宅加賀、寺部の鈴木日向、挙母の中条出羽守、八草の那須惣左衛門、上野の阿部孫次郎等の軍勢三千余が大門の渡を渡って来襲したのを井田野に迎撃して大いにこれを破る。碧海郡南部を支配下におさめ、文亀元年（一五〇一）八月十日没、享年七十一歳（一説に六十三歳）。(60)

以上が親忠の略伝であるが、彼をめぐる疑問も数多く、親忠（西忠）の名乗り、松平惣領職、岩津・岡崎松平との関係、大樹寺創建、麻生攻め、井田野合戦などの問題があげられる。

親忠文書は第2表の七通が現在知られるが、長享二年（一四八八）に長忠と連署して安城真如寺に「めいそう」（明綜光誉）を住職に任じ、事ある時は大樹寺のはからいを受けるべしとした契約状（第2表の文書1）に西忠と署名しているから、信光死去後入道したという点は信じられよう。この後長享三年に「北鴨田之内のりかね名田壱町

第2表　親忠・西忠文書

文書番号	年月日	内容	花押	出典
1	長享2・9・27	西忠・長忠連署契約状	A	大樹寺　黄―4
2	3・1・25	大樹寺宛西忠田地寄進状	A	大樹寺　先―1
3	延徳2・7・22	〃	A	大樹寺　先―2
4	明応5・7・15	菅生郷宛親忠満性寺領寄進状	B	満性寺
5	6・7・朔	安城善立寺宛西忠田地寄進状	×	岡崎市史7
6	6・7・25	大樹寺宛西忠林寄進状	A	大樹寺　先―3
7	文亀元・5・25	西忠往生之時儀式同吊之事（遺言状）	×	大樹寺　先―4

A・Bは花押の異同をあらわす（第6表まで同じ）。
出典欄の黄・先については第二章註（6）参照（第6表まで同じ）。

并屋敷」（文書2）、延徳二年（一四九〇）に田一反を「月堂（信光）霊供米」として（文書3）、明応六年（一四九七）に「鴫田之内并所々」の林を「廿ヶ年余西忠林之間、西忠往生之以後者大樹寺様可為御計候」として大樹寺に寄進している（文書6）。また明応六年（一四九七）には安城善立寺に安城で三反二石成を寄進している（文書5）。これらはすべて西忠と署名し、写しであって不明の善立寺宛寄進状を除いて花押は同一である。さらに死去直前の文亀元年（一五〇一）五月二十五日に「西忠往生之時儀式同吊之事」を記した遺言状（文書7）でも西忠と称している。これにたいし明応五年七月十五日付の満性寺寺領寄進状（文書4）のみが親忠と署名している。

奉永代寄進満性寺領之事
一所 東者くねをきり、南河をかきり、西者谷をかきり、北ハ谷をかきり
右為先祖御菩提令寄進所也、念仏勤行懈怠有間敷者也、仍為後日如件、
明応五丙辰年七月十五日　　親忠（花押）
菅生郷

これには姓・官途を記さず、また花押は西忠のものと全くことなる。菩提寺である大樹寺宛の場合には法名を用いたとも解釈できようが、日蓮宗善立寺宛のものにも西忠とあるから、この考えはなりたたない。また入道後に花押をかえた場合、再度以前の花押を用いることは例がない。文書自体は当時のもので、寺伝も松平四代親忠のものとしている。

ところがこの親忠の花押は、文亀元年八月十六日付の松平一族連判状(61)の岡崎左馬允親貞の花押に酷似している。若干の年代差を考慮すれば、同一といっても過言ではない。この親貞＝親忠とすると、これまで西忠＝親忠としてきたことがくずれてしまう。そこで親貞が満性寺文書の親忠たりうるかどうか検討してみよう。『寛政重修諸家譜』等では親貞は信光の五男紀伊守光重の子である。光重は岡崎城の西郷弾正左衛門の聟となって同城を譲られたといい、光重文書三通が知られる。

1　延徳四年八月十三日付小島大蔵丞宛松平紀伊入道栄金、左馬允親貞連署所領宛行状写（生平郷内、小島家文書）

2　明応二年四月十二日付妙大寺彦左衛門尉宛替地宛行状(62)（光林寺屋敷、大竹氏文書）

3　同三年十月二十八日付大樹寺宛松平紀伊入道栄金買地安堵状（井口、大樹寺文書「門」）

右の文書から光重は額田郡山間部と、岡崎城から菅生川をへだてた南の明大寺の地に所領を与えられて岡崎城に居住したことは確実であり、満性寺のある菅生の地は岡崎城のある台地の東方に位置するところから、岡崎松平家の所領であった可能性は大きい。光重には左馬允親貞・弾正左衛門信貞・将監貞光の三子があった。文書1より光重は延徳四年に入道しているから、親貞はすでに成人に達していたのである。親貞は文書1で「左馬允親貞」を称し、九年後の文亀元年連判状でも同様であるから、この間に一時親忠を称したことになる。なお親貞には子がなく弟信貞を後嗣にしたという。信貞文書としては永正八年十一月付明大寺成就院宛下知状[63]があるから、これ以前のことである。

満性寺文書の親忠は西忠ではなく岡崎松平の左馬允親貞である可能性が大きいが、法名西忠なる人物の実名はといえば、これは現在のところ明らかにできない。ただこの問題の背景として、松平一族中でのちの家康の系統こそ嫡流とする作為があったということはできよう。西忠こそ信光の惣領とする諸書の記述もその一つである。

『三河物語』は、信光について、

おぎう・ほつきうヲ責被取せ給ひて、岩津之城おバ、御ソウレウシキ〔惣領式〕ヱ渡サセ給ふ成。おぎうの城おバ、次男源次郎殿に御ゆづり有。其後に安祥之城ヲ思召被懸て、（中略）案の内成とて、我モ〳〵と乱入其儘付入にシテ城ヲ被取セ給ひて、三男次郎三郎親忠に御ゆづり有

とする。これを素直によめば、惣領は岩津城を譲られ、親忠（西忠）は単に安祥城を譲られただけにすぎないことは明瞭である。ところが、これを信光は親忠に家督を譲ったと解釈してきているのである。岩津松平の嫡流が天文年間に絶え、近世においてはその傍系がわずかに残っていたという事情、あるいは親忠（西忠）在世中より親忠系が有力になったらしいことなどはあるとしても、近代においても松平―徳川中心史観そのままの解釈は大きな問題というべきである。

親忠（西忠）は安城を分与されて信光系庶子の一人として分立したのであった。信光の次の代の松平一族の惣領

は先述の修理亮親長かと推定されるが、この外に光重系の岡崎松平をはじめ形原・竹谷等の庶家が分立していたのであろう。このような松平一族は惣領制的結合の最後の段階ともいえようが、その中で親忠（西忠）系が勢力を持ちえた事情は明らかではない。『三河物語』に「御慈悲と申御武辺ヲモッテ、次第〱に御代も隆《サカエ》サセ給ふ」とある。おそらく親忠（西忠）が軍事指揮官として一族中卓越した能力を有したこと、および安城を本拠として碧海郡南部を支配下におさめて一族中で強大となったことによるのではなかろうか。その意味で注目すべきは井田野合戦であるが、その原因や来襲軍の構成等については不明である。大樹寺の記録はこれを応仁元年（一四六七）とし、この時の戦死者の亡霊の騒ぐのを鎮めるために魂場野に念仏堂をたてたのが大樹寺のはじまりという。しかしここでは『岡崎市史』[64]にしたがって、応仁元年説は誤りとしておこう。

親忠（西忠）の関係した戦闘としては他に麻生攻めがある。親氏が麻生内蔵助を討った伝承はすでに記したが、麻生阿弥陀寺の「当寺大檀那御由緒記」（正保二年成立）によれば、嘉吉文安年間に天野左衛門尉長弘が麻生を領し、子孫は中山荘に広がっていた。長弘の子弥九郎景孝は岩戸村の領主岩戸大膳亮泰親を滅ぼしてその地を併せ領していたが、長享元年八月に親忠に討たれた。親忠は滝脇松平の乗清を麻生に入れたという。このとおりとすると親氏の麻生攻めの位置づけが問題になるが、岩戸正蔵寺にある永正年間以来の天野氏の位牌は製作年代が記銘年代に一致し、麻生には松平一族の天正年間までの墓所もあるから、親氏伝承は親忠の麻生攻めをもとに作為されたとも考えられる。

親忠（西忠）が菩提所として創建した大樹寺は、先述の創建伝承があるが、井田野合戦を明応二年十月とすると伝承はなりたたなくなる。ところで安城にあった親忠が何故本城を隔たった鴨田に菩提所を建立したのであろうか。すでに父信光は岩津に信光明寺を建立しており、文明十一年（一四七九）二月十三日には勅願所の綸旨をうけている。(65)にもかかわらず新たに一寺を建てたということは、親忠が松平氏惣領ではなく庶家の一人として、すなわち安城松平家の菩提寺を建てたということであろう。その寺が安城ではなく矢作川の東になったのは、安城城のある台地は狭小で一寺を建立する土地がなかったためと、同時に、この地に親忠の所領があったこと、および同地が井口の真南で同一台地上にあるという軍事的要地であることから、安城松平家の矢作川東部の拠点であったと考えられる。これはまた当時の松平氏の所領の分散性の証拠でもある。

親忠（西忠）は文亀元年五月二十五日に「西忠往生之時儀式同吊之事」一四条の遺言状（文書7）を遺した。同書端裏書には本文と同筆で「西忠遺言状　此書物大樹寺様被懸御目道閲披見有光明寺其外之子共一門衆ニも可御見候」とあり、内容は葬儀の場所・荼毘・中陰法事・百ヵ日・一周忌・三年忌・七年忌、さらには会葬者や僧衆への配慮と多岐にわたる。そのうちで特に注目すべきものは第三条である。

一　中陰ハ二七日、但初七日過候者、縁者親類女子共可帰候、隙にて可有候間、三郎も其日限に城江可帰候、道閲其外兄弟者二七日之間色にて可有候、馬つれ内之者も初七日過候者可帰候、

ここに出てくる「三郎」とは誰のことで「道閲其外兄弟」は西忠や三郎とはどういう関係にあったのか。西忠から三郎とよばれる可能性のあった人物は当然その子か孫、または兄弟に限定される。ところがこの時三郎と称した人物は現行の松平系図にはみあたらない。安城松平は親忠（西忠）以後惣領は次郎三郎を称するとみられる

が、この三郎を次郎三郎すなわち長親とするのは、すでに長親＝道閲として引用部分にみえるから不可能である。したがって長親ではなく孫にあたる信忠とも考えられるが、信忠は延徳二年生れで当時十一歳でいまだ元服前ともおもわれる。信忠文書の最初は、若干疑いがあるが文亀三年十三歳の時のものである。(66)これを本書としても元服はその直前と考えられ、少々早いという感が強い。

この「三郎」を信忠とするとどういうことになるだろうか。当時信忠は十一歳、長親は二十八歳である。長親文書の最初は西忠と連署した文書1であり、明応五年頃に家督を譲られていたことは、発給文書より知られる。そうして西忠遺言状に道閲の名が初出し、以後は第3表のようにすべて道閲とあるから、二十八歳で法名を称したことが知られる。この「道閲其外兄弟」は二七日の間は喪服で大樹寺に居るよう定められ、「三郎」は「隙にて可有候間」初七日で安城へ帰城するようにとある。しかも「馬つれ内之者」すなわち騎馬の被官衆も初七日で帰れとあるから、この段階では信忠が家督をついでいたと推定してもおかしくない。となると、西忠は子長親との間に疎隔を生じ、ために孫の三郎を愛して若年の長親を入道させて無理に家を譲らせたとも考えられ、のちに長親が信忠を疎んじた原因もここにあったということになろう。(67)なお長親は天文十三年に七十二歳で没したとされているが、寛永譜は享年九十余歳とする。(68)これが事実ならば西忠死去の年長親は五十歳前後であり、『参州本間氏覚書』が伝える西忠と長親は親子ではないとする系図が重要な意味をもってこよう。(69)

二　長親（長忠）と信忠

五代長親は初名長忠という。明応五年頃に家督を嗣いだが、前述のように親忠（西忠）生存中より法号を称していた。永正三年（一五〇六）伊勢宗瑞のひきいる今川勢の侵入をうけたが、寡兵よく戦ってこれを撃退した。その後信忠に家をゆずったが実権は依然として掌握していたらしい。大永二年（一五二二）より七年にかけて松平郷高月院に田地を寄進している。子信忠、孫清康に先だたれ、天文十三（一五四四）年八月二十二日七十二歳で大樹寺において没したとい

第3表　長忠・長親・道閲文書

文書番号	年月日	内容	花押	出典
1	長享2・9・27	西忠・長忠連署契約状	A	大樹寺　黄―4
2	明応5・12・20	続芸入道宛長忠書状	A	妙源寺
3	5・12・26	長忠買地安堵状	A	妙源寺
4	文亀元・8	道閲田地寄進状	A	大樹寺　先―5
5	永正10・4・24	道閲燈明銭寄進状	B	大樹寺　先―6
6	10・10	勢誉・雲誉・道閲・道忠連署式定	B	大樹寺　式
7	15・4・23	妙源寺連歌	×	妙源寺
8	大永3・1・11	道閲田地寄進状	B	高月院
9	7・1・吉	道閲田畑寄進状	B	高月院
10	(大永7・12以後)	道閲・祐泉連署奉加状	B	六所神社
11	大永8・2・3	充蓮社・道閲連署安堵状	B	大樹寺　先―7
12	8・2・3	道閲・泰孝祐泉連署安堵状	B	大樹寺　先―8
13	8・8・21	道閲田地寄進状	B	大樹寺　先―9
14	8・11・16	道閲書状	B	大樹寺　先―10
15	享禄2・10・吉	三木殿宛道閲田地寄進状	B	大樹寺　先―11
16	天文3・1・吉	花香庵宛ちやち・鳥山三郎右衛門忠正・道閲連署田畑寄進状写	×	大樹寺　寮―2
17	5・10	道閲田畑寄進状	B	大樹寺　先―12
18	7・2・5	棹舟軒・智閑宛道閲・道幹連署所職寄進状写	×	大樹寺　寮―3
19	8・7・22	乗海坊智閑宛道閲土地寄進状写	×	大樹寺　寮―4
20	(年欠)2・12	浄海坊宛道閲書状	B	大樹寺　黄―5
21	5・12	〃	B	大樹寺　黄―7
22	8・28	道閲書状	B	大樹寺　先―13

う。[70]

23	9・13	道閲書状	B	大樹寺 先―14
24	12・13	浄海坊宛道閲書状	B	大樹寺 黄―6
25	12・15	妙心寺宛長親書状	×	朝野旧聞裒藁
26	大永2・3・13	松平隼人佐信長田地売券「道閲よりめし候て……」		高月院
27		田地坪付「かい主道閲」		高月院
28	4・1・11	松平隼人佐信長田地売券「かい主道閲」		高月院

松平氏発展の基礎をつくったのはこの長親（道閲）であるといわれている。[71] たしかに大浜・福釜・東条・桜井・藤井と碧海郡南部から幡豆郡にかけて長親系庶子が分出したことにみられるように、それまでの安城松平氏の領国を大きく拡大したことは事実であるが、彼をめぐっての疑問も多い。まず第3表でみられるように、現在知られる発給文書二四通およびその名のあらわれる同時代文書四通において、長親と書かれたものは皆無である。すでに親忠（西忠）の生存中に二十八歳で法名を名のっており、花押の一致から長忠＝道閲であることはまちがいないが、これは異様というべきものである。信忠の場合菩提所大樹寺に対して青年時代より法名を用いているから、早いという点は問題はないが、それ以後すべての文書に道閲と署名し、永正十五年の妙源寺連歌や大永二―四年の松平信長文書にも道閲とあらわれるところに、前述のような問題が考えられるのである。なお長親の名のりについては、長親の名は僅か三、四年で長忠と称する以前のことではないかという『岡崎市史』の推定が正当かもしれない。

長親（以下慣用に従う）が明応五年には家督をついでいたことは第3表の文書2・3から知られるが、当時の松平一族中における安城松平家の位置はどのようなものであったか。親忠（西忠）死没の直後の文亀元年（一五〇一）八月、左の松平一族の連判状[72]が作成された。

於大樹寺定□□（条々カ）事

禁制

一　於当寺中狼籍（ママ）之事

一　竹木伐取之事

一　対僧衆致非儀之事

右於背此旨輩者堅可処罪科候、当寺之事西忠為位牌所上者、自然国如何様之儀出来候共、為彼人数可致警固者也、仍而如件、

文亀元年辛酉八月十六日

次第不同

丸根美作守　家勝（花押）
田原孫次郎　家光（花押）
上平左衛門大夫　親堅（花押）
岩津源五　光則（花押）
岩津大膳入道　常蓮（花押）
岩津弥九郎　長勝（花押）
岩津弥四郎　信守（花押）

岩津八郎五郎 親勝（花押）
岡崎左馬允 親貞（花押）
長沢七郎 親清（花押）
形原左近将監 貞光（花押）
牧内右京進 忠高（花押）
竹谷弥七郎 □□（擦消、親信カ）
秀信（花押）
岡崎六郎 公親（花押）
細川次郎 親世（花押）
岩津源三 算則（花押）

この連判状が作成された八月十六日は、同月十日に没した親忠（西忠）の初七日にあたる。西忠遺言状に初七日を過ぎたら「縁者親類女子共」は帰るようにとあり、おそらく初七日の法事がすんで縁者親類が解散するにあたって作成されたもので、本文書の署判者はすべて縁者親類であることはまずまちがいない。

この連判状をもって、かつて寛正六年当時に三河全域に成立していた国人・地侍一揆の有力な一翼を形成していた松平と戸田を盟主とする一揆機構の継続と考え、しかもこの連署者は郷村に根ざす小一揆を在地において構成しており、この連判状に姿をあらわす大一揆ともいうべき一揆機構は、その小一揆の連合体であったとする見解[73]がある。それがなりたつかどうかを含め若干の検討を行ってみよう。

まず連判状の署判者の姓であるが、署判者の姓を居住地の名とみるならば、岩津を称する者六人と岡崎の二人、丸根・上平・細川の各一人が額田郡、長沢・形原・竹谷が宝飯郡西部、牧内が碧海郡東部、田原が渥美郡となる。田原を除いては大樹寺へ約一〇キロ以内に位置する、ということは、当時の松平一族の分布状況、とくに矢作川東部におけるそれを示しているといえよう。

それでは署判者は西忠の子道閲長親とどのような「縁者親類」関係であったのか。丸根の家勝は信光の子で磯部の丸根城に在ったという[74]。享禄二年（一五二九）に大樹寺へはせまくらと伊賀の二斗九升の田地を売却した磯辺御鍋なる人物[75]はこの丸根家勝に何らかの関係があったかもしれない。岩津の六人は信光の子親長の一族であろう。このうち源五光則法名白清は大樹寺過去帳では大永五年（一五二五）五月二十一日没とある。白清は永正十一年十二月十三日に大樹寺へ「下和田五郎四郎屋敷之内」の田畠四反を寄進し、畠方三反は自ら創建した塔頭開花院の修理用、田一反は施餓鬼田と定めている[76]。また岩津常蓮の文明十三年七月八日付の裏書のある薬師如来画像が滝万松寺にあるが、甚だ疑問とされている[77]。

上平の親堅は明らかではないが、上平は細川の地内である。大樹寺現在帳書抜には代泉誉上人焼香衆に「啓巌勢運　上平源六郎」「珞玉慶瓔　上平新蔵」があるから、一応松平一族と考えてもよいであろう。岡崎の親貞は前述のとおり信光の孫で光重の子、六郎公親と同族であろうが両者の関係はわからない。長沢の親清は、『寛政重修諸家譜』では信光の子親則の孫で長沢松平の三代目にあたり初名近宗、明応五年七月（一四九六）十八日没とある。これでは連判状と矛盾するので、『朝野旧聞裒藁』は親清は四代勝宗の一名ではないかとしている。もっとも寛政譜の長沢松平に関する部分は嫡流断絶のためまことにはっきりしない。形原の貞光については岡崎光重の子で信光の子与嗣の養子ということになる(78)。牧内の忠高は信光の子修理亮親正（後断絶）を牧内の祖とする系図もあるというから(79)、これも松平一族である。こののち永正十四年十二月十三日に弥一郎光親は安城高済寺に田一反五斗目を寄進し(80)、天文四年十二月には右京進源久は畠七ツの「作職」を桑子妙源寺に、同五年十二月には源久の妻が畠一反七五〇文を、さらに同十二年二月十日には八郎四郎忠善が田二ヵ所を同じく妙源寺に寄進している(81)。大樹寺過去帳書抜の御一家中の分に「梅雪道香 牧内右京進 四月」「杲山晴林 牧之内 享禄二年」「梅月清林 マキウチノカミ 四月」とあるから、天文年間まで牧内松平は続いていたことは明らかである。

次の竹谷の秀信であるが、秀信の署名の前行に実名を書いて摺消した跡がある。これがどのような理由によるものか明らかではないが、秀信は寛政譜等にはみあたらない。寛政譜は信光の子守家―守親―親善と伝え、守家は文亀三年八月七日没、守親は大永六年（一五二六）五月二十七日六十八歳で没としているから(82)、このどちらかでなければならぬ筈で、おそらく守親が秀信にあたるのではなかろうか。文亀元年八月の道閲の大樹寺への寄進状（第3表の文書4）に「古左京亮」「竹谷弥七郎」とあるから、守家の子にあたる人物に秀信があり、後世名を逸されたのであろう。細川の親世も詳細はわからない。『朝野旧聞裒藁』は親忠の子で大永三年（一五二三）十月七日に没した安城刑部丞親光が或いは細川を称したかもしれないとしているが、寛政譜では親光系は細川とはされておらず、親光の子信乗法名全忠が永禄七年（一五六四）六月十二日没して、細川郷蓮性院の前に葬られたと記すのが僅かに細川との関連を示すものである。(83) 親光系（西福釜松平）は系譜に混乱が多く判然としないところが多いが、その系譜につらなるかどうかは別としても、大樹寺現在帳書抜には代泉誉上人焼香衆として「玉林宗光　細川宗三郎」、十六代透誉焼香衆として「吹誉還世三月卅日細河和泉」があり、過去帳書抜の御一家衆には「照誉妙光　細川助大夫子」「一桂勢心　細川右近 天文六年九月」「清巌道翁　細川松平庄官 午ノ三月」があるから、天正頃までは細川の松平は続いていたわけである。

最後になったが田原の家光は寛正六年（一四六五）当時伊勢貞親被官であった戸田宗光の子または孫にあたるようである。その後宗光は応仁の乱の際今川義忠と結んで支配圏の拡大につとめて知多半島の東海岸を勢力下におさめ、さらに文明七年（一四七五）頃渥美半島に移って田原に築城、延徳年間には半島をほぼ統一したが、明応末年に今川勢と戦って敗死した。(84) その間かつて本拠であった碧海郡上野にはこの家光が残されたとする説もあるが確証はない。家光は戸田系譜にはみえず、宗光の孫政光の前名とか宗光の子で憲光の弟とか甥とかいわれているがはっきりしない。この頃の戸田氏は宗光の子憲光の代であり、信光の女の一人が宗光室とされているから、家光は信光の孫あるいは曾孫にあたり、田原戸田氏を代表して西忠の葬儀に参加したもので、憲光の兄弟あるいは子の一人とするのが妥当なところであろう。(85)

署判者が松平一族であることはほぼ確定しえたが、この連判状の本文を考えてみよう。これはいわゆる国人一揆契状とはまったく異質のものである。すなわち内容的にみると、禁制と題して狼藉・竹木伐取・非儀を禁じ、「右於背此旨輩者堅可処罪科候」とした前半と、大樹寺は西忠位牌所であるから「国如何様之儀出来候共」連署者が警固するとした後半部分とでは趣旨がことなっている。前半はいわゆる禁制の条文であり、これに違背した者を「可処罪科」き権限を有した人物によって公布されるものであり、本来それは連判に加わった者よりは一段上位の支配者と考えるべき存在であろう。これにたいし後半の部分こそ連判をなすに適当な内容である。二つの性格を異にする部分があわせて一つになっていることは、やはり当時の松平氏のあり方とその内部における力関係を微妙に反映しているということができよう。

以上文亀元年連判状を検討してみると、その署判者の大部分は松平系図を一応信用すれば信光の代に分出したとされる庶家の初代または二代目にあたり、道閲長親にとっては伯叔父または従兄弟にあたることが知られる。したがってこの連判状は、西忠の初七日にあたって、西忠の子道閲よりみて血縁関係の薄くなった庶家の一族意識を強調し、それによって惣領（宗家）の支配的地位を再確認させようとした誓約状の意味を有したものである。これを「一揆機構」というならば、それは地縁を紐帯とする国人一揆ではなく、血縁（擬制的なものを含めて）による同族一揆の一形態というべきであろう。なお連判状は三葉の紙をはり合せてあるが、署判は第三葉の冒頭まで終っており、第三葉の九割は空白となっている。これは偶然かあるいは署判予定者の数は多かったにもかかわらず実際の参加者が少なかったためかは現段階では知りえない。信光系では五井と能見の松平家がみあたらないが、その理由も知り得ない。

西忠の子で道閲の兄弟である大給・桜井・滝脇に分出したとされる諸子が署判に加わっていないのは、彼らが西忠遺言状によって二七日の中陰をいとなんだことにもよろうが、また道閲からみて血縁の薄い者を連判に参加させたということの一証でもあろう。と同時に、この段階の松平一族の同族結合が十四世紀までの同族一揆と大きく相違するのは、惣領と考えられる道閲長親とその兄弟が連判に加わっていないところにある。それは惣領家とされる安城松平家が、この段階でようやく庶家と区別される存在としての地位を認められたと考えるべきではなかろうか。すなわち連判状前半の禁制を下し、違背者を罪科に処する主体は安城松平家であることは一応承認され、同時に寺の警固の中心的役割を果たすことも認められた。すなわち西忠の代に惣領と定められていた岩津家にかわって安城家の地位の上昇があり、それを道閲が引き継ぐことが、西忠位牌所警固という形で確認されたのではなかろうか。西忠遺言状一二条に「大樹寺様之御事を大切に子供存候者肝要候、御寺之事を如在候者、いかやうの弔候共御心さしとゝく間敷候」とある。大樹寺守護に事よせた西忠直系庶家の統制の意図がみられるが、これを信光系諸家への統制に拡大して安城家の地位の確定と一族の団結強化をはかったものがこの連判状の主目的であったのであろう。

連判状は何よりもまず安城松平家が松平一族の惣領家たることを確認するために作成されたのであるが、その際「国如何様之儀出来」するような緊迫した状況があったのであろうか。その一つとしてこれまで東より侵入する今川の脅威があげられている。今川氏親の三河侵入を永正三年（一五〇六）とするか、または文亀元年（一五〇一）と同年の二回とするかは後述のように問題点の一つであるが、どちらにしても駿遠二国を支配下におさめてさらに西進をめざす今川氏の動向は、西三河の一国人領主でしかない松平氏にとっては常に注意をはらわねばならないものであったことは事実であろう。しかし連判状の段階ではその危険はさし迫ったものとは考えられない。(86) それよりも連判状作成時に重要であったのは、先述の「三郎」と「道閲其外兄弟」の関係にかかわる問題とは考えられないであろうか。すなわち幼少ながら家督を譲られた「三郎」に対する態度、それは道閲長親を中心として考えた以上の意味を有したのであり、「西忠位牌所」たる大樹寺警固を名目に西忠の孫「三郎」にいたる二代を惣領家として服属することの確認であったということも不可能とはいえない。そう考えた場合、長親は京都へ出て久しく在京したが父親忠病気のため帰国したという『三河海東記』の記事[87]が一定の意味をもってくる。それは発給文書より考えて長享二年以降明応五年までの間と推定されるが、長親の長期にわたる京都在住が信忠の元服や西忠遺言状、および連判状に大きな影響を及ぼしていたのであろう。

西忠没後数年を経て三河は今川氏親軍勢の侵入をうけた。この今川勢侵入については『三河物語』等近世の諸書は多く年月を記さない。それを伊勢宗瑞書状[88]にもとづいて永正三年八月のこととしたのは『朝野旧聞裒藁』であり、『愛知県史』『岡崎市史』もこれにしたがっている。これにたいし『史料綜覧』は永正三年は今橋城の陥落とし、宗瑞書状ならびに『実隆公記』永正五年十一月七日条の「(前略)大隅来、参川国去月駿河伊豆衆敗軍事語之」の記事によって、これを永正五年十月のこととしている。この時の今川・松平の戦闘に関係するとおもわれる史料は永正三年十一月十五日付の明眼寺宛今川氏親禁制[89]、ならびに同九年二月一日付大浜称名寺宛松平信忠寺領寄進状がある。

氏親の禁制は「於当寺軍勢濫妨狼籍(ママ)之事、右至于違犯輩者可令処厳科之所如件」という袖判の禁制である。しかしこのような禁制類は政治的配慮によって現地占領に先行して出されることも多いから、この禁制の存在から今川勢が矢作川の西へ侵入したとすることはできない。しかし氏親がこの段階で西三河にまで触手を伸ばそうとしていた事実は確認しえよう。なお『岡崎領主古記』は、氏親は今橋の牧野成時（古白）を討死させた後、西三河に入り、山中・明大寺・矢作等諸所で合戦があったが桑子妙源寺の扱いで和睦となり、以後松平一門は永禄初年まで今川の旗下になったと記す。妙源寺の講和仲介の真相は不明であるが、長忠以後の歴代の松平宗家の安堵状・寄進状、さらには今川義元・織田信長書状の所在などからみて、同寺が政治的に有効な影響力をもった存在であったことは納得できる。

結局今川勢の西三河侵入は永正三年秋にはじまり、一旦は大樹寺に陣をとった伊勢宗瑞指揮の軍兵は、田原の戸田憲光挙兵の報で今橋まで引き揚げ、戸田氏離反の事実のない事を確認した上で、その情報源であった今橋城の牧野成時（古白）を十一月十二日に自殺させ、その勢いをかって再度西三河へ侵入したのであろう。妙源寺への禁制はその際のもので、以後西三河各地で今川対松平の戦闘が断続的に続けられ、永正五年十月の一大会戦で今川勢が敗北し、翌年にいたって妙源寺等の仲介で和睦が成立したのであろう。称名寺への信忠寄進状の文言がそれを裏付ける。

永正三年寅より巳之年以来、乱中之敵味方打死之面々為弔、於当寺毎月十六日おとり有へく候、為其於当郷
田五反末代きしん之状如件、

永正九年みつのえ申

二月一日　　松平左近蔵人佐

信忠（花押）

称名寺

永正三—六年の争乱の全貌が松平氏関係記録からは知りえないのは、松平氏の敗色著しいものであったため、近世において記録にとどめることが憚られたのではなかろうか。系譜作成上の問題と共に、松平氏の敗北を一切記さない近世の諸書のもつ意味と限界を考えておかねばならないであろう。なおこの間の戦闘で岩津城は陥落し、連判状にあらわれた岩津松平一族の大部分は討死したのではなかろうか。永正三年八月に伊勢宗瑞が大樹寺を本拠として同城を攻めた際には、陥落寸前であったことは諸書の記すところである。これ以後同城は一切の記録にあらわれない。ということは再度の侵入の際に落城して以後放棄されたのではなかろうか。前節で述べた岩津の地理的条件からみて、矢作川を越えて西進するためには、ここを確保しておかなければ常に背後を脅かされる懸念があったからである。岩津松平は天文年間に絶えることは後述のとおりであるから、連判状にみられた人々の多くは落城の際に討死したものであろう。

この戦乱の前後に道閲長親は信忠に家督を譲ったらしい。信忠の松平惣領としての文書は永正六年閏八月二十六日に大浜称名寺へ「陸町并地子」を寺領として寄進した（第4表）のが確実な初見であるから、この以前に家督をついでいたと思われる。しかし第3表のように道閲文書が依然として発給されているところからみて、少なくとも大樹寺・高月院等の松平氏に関係深い寺院に関しては、道閲は一定の権限を留保していたと推定される。それは永正十年四月二十四日に大樹寺へ「燈明銭并定香銭」二貫五〇〇文を寄進した際に、「右為燈明銭寄進申所也、在所平田おとり堂分作人長坂縫殿助、毎冬両度ニ沙汰有へく候、寄進状事重而蔵人方より可有候、先令一筆中候」(第3表の5)と記しているところからみて、信忠の当主としての権限を認めての寄進であり、その了解の許に寄進がなされたのである。おそらく道閲の隠居分として相当の所領所職が残されていたのであろう。

大永二年三月道閲は松平隼人佐信長より田畠五反一石八斗目を一八貫文で買得し、翌年正月十一日に松平郷高月院に寄進した(第3表の8)。さらに四年正月十一日に同じく信長から一石四斗四升および五〇〇文の地を一五貫文で買得し、大永七年正月にこれらを含めて高月院へ「惣以上米成三石弐斗四升銭成六貫五百文」と「一にわの茶園半分　一寺之前之畑　一米五斗ちわう」を寄進している(第3表の9)。これは弟超誉存牛が高月院住持であり、しかも親忠室で道閲の母とされる人物の供養のためでもあったらしい。高月院は足助次郎重範の弟重春が創建したところで、親氏・泰親菩提所といい、二人の墓もあるが、おそらく超誉が実質上の開山であろう。親氏・泰親の伝承は別として、松平郷と松平氏の関係を示すものはこの一連の売券・寄進状が最初のものである。二代と親忠室の墓(宝篋印塔)は長親が建立したものではなかろうか。

道閲の子は福釜・桜井・藤井・東条に分出した。その地はともに矢作川西岸の碧海郡、幡豆郡に属するところからみて、安城松平家の支配圏の拡大が碧海郡南部から幡豆郡にむけられていたことが知られる。とくに三河湾の要港大浜を入手したことは、松平氏の伸展にとって重要な意味を有したであろう。それが後代の松平氏流浪伝説と大きくかかわってくるのではないかと推測される。

道閲長親は子と孫に先立たれながらも七十二歳の長寿をたもったが、子信忠・孫清康の時代は、松平氏の雌伏と飛躍、一転して転落という激動の時代であった。信忠は長親の長子であるが、『三河物語』等はその性暗愚惨忍のため家臣の支持を失い、ついに大永年中に嫡子清康に家督を譲って大浜に退隠を余儀なくされたと伝えている。

此君は、何れ之御代にも相替せ給ひて、御慈悲之御心モ無、マシテ御情ガマシキ御事モ御座《マシマサ》ズ。御セヘンモ、ヌルクヲハシマシテ、御内之衆にも御詞懸も無ヲワシマセバ、御内之衆モ、又ハ、民・百将(姓)にイタル迄モ、押ヲノヽキテ、思ひ付者モ無。然る間、早御一門之衆も我々に成て、シタガイ給ふカタモ、ヲワシマサズ。マシテヤ国侍共も、我々に成てシタガイ申者モ無。然る間、逍《ヤウ〳〵》ワヅカノ案祥(安)斗ヲモタセ給ふ。(三河物語)

このため家臣は二分して、信忠を廃して道閲二男の桜井松平の信定を擁立しようとする派と、暗愚なれども主は変えられないとする信忠擁護派が対立した。しかし信忠の具体的行動は不明であり、後嗣清康を美化するためにつくりあげられた感なきにしもあらずである。『三河物語』は「此御家ト申ハ、第一御武辺、第二に御内之衆に御情・御詞ノ御念比、第三に御慈悲、是三つヲモツテツヾキタル御家ナレ供、三つ之物が一つトシテトヽノワズ」という信定擁立派の見解を伝えている。これが事実かどうかは別としても、第一条件とされる「御武辺」にまず問題があったのではなかろうか。今川氏侵入によってひきおこされた永正三―六年の西三河動乱において、信忠の武将としての行動に問題があったということも考えられよう。また前述の西忠・道閲・三郎(信忠)の関係を重視すれば、道閲が西忠に愛された三郎信忠を疎んじたという推測も成り立つかもしれない。

「一門之者モ遠立て出仕モ無、小侍共サヱ出仕ヲセズ」(三河物語)、譜代衆にも嫌われたことを知った信忠は家督を清康に譲り、二男信孝に械(合歓木)郷、三男康孝に見次(三木)郷を譲って隠居するが、これは当時の松平氏一門のありようが、惣領の規制を容易に離脱しうる体制であったことを示すものである。すなわち一族一揆的連合の亀裂が被官団内部の権力闘争と結合すると、守護大名が被官団の動向によって存立基盤を根底からゆさぶられたと同様の事態が、信忠時代の松平氏にも出現し、広忠の時代まで続いていったということであろう。

第五節　岡崎移転と守山崩れ

信忠の退隠後は嫡子清康が十三歳であとをついだ。清康について記す諸書はすべて彼を賞讃し、若年より仁慈と武勇を強調している。しかしこれは、父信忠についての諸書の態度の裏返しの面をもつことを注意せねばならない。大永八年（一五二八）二月三日に泰孝祐泉（信忠）は父道閲と連署して寺領の安堵状を出している（第4表の11）。

大樹寺祠堂方江永代買得相伝之田畠之事、并年紀地等、縦雖有天下一統之徳政入物ニ地紀、於此祠堂銭并田畠等者、至子々孫々努々不可有違乱煩者也、仍為後日支証如件、

大永八年戊子二月三日　　道閲（花押）
泰孝祐泉（花押）

清康文書の初見は第5表のように享禄四年（一五三一）であるから、若年の清康に対して隠居した父子が補佐した一時期があったのであろう。[90]

安城松平家の家督をついだ清康が世良田姓を称したことは、第5表の発給文書より明らかである。松平が新田

第4表　信忠・道忠・太雲・泰孝祐泉文書

文書番号	年月日	内容	花押	出典
1	文亀3・8・19	信忠禁制	A	称名寺
2	永正6・⑧・26	松平左近蔵人佐信忠寄進状	B	称名寺(大日9—1)
3	9・2・1	〃	B	称名寺(大日9—3)
4	10・10	勢誉、雲誉、道閲、道忠連署式定	B	大樹寺
5	11・11	信忠禁制	×	万松寺
6	15・5・20	坂崎西方寺宛松平左近蔵人佐信忠寄進状	B	諸州古文書(大日9—7)
7	16・9・7	妙心寺宛松平左近蔵人佐信忠安堵状	B	京都市妙心寺文書
8	17・7	妙心寺宛松平左近蔵人信忠禁制	×	諸州古文書(大日9—11)
9	17・10・10	植村安忠、中山右京進宛太雲下知状	B	大樹寺 先—15
10	大永3・9・16	松平蔵人佐信忠寄進状	C	妙源寺
11	8・2・3	道閲、泰孝祐泉連署安堵状	B	大樹寺 先—8
12	(大永7・12以後)	道閲、祐泉連署奉加状	B	六所神社
13	(年欠)2・14	弥阿宛信忠書状	B	称名寺

大日は大日本史料の略。○内の数字は閏月をあらわす。

第5表　清康文書

文書番号	年月日	内容	花押	出典
1	享禄4・8	世良田次郎三郎清康禁制	A	大林寺
2	天文2・9	永見内膳宛次郎三郎清康社領寄進状	A	知立神社
3	天文2・11	松平次郎三郎源清康禁制写	×	大樹寺 先—16
4	(年欠)6・26	世良田次郎三郎清康書状	A	大林寺
5	天文4・4・29	大樹寺多宝塔身柱銘写(世良田次郎三郎清康、安城四代岡崎殿)		大樹寺

余流という松平氏伝承とどの程度関連があるのか不明であるが、松平の先祖にかかわる伝承の形成はこの時期にはじまったのではないかという推定を可能としよう。後述するように清康の短い生涯は、毎年のごとき周辺への出兵に終始している。これは駿遠における今川氏親・氏輝、尾張の織田信定・信秀らによる国内統一への動向と関連して考えねばならないが、特に今川氏の西進策への軍事的対応策は享禄二年の吉田城攻めと田原戸田氏服属、同三年の宇利熊谷氏追放によって完成したとしても、足利一門の今川氏に対抗する系譜的紛飾が政治的には必要となったのではなかろうか。そのために新田氏につらなる松平氏という系譜の原型的なものがこの時期に創案されて、世良田姓の使用がはじまったのではなかろうか。

西三河の小国人領主にすぎなかった松平氏が、西三河一帯に支配圏を拡大し、さらに東三河の山家三方衆（作手奥平氏、長篠・田峯の菅沼氏）、野田菅沼氏、牛久保牧野氏、設楽の設楽氏、西郷の西郷氏、田原・二連木の戸田氏、伊奈本多氏、西郡鵜殿氏等の諸国人領主を服属せしめた段階で、系譜的にこれら諸氏とは区別されるものであることを強調するために創出されたのが世良田称姓であったのではなかろうか。清康文書の初見の享禄四年は東三河経営が一段落して、前述の諸氏が清康に臣従したといわれる時期であることは大変示唆的である。それとともに、世良田称姓はまた信忠退隠をめぐる一族・被官団の分裂抗争を止揚し、一族に対する宗家の権威を確立するためのものでもあったと理解される。この世良田称姓のからくりは明らかではないが、隠居の道閲・祐泉、および親忠の子でかつて知恩院住持でその後高月院・信光明寺に退隠していた超誉存牛あたりが関係していたのではなかろうか。

清康による三河統一への動きは、家督をついだ直後から開始されている。大永四年五月清康は大久保忠茂の献策によって、風雨に乗じて山中城を攻め取った。これは時の岡崎城主松平信貞（昌安）が同城を構えて近郷を押領し、信忠時代以来宗家に対立していたためという。山中は岡崎の東南額田郡と宝飯郡の境の山間部で、東海道を扼する重要拠点で、かつて幕府料所としてあらわれたところである。東方に対しては長沢に次ぐ第二の防衛拠点ともいえる要害の地である。信貞の動向の詳細は不明であるが、惣領家の弱体化に乗じて自立を計ったのであろう。山中城を失った信貞は、清康にその女を嫁して岡崎城を譲り額田郡大草に退隠した。岡崎松平家は没落したわけである。清康は岡崎城に移り、以後元亀元年まで同城が松平氏の本拠となった。

岡崎移転後の清康は連年のごとく合戦をつづけている。大永五年五月に足助の鈴木重政を降して姻戚関係を結んだのを手はじめに、享禄二年五月吉田城の牧野三成・信成兄弟を討って伝兵衛成敏を入れ、更に進んで田原の戸田宗光を服属せしめ、同年秋には尾張へ進出して春日井郡品野・岩崎両城を陥れ、品野は桜井松平の内膳信定に与えた。またこの間に幡豆郡小島城をも攻め取っている。享禄三年秋には八名郡宇利城の熊谷直利を討ち、翌四年十一月には加茂郡伊保城の三宅加賀守を追った。天文二年（一五三三）三月には加茂郡広瀬城主三宅右衛門尉、寺部城主鈴木日向守の兵と岩津に戦ってこれを破り、さらに十二月には井田野で信濃（品野カ）の兵数千を撃破したという。そうして天文四年十二月四日尾張守山に出陣して織田信秀と戦おうとして、阿部弥七郎に刺殺されたのである。いわゆる「守山崩れ」である。

守山崩れに触れた諸書は、当時の清康をめぐる状勢として、甲斐の武田信虎や美濃三人衆との交渉、今川義元の援兵を記し、また織田氏一族の守山城主孫三郎信光の帰属をあげている。(91)この武田や美濃三人衆との関係の詳細が不明であるが、境を接する今川・織田の背後の牽制の意味を有したのであろう。したがって今川義元の援兵云々はまったく信頼できない。義元が今川の家督をつぐのは天文六年のことであり、この時は兄氏輝の代であった。清康は大永六年に氏親が没し、十四歳の氏輝が継いだ隙に乗じて東三河へ進出し、それまで今川氏に服属していた宇利熊谷・吉田牧野・田原戸田氏らを従えたのであるから、今川氏との関係が良好であったとはとうてい考えられない。しかし、とにかく武田と通じて背後の今川を牽制させ、当面する織田を美濃から脅かそうとしたということは、清康時代の松平氏が西三河の一国人から戦国大名的地位に上昇しつつあったことを証するものであろう。

ところで守山崩れを桜井松平の内膳信定の策謀によるとする説がある。これは清康と信定との対立、それをめぐる家臣団の分裂、松平氏内部の勢力関係等から考えられたものである。信定は織田弾正忠信定の女婿であり、刈谷の水野信元、大給松平の和泉守親乗、長沢松平の上野介康忠、および守山城主織田孫三郎信光は桜井信定の女を妻としていた。信定はまた桜井の本領の外に品野を持城とし、守山に館をかまえ、刈谷・安城に往来し、(92)あるいは碧海郡上野城を守るなど、松平一族中では一大勢力をなしていた。この織田信光との関係から、信光をして内応の詐謀をもって清康を尾張に誘い出し、自身は病気と称して上野城にとどまり、阿部弥七郎を教唆したのではないかというのがその大要である。(93)弥七郎教唆を別とすれば、この策略説は当時の状況からみてほぼ首肯しうる。『三河物語』等の伝える自信過剰ともいえる清康の態度は、家臣らの危惧をふりきって、練りあげられた策謀の網にとびこんだともいえよう。

前節で述べたように、信忠退隠にいたる一族・家臣の分裂抗争の過程で、弟信定擁立をはかる一派が形成されていた。清康が家督をついだ後もそれが解消された様子はみられない。それを背景とした信定と清康の関係は、単なる叔父甥といえるものではなく、常に対手を意識した行動をとらせるものであったことは、能見物をめぐる信定と下級家臣某と清康三者のからみあった挿話[94]よりうかがえる。

享禄五年三月五日に井田与十郎信広は、前年十二月二十五日に大樹寺祠堂方へ売り渡した四反所当一石三斗二升の土地について、「我ら永代うり申候下地、もしちかいめ候ハヽ、我らい屋しき五ツやしきをめされ候、人とかく申候つき候て一筆をいたし候て進候、ちよさい（如在カ）のき候ハヽ、ないせんとの（内膳殿）へをほせてはら（腹）を御きらせ可有候」[95]と誓紙を提出している。井田信広は酒井一族らしいが、信定分出にあたって付属されたものであろう。信定派の基盤は相当強固であったと思われる。

両者の対立が更に激化したのは、享禄三年の宇利城攻めの際、大手の主将信定が苦戦する福釜松平の親盛（信定兄弟）を救はずに見殺しにしたとして清康に難詰されたことであろう。これらがつもって清康廃立の策謀が、織田氏と結んで進められたのであろう。これに対し清康は老臣の諫めにもかかわらず、「清康は少もさわぎ給はず、何内膳殿武勇の程日頃知すかしたり、恐るゝにたらざる事也と中く驚き思召事なし」（松平記）[96]という態度であったから、信定の策謀が成立する可能性は大きかったといえよう。

ただし阿部弥七郎の清康刺殺は策謀の予定外であったと考えられる。清康死後の信定の行動について『三河物語』は、「森山〔織田信光〕も落勢ナレ共、心モ替シテ、手モ不付シテ帰シケル、内前殿モ只今ハ何カト申て、手出シ荒バ、城ヲ持カタメテハ成間敷トヤ思召ケル哉。玃待《サルコチ》の哥のゴ（ト脱）・クニ、寝タルゾ。寝ヌゾにシテ、宇《ソラ》ダル見シテ二三ヶ月之間は、菟角之御取相モ無シテ、万事指引ヲ御《ヲハシマス》。其内に悉引付給ひて、我は同前にイタサレ申ス」とある。おそらく予定外の突発事故のため、真偽を疑って突嗟の行動がとれなかったのであろう。しかし事態が明らかになって以後は、次第に惣領たらんとする行動に出るのである。

守山崩れの時嗣子広忠は十歳でいまだ元服していなかった。織田信秀は清康の死をきき同月十二日に岡崎まで攻め入ったが、岡崎勢の決死の戦いで井田野で敗北して引きあげた。しかしこの後信定は岡崎城に入って広忠を追放し、広忠は伊勢から遠江へ流浪の身となった。「其間内膳殿岡崎へ来り、御隠居（道閲）をだまし、岡崎知行悉押領被成、御譜代衆を引付給ふ、仙千代殿（広忠）を内々にて追出し奉る」と『松平記』は記す。広忠は一旦三河に入ったが再度遁れて今川義元の後援をうけ、天文六年六月にいたって和議が調い、ようやく岡崎へ帰ることができた。翌年十一月信定が没して内訌は一段落したが、西からの織田信秀の圧力が強まると、松平一族は再度分裂状態となった。天文九年（一五四〇）六月安城城が陥落、この頃松平三左衛門忠倫が信秀に通じ、また酒井将監忠尚・大原左近右衛門・今村伝次郎らは、広忠還住に功あった大久保忠俊・阿部大蔵定吉・石川清兼・酒井政家らと対立して信秀に通じたため、矢作川の西は織田氏の勢力範囲に入った。

外圧と家臣団の分裂にくわえて再度惣領職をめぐる争いがおこった。清康の弟で広忠流浪中の岡崎城代で、広忠還住に一役かった三木の蔵人信孝をめぐってである。信孝は岩津松平の跡が絶えたのでその知行を押領し「岩戸衆板倉已下」を信孝被官とし、また弟康孝の所領をもあわせて、「御身に妙《アテ》ての御知行供にハ、三人御知行ヲ一つにシテ押領被成ケレバ、広忠之御領分にハ莫太《(ママ)》に勝たり」（三河物語）となった。そのため信孝の強大化を恐れた広忠及び家臣の策略によって所領を奪われ、ために信秀に通じて広忠と対立するようになったのである。

第6表　広忠・道幹文書

文書番号	年月日	内容	花押	出典
1	天文6・10・23	八国甚六外4名宛千松丸広忠知行宛行状	×	朝野旧聞裒藁
2	7・2・5	道閲、道幹連署智閑宛寺領寄進状写	A	大樹寺　寮―3
3	9・3・5	広忠寺領安堵状	A	竜海院
4	9・3・5	〃	A	満性寺
5	12・3・7	岡崎三郎広忠屋敷寄進状	A	大樹寺　先―17
6	12・5・朔	善立寺宛岡三広忠寺領寄進状	×	岡崎市史7
7	12・6・16	大竹源六宛広忠所領宛行状	A	〃　別上
8	12・8・10	内藤甚三宛岡三広忠知行宛行状	×	朝野旧聞裒藁
9	13・2・2	松三広忠寺領寄進状	A	妙源寺
10	13・11・19	上野三郎四郎宛岡崎三郎広忠一字書下状	×	朝野旧聞裒藁
11	15・3・10	長沢(松平)孫三郎宛岡三広忠所領宛行状	×	〃
12	15・4・5	松平次郎三郎広忠寺領安堵状	A	浄妙寺
13	15・6	岡三広忠寄進状	A	竜海院
14	16・10・20	寛平三郎宛広忠知行宛行状	×	朝野旧聞裒藁
15	16・12・5	広忠田畑寄進状	A	大樹寺　先―18
16	(年欠)　3・5	広忠寺領安堵状	A	富賀寺
17	7・4	榊原主計宛広忠書状	×	朝野旧聞裒藁

信定一件にこりた惣領家の予防的措置が信孝を織田方に追いやり、信孝・酒井忠尚・松平忠倫の連合が形成された結果、「国中大方敵に成、岡崎一城に成申」（松平記）、以後矢作川をはさんで攻防がくり返される。しかし天文十五年の上野攻めと酒井忠尚の降服、十七年三月の小豆坂合戦、四月の耳取縄手の戦い（信孝戦死）等によって反広忠方の勢力は弱まり、十八年十一月に今川勢の攻撃によって安城城が陥落すると、織田勢力は三河より撤退し、西三河は一応静穏になった。もっとも天文

十八年三月に広忠が暗殺されたため、以後松平氏は今川義元の家臣とされ、岡崎を中心とした西三河は今川領国に組み込まれていくのである。

以上松平氏の動向の検討を行ってきたが、十五世紀中葉に姿をあらわした松平氏は、十六世紀中葉にいたる一世紀間に、小国人領主から戦国大名的存在に発展していったと要約できよう。しかし十六世紀初めにおいても松平一族は一族一揆的結合によって在地支配を行っていたのであり、その中から惣領家が権威を確立するためには、一族や有力被官との対決は不可欠であった。その原因は基本的には次章で検討する当時の重層的土地所有体制に制約された国人領主・小領主層の存在形態に求められよう。それが惣領家と桜井・岡崎・三木松平家との戦いの背景でもあった。

安城松平家は清康・広忠段階で戦国大名としての支配体制を確立しえたのであろうか。詳細は次章で検討するが、見通しとしては、戦国大名化の方向は強くあったといえる。しかし、被官化した在地領主層の本領へ浸透しうる守護公権を源泉とする一国支配権を掌握していないし、その具体的な現れとしての守護段銭・夫役等の賦課を行っていないところからみて、戦国大名化志向の段階にとどまったといえよう。三河が戦国大名支配下に入るのは、天文末年の今川支配下であったのである。

註

（1）中村孝也『徳川家康文書の研究』上巻、『徳川家康公伝』、北島正元『江戸幕府の権力構造』、藤野保『幕藩体制史の研究』。
（2）『鹿児島短期大学研究紀要』五（一九七〇）。
（3）『史潮』一〇四（一九六八）。

（4）たとえば『朝野旧聞裒藁』がしばしば引用する「参州本間氏覚書」には、左のごとき松平系図があるが、正否はともかく『裒藁』には一言の言及もない。

有親（左京）┬親氏──信光┬親長
　　　　　　│　　　　　　├親忠
　　　　　　│　　　　　　├守家
　　　　　　│　　　　　　├清康
　　　　　　│　　　　　　├信孝
　　　　　　│　　　　　　├長忠
　　　　　　│　　　　　　└女子（持広室）
　　　　　　└泰親──長親┬信忠
　　　　　　　　　　　　　├信定
　　　　　　　　　　　　　├親春
　　　　　　　　　　　　　├利長
　　　　　　　　　　　　　└親盛

（東京大学総合図書館所蔵、貞享頃成立、天明八年村瀬英義写本）

（5）たとえば『裒藁』応仁元年五月十五日条に、碧海郡上野村（現豊田市）隣松寺文書によって、戸軽主税に御書をたまうとあるが、この御書なるものは近世中期に作成されたものであることは原文書をみれば明らかである。

（6）大樹寺には一〇巻一九三通の中世後期、近世初頭の文書および文書写本一巻を蔵する。本書で大樹寺文書を用いる場合の略称と番号は以下による。

〈原文書〉

	外題				略称
1	寄附状	天	一巻	四九通	「天」
2	寄附状	地	一巻	四五通	「地」
3	寄附状	玄	一巻	三〇通	「玄」
4	御先祖及観智国師御書状	黄	一巻	一九通	「黄」
5	御先祖御判形		一巻	一八通	「先」

6　御判形并御朱印　一巻　五通　「判」（家康関係）
7　開山式定住持并御先祖御連判　一巻　「式」（永正十年孟秋十日）
8　開山自筆式定　一巻　「定」
9　御一門判形　一巻　一七通　「門」
10　義元判形并雪斎泰能泰朝判　一巻　八通　「義」

＜写本＞

寮舎御朱印写　一巻　一〇通　「寮」

(7)『朝野旧聞裒藁』親氏公泰親公御事蹟。
(8) 渡辺世祐「徳川氏の姓氏に就て」（『史学雑誌』三〇—一一）。
(9)『岡崎市史別巻　徳川家康とその周囲』上、三頁。
(10) 国立公文書館内閣文庫所蔵。
(11)『群書類従』二八輯所収。
四貫五百文同日同前七条全光寺領之内三河国中山之郷段銭
(12) 三木靖「荘園体制における領主と合戦」（『鹿児島短大研究紀要』五）。
(13)「於参河国額田郡去観応元十二月十日揚御旗一揆人数交名注文書」（『前田家蔵書閲覧筆記』三、『愛知県史』別巻、二四二頁）。
(14)『親元日記』寛正六年五月二十六日条。
(15)「康正引付」
四百文　岩堀修理亮　三川国西郡中村、　七百五十五文　大草次郎左衛門　三川国大草郷、　四貫五百文　彦部四郎　三河国額田郡所々、　八百五十六文　岩堀左近将監　三河国岩堀屋敷分、　弐貫五百八文　山下上野入道　参河国保久郷、　弐貫廿五文　宇津野三郎　三河国三ヶ所、　弐貫五百文　小島掃部助　参河国額田郡内四ヶ所、　弐貫六百七十文　丸山掃部助　三河国宝飯郡内三ヶ所
(16) 倉持文書（『歴史』一一輯）。
(17) 詳細は第三章第五節参照。

（18）古文書集（内閣文庫所蔵）。
（19）倉持文書。
（20）豊田武・遠藤巌・入間田宣夫「東北地方における北条氏の所領」（『東北大学日本文化研究所研究報告』別巻第七集）。
（21）前田家尊経閣文庫所蔵『武家手鑑』、嘉元三年八月十四日付粟生四郎入道宛足利貞氏袖判重円奉書（相田二郎『日本の古文書』下一〇六頁）。
（22）（23）三木靖「観応元年十二月十日三河国額田郡一揆」（『鹿児島短大研究紀要』二）。
（24）羽下徳彦氏は高氏の所領目録は山城守護職を含む故に応永十一年から十二年のものと推定されている（「室町幕府侍所頭人付山城守護補任沿革考証稿」『東洋大学紀要』文学部編一六）。
（25）東寺百合文書（『愛知県史』一巻、四一五―七頁。同別巻三九二―三頁）。
（26）註（12）に同じ。
（27）「諸国御料所方支証目録」（『日本史料集成』所収）、『親元日記』寛正六年八月十日条。
（28）拙稿「伊勢氏と松平氏」（『歴史研究』〈愛教大〉二一）。
（29）一色氏の領国支配体制は永徳三年（一三八二）に守護――守護代――又代体制が確認できるが（佐藤進一『室町幕府守護制度の研究』上、三河）、額田郡に関しては四通の施行状があるのみである。応永十四年十二月十一日付一色修理大夫宛斯波義将施行状（総持尼寺文書）、同十五年十二月二十日付同前施行状（同）、同三十年九月二十八日付一色左京大夫宛畠山満家施行状（同）、同六年五月七日付一色左京大夫宛畠山基国施行状（佐々木文書）。
（30）『朝野旧聞裒藁』信光君御事蹟。
（31）『三河物語』の引用はすべて勉誠社版『原本三河物語』研究・釈文篇による。
（32）註（12）に同じ。
（33）所理喜夫「幕藩体制の生成と農民闘争」（『史潮』一〇四）。
（34）渡辺世祐『室町時代史』四四三―四頁。
（35）第1表の3・4より信光は実名ではなく道号か法名である可能性もあるが、いまは究明不可能である。

(36)『岡崎市史』第一巻、二四〇頁。額田郡額田町保久には山下氏の墓所があり、室町時代の宝篋印塔・五輪塔大小二一基が現存する。
(37)『寛政重修諸家譜』第四、一九三頁。
(38)註(12)に同じ。
(39)『岡崎市北部の古墳』(岡崎市教育委員会)
(40)石田茂作「文化財よりみた矢作町」(『岡崎市史』矢作資料編所収)。
(41)小島家由緒は奉公衆の件は記さないが、佐々木一流備前児島末裔の小島大蔵丞重満が蓬生郷に移住し親忠に仕えたという。
(42)小島家文書、延徳四年八月十三日付小嶋大蔵丞宛松平紀伊入道栄金・左馬允親貞連署所領宛行状写。
(43)同前、弘治三年七月二十三日付小嶋源一郎宛治部大輔(今川義元)裁許状。
(44)古部天王社永正十二年二月の棟札(『三川古文書』所載)には「時ノ願主松平修理進親則」とあり、松平一族が上級領主権を保持していたことが知られる。
(45)『岡崎市史』第一巻、一一三―一二一頁。
(46)『続群書類従』二一輯上所収。
(47)『三河国二葉松』。
(48)『太平記』巻二八(『日本古典文学大系』36、八七頁)。
(49)『寛政重修諸家譜』第八、三三八頁。
(50)同前第二、二頁。
(51)渡辺世祐前掲書三四〇―三頁。
(52)持氏御内書六通が岩堀入道によってもたらされたという(『満済准后日記』永享七年五月二十日条)。
(53)大樹寺文書「門」。
(54)『岡崎市史』第一巻は成瀬系図により文明三年としている。なお『朝野旧聞裒藁』参照。
(55)『岡崎市史』別巻上、一一―二頁。『朝野旧聞裒藁』は大樹寺過去帳の「一相道帰居士　延徳二年八月二日卒　安城対馬守」を安城城主かとしている。

(56) 同前書一三—五頁。
(57) 『応仁記』(『群書類従』二〇輯所収)。
(58) 「雅久宿禰記」文明八年九月十二日条。
　参川儀以外也、東条近江守斬腹之注進在之、□□讃州(細川成之)可押寄一色左京大夫館之儀必定了、東条修理亮雖一身可罷向云々、

『大乗院寺社雑事記』文明九年九月二十四日条。
　一　三川国守護代東条没落、今日付転害、男女三百人計、荷物数十荷云々、讃州被官人也、一色打□□院合力故也、
(59) 『大乗院寺社雑事記』文明九年十二月十日条。
(60) 『朝野旧聞裒藁』親忠君御事蹟。『岡崎市史』第一巻。
(61) 大樹寺文書「門」。
(62) 『岡崎市史』第一巻、二五六—七頁写真。
(63) 「参陽松平御伝記」(『大日本史料』九—三、六一四頁)、「成瀬系図付録」(『岡崎市史』第七巻、三〇九頁)。
(64) 念仏堂は西光寺のことで大樹寺とは別とする(『岡崎市史』第一巻、二五八頁)。
(65) 信光明寺文書(『岡崎市史』第八巻、五七〇—一頁写真)。
(66) 称名寺文書、文亀三年八月十九日付信忠禁制。花押が第4表2以下とまったくことなり、また十三歳のものであることから疑問が大きい。
(67) 『岡崎市史』別巻上、七八頁。
(68) 『朝野旧聞裒藁』。
(69) 註(4)参照。
(70) 『朝野旧聞裒藁』長親君御事蹟。『岡崎市史』第一巻。
(71) 渡辺世祐『室町時代史』四四四頁。
(72) 大樹寺文書「門」。
(73) 所理喜夫「幕藩体制の生成と農民闘争」(『史潮』一〇四)。

(74)『三河国二葉松』。
(75) 大樹寺文書「天」、享禄二年二月十六日付大樹寺宛磯辺御鍋売券。
(76) 同前「門」。
(77)『岡崎市史』第一巻、二四六―七頁。
(78)「岡崎領主古記」に光重は形原を左近将監貞光に譲ったとし、「大樹寺諸末山由緒記」の形原光忠寺の条は、形原松平の祖与副が没した後に光重がその法名を寺号として文亀三年に開基したという。
(79)『朝野旧聞裒藁』。
(80) 大樹寺文書「天」。
(81) 妙源寺文書。
(82)『寛政重修諸家譜』第一、一一七頁。
(83) 同前第一、二三二頁。
(84)『田原町史』上、四八八―九九頁。
(85)「田原近郷聞書」所収の戸田系図では憲光の長子氏一を家光ともいい、二十七歳で没という(同前書五九七頁)、なお上野誓願寺(豊田市)にも戸田氏のものと伝える墓がある。
(86) 永正三年今川氏親は遠江引馬で斯波義達を捕えて尾張へ送還して、ようやく同地を入手している。それ以前に三河へ進出することはまず不可能と考えられる。
(87)『三河文献集成』中世篇、一九五頁。
(88)『大日本史料』九―一、二五七頁。
(89) 妙源寺文書。
(90)『朝野旧聞裒藁』は『甲斐国志』『甲斐国寺社由緒書』によって、信忠は甲斐の教安寺において享禄四年七月二十七日享年四十六歳で没したという説を伝えている。この説の当否は確認できないが、第4表のように信忠文書は大永八年から享禄初年まで発給されているところをみると、これは成り立ち難いとおもわれる。なお『岡崎市史』別巻上、七九―八〇頁参照。

（91）『朝野旧聞裒藁』。
（92）『宗長手記』（『群書類従』一八輯所収）。
（93）『岡崎市史』別巻上、一一一―二頁。
（94）『三河物語』によると、清康の安城在城中の能興行の折、落合嘉兵衛という下級家臣が誤って信定の座席を冒して信定に咎められたが、落合の答よく信定をやりこめた。清康は落合を引見して四貫文のところに五貫文を加増して計九貫文の知行を与えたという。
（95）大樹寺文書「天」。
（96）『松平記』は『三河文献集成』中世篇による。

第三章　松平領国の支配構造

第一節　公方年貢と色成

一　職の分化の進行

清康の代に戦国大名として行動を開始した松平氏は、どのような基礎構造の上にどのような特質を有する支配体制を形成したのであろうか。これまでの松平（徳川）氏研究においてはこの点が看過されたままになっており、主として政治過程が中心におかれていた。そのため三河一向一揆の理解も、政治史的側面からに限定されていたといえる。しかし一向一揆が対決の相手とした松平氏の支配をその基礎構造から明らかにするのでなければ、三河一揆の正当な位置づけは行えない。そこで本章では十六世紀前半における三河の土地制度をまず明らかにし、その上に形成された清康・広忠の時期の松平領国の状況と領国支配体制の特質を究明することとする。

十六世紀前半の三河における基礎構造にふれた論稿は重松明久氏・所理喜夫氏のものがある。重松氏は早くも昭和二十九年に、公方年貢と色成によって三河のみならず東海地方の中世後期の基礎構造を明らかにしようとされた。(1)その所論は、「公方年貢は荘園制的収奪体制下の本年貢」とする今日の観点からみれば、公方年貢も色成も共に本名主の得分とするなど大きな問題点を含んでいる。しかし最初に公方年貢と色成によって中世後期の基礎構造を理解しようと試みられたことは明記されねばならない。近時、三浦圭一・勝俣鎮夫・大山喬平・藤木久志氏等(2)によって公方年貢の性格は明らかになったのであるが、それと密接な関連を有すると考えられる色成についての研究はまったく進展していない。この公方年貢と色成年貢は互いに関連があるのかないのか、またそれはどのようなものであるかを解明しなければ十六世紀の三河における基礎構造は判然としないことは明白である。本節ではこの究明を中心におくが、まず両者の出現する時期の西三河における土地支配の状況を述べておこう。その場合の中心史料は大樹寺と妙源寺に所蔵されている土地関係文書である。

大樹寺は前章でふれたように、松平親忠(西忠)が勢誉愚底を開山として文明七年(一四七五)に創建した浄土宗の寺院である。以後安城松平家や一族の崇敬厚く、多くの寺領寄進をうけ、さらに松平一族以外の寄進や祠堂銭による買得・流質等もあって、十六世紀中葉には広大な寺領を集積するにいたった。同寺の土地文書は、松平一族をはじめ都築・上田・堀・板倉・中嶋等の土地寄進状五五通、売券三九通よりなり、十五世紀末より十六世紀中葉にいたる間の西三河における土地所有関係を知るうえで貴重なものである。とくに西忠より家康にいたる松平歴代およびその一族の寄進状二四通、売券二通は、松平氏の領主としての存在形態を知るうえで不可欠のものである。これらのうち最も古いものは文明十七年(一四八五)、新しいものは天正十六年(一五八八)である。

妙源寺文書は量的には若干少ないが、質的にはなんら遜色はない。同寺は三河真宗発祥の地ともいえる古刹で、その創建は十四世紀初頭までさかのぼることが可能で、重要文化財二点をふくむ多数の真宗史料を保存することで知られている。創建当時は安藤氏の菩提寺としての性格が強かったが、次第に阿部・平岩・都築・長坂・牧内・小栗氏らの後に松平の被官化した在地領主層の帰依を集めて多くの寺領を寄進され、また祠堂銭による土地集積も行っている。松平氏との関係も深く、信光の娘が嫁したと伝えられ、(3)道閲長親は同寺で宗長を招いて連歌を興行したこともあり、(4)長親より広忠にいたる歴代の寄進状もある。同寺の文書は建武三年より天正六年におよび、寄進状五一通（内松平関係六通）、売券一七通がある。ただし十四世紀のものは四点にすぎずのこりは文明十六年以後のものである。

両寺の文書を概観していえることは、第一に十五世紀後葉においては西三河でも職の分化が進行しており、加地子名主職や作職・下作職の成立をみていることである。第二に、両寺に土地や職を寄進・売却したのは、松平氏のほか、後に松平家臣団に名をあらわす在地領主層であり、したがってこれら文書の検討によって、十五、六世紀における西三河の土地関係とともに、松平家臣団の存在形態が知られるのである。ところで、本節では以下においてまず公方年貢と色成年貢の実態を明らかにし、次節以下で右の二点を意識しながら、農民と在地領主の関係にふれることとする。その場合注意しておかねばならないのは、大樹寺の所領所職が矢作川をはさんだ額田・碧海両郡にまたがるのにたいし、妙源寺の場合は碧海郡平田荘にほぼ集中していることである。これは岩津―安城―岡崎と本拠を移した松平宗家（安城松平）の菩提寺である大樹寺と、荘官的在地領主でやがて松平家臣化する武士の菩提寺として出発した妙源寺という寺創立の由緒にかかわる問題である。つまり大樹寺は松平宗家の支配地拡大にともなって、寄進される地域が拡大したということである。かくして出現する所領所職の分布の差異は、たとえば公方年貢は大樹寺文書に多くみられるのにたいし、色成年貢は妙源寺にのみみられることなどを考える際には大きな意味を有することであろう。

二　公方年貢をめぐって

管見の三河国内の公方年貢または公方成の語のあらわれる文書の一覧が第7表である。表のごとく地域的には西三河の額田・碧海郡を中心とし、典拠は大樹寺文書が圧倒的に多い。しかも年代的には十六世紀前半が大部分であるから、ここで得られる結論の有効性は限定されざるをえないが、若干とはいえ、東三河に属するものがあるから（第7表の文書27・28・43）、現段階では一応西三河を中心としつつも、東三河へも推論を及ぼしうるものといえよう。この表にまとめられた公方年貢は、反当りでみれば田は最低三二文から一〇〇文、二〇〇文、四〇〇文、畠は一五〇文、二一四文までである。これは地域が広汎にわたっていること、したがって公方年貢収取者も多様であるためで、たとえば美濃国竜徳寺領の場合のように統一した基準はひき出すことはできない。

このような公方年貢は本来次のような形態であった。

清友名公方成之事(5)

一　拾石七斗四升　　斗代七合升

同壱石五升　　新田八合八才升

三　河　の　公　方　年　貢

地種・地積・所当(加地子)	貢　納　関　係（公方年貢・作人等）	その他（桝，徳政文言等）	出典
畠2反　2石	年貢300文地主へ，外諸役公事なし	代7貫文，安堵状有	大
田1反　5斗目	公方年貢100文，外諸公事なし	代4貫400文	〃
田1反　5斗成 畠3反　1貫500文	公方年貢130文仕付		〃
3反　所当2石2斗	滝菩提坊へ1反に200文，年600文納，末代ひかえあるべし	代19貫文	〃
田1反　5斗目	安城郷御百姓名辺田四郎六郎名田の内100文の公方年貢仕付買得		〃
田1反　500文目	公方年貢100文納所あるべし	代3貫500文	〃
800文目	年貢40文さゝきのなかつかさ殿へ	代7貫文，證判中務殿	〃
3斗	100文の年貢	9連券	〃
田1反	寺家より年貢100文沙汰あるべし 公方年貢100文きしん		
5反＋α　1.8石目		一部は松平隼人佐	高
1.44石りそく500文	公方年貢400文	信長より買得	
3貫文	公方年貢1貫文，源三郎作人		
3貫文	公方年貢250文		
田2反	松平玄蕃助より永代買得，忠成へ公方年貢64文		妙 大
田5反　2石成	7斗5升真福寺へ年貢，6斗西都少納言，6斗5升大樹寺へ寄進，作人金蔵坊		
畠2まい	公方年貢200文，外諸役なし	代2貫500文	〃
田　2石1斗 田　8斗目	公方年貢5月500文，9月300文伊賀八幡禰宜方へ，外は八幡領にて諸公事なし	代25貫文，庄升	〃
畠1所	公方年貢夏100文秋150文	代2貫250文	〃
畠　500目 田　200目	公役3月5文，7月10文，11月63文		妙
畠1所(道場屋敷)	公役20文親名へ	代3貫500文，支證人大平姓3人	〃
当作350め	公方年貢50文納めてひかへ，使ひこさへもん	代3貫500文	〃
田3反	公方年貢1貫文，400文宛3反	伊田桝	大
田　所当1.32石	真福寺への公方年貢200文しつけ，外諸役なし，作人ひこゑもん，水旱損引なし	代12貫文，国之内しんとくせい	〃
田1反　所当4.5斗	公方年貢200文大もつひかしさす殿へ，外諸役なし	代3貫300文	〃

第 7 表

文書番号	年　月　日	寄　進・売　却　者	相　手	内容	所　　在
1	明応 3. 10. 28	井口 次郎左衛門道性	大樹寺	売却	染 井 畠
2	永正 9. 12. 27	鳥山三郎左衛門忠正	(白清)	〃	上　田
3	11. 12. 23	白　清	(大樹寺)	寄進	下和田五郎四郎屋敷之内
4	14. ⑩. 3	岩津弥八郎 弥太郎		売却	みやさき
5	14. 12. 13	牧内弥一郎光親	高済寺	寄進	安城高済寺東
6	15. 5. 16	安城左馬助長家	(上田弥一郎)	売却	あかまつミそ東
7	16. 7. 12	二郎四郎	二郎九郎	〃	さゝきやまなしばんはさき
8	大永 2. 4. 12	かもた孫左衛門 まこ太郎	大炊助	〃	ひかし田
9	2. 7. 13	都築大炊助忠正	大樹寺	寄進	東　田
10	4. 3. 12	松平左馬助長家	こうさい寺	〃	
11	7. 正. 吉	松平長親	高月院	〃	(5ヵ所) (4ヵ所) よしヶ入 (6ヵ所) (3ヵ所)
12	7. 7. 6	石川与八郎忠成	明眼寺	〃	古　井
13	8. 8. 21	道閲(松平長親)	大樹寺	〃	小大工田名
14	8. 10	鴨田 助さへもん	(〃)	売却	大樹寺の前
15	享禄 2. 2. 16	磯辺 御　鍋	大樹寺	〃	いませくら 伊賀はたまとひのすこふの田
16	2. 10	助さへもん	(〃)	〃	門　前
17	3. 2. 15	順　永	明眼寺	寄進	尾州星崎郷唯光名の内
18	3. 2	春日部弥十郎長明 大平六左衛門尉政盛	〃	売却	仁木郷野谷村
19	3. 12. 28	東端 八郎五郎	一郎殿様	〃	おん田
20	4. 10. 24	松平甚三郎親長	宗樹軒	寄進	伊田前
21	4. 12. 15	井田 与十郎信広 (連判3人)	大樹寺	売却	むめ木
22	4. 12. 23	井田 五えもん頼久 八郎二郎頼次		〃	はやかわ

地種・地積・所当(加地子)	貢　納　関　係（公方年貢・作人等）	その他（桝，徳政文言等）	出典
田1反　5.5斗成 畠1反　700目	公方年貢100文売主へ	代8貫500文，岡崎殿新徳政	大
田1反　5斗成	公方年貢100文鳥山三郎左衛門へ,外に諸役なし，（鳥山→白清→忠久と移動）	代4貫200文	〃
所当9斗成	公方年貢に2斗5升引，年貢500文地頭へ，下地は売引へ，取米9斗ずつ年々沙汰す	代6貫500文	
畠7ツ	公方年貢150文都築小三郎へ,作職であるから外に諸役なし	平岩甚佐衛門より買得	妙
1.8石	公方年貢200文売主へ，外諸役なし	代17貫文	三
9.9斗目 1貫170目	公方年貢100文宛，外諸役なし	代15貫文	〃
畠　5斗成	公方年貢200文仕付，我々は作人になる。石米無沙汰すれば，いつでも取上御はなしあるべし	代3貫800文	大
4斗メ	6升は年貢に100文おく，真福寺金蔵坊へ	代3貫400文，庄升	〃
田2反	年貢800文滝菩提坊へ，加地子9斗成，外諸役なし	代3貫900文，執次元孝	〃
田3反　召米1.35石	公方年貢300文真福寺年行事へ納めて永代引へあるべし，諸役なし	代11貫700文	〃
畠　5斗成	公方年貢300文仕付,売主をへて滝山こもりへ	代3貫200文	〃
畠1所	鴨田天神のふしや田,本年貢天神へ200文，足立宗助へ100文，外諸役なし	代3貫文	〃
田2所　8斗目 田2所　4.5斗目	本年貢200文真福寺へ,田地売主井田藤助，次郎兵衛		〃
田1反　6斗成	年貢100文真福寺へ	代2貫750文	〃
田　7斗目	公方払子々孫々になし		妙
田　細川升2.55石	公方年貢共に売渡し，地頭滝菩提坊	代21貫，市升で3石	大
田2反　1石	公方年貢20疋滝菩提坊へ	代7貫300文	〃
30貫目	公方年貢2貫550文大門簗田方へ,検見,作人誰被官でも召放し寺の計いに		〃
井田升5.5斗成	公方年貢100文しつけ		
田　6斗成	本年貢10疋真福寺へ	代3貫250文	〃
南方名職	前々の如く公方年貢沙汰して百姓職勤むべし		摩

文書番号	年　月　日	寄進・売却者	相　手	内容	所　　在
23	天文 3.11.27	中根陣五郎重次		売却	ひなまえ まつくろ
24	4. 1	加美藤二郎忠久	大樹寺		上　田
25	4.10. 1	井口 彦左衛門 孫七郎	〃	〃	池田きう
26	4.12.13	牧内右京進源久	明眼寺	寄進	ほ ツ 田
27	5. 4.吉	松平次郎太郎	龍洞院 花井雅楽助	売却	書　為
28	5. 5.吉	花井雅楽助	龍洞院	〃	（4ヵ所） （2ヵ所）
29	5.11.21	井口 太郎左衛門 藤一郎 松	大樹寺	〃	せ き 橋
30	5.12.23	やふた 八郎二郎	〃	〃	たけはな
31	8.12.晦	井口 彦左衛門	〃	〃	滝領井田まへ
32	9. 1.19	井田 余衛門玉泉 与次信正	〃	〃	上　田
33	9. 4.11	井口 藤一郎	〃	〃	せきの橋
34	9.10. 2	門前孫さへもん	〃	〃	井之口せき川
35	12. 2.15	会哲信誉	〃	寄進	大　坪 井田前ツヽミそへ
36	16. 2. 1	酒井九郎兵衛尉康家	〃	売却	井田茶木嶋
37	16. 2.15	板田四郎兵衛末次	明眼寺	寄進	菅生うしろ田，清水口
38	16. 2.26	中山大井野橘平信正	大樹寺	売却	阿知和宮崎
39	16. 4.21	内田五郎右衛門信家 与一郎信次	〃	〃	大門前くろさき
40	16.12. 5	岡崎三郎広忠	〃	寄進	真如寺領内
41	17. 2. 5	酒井九郎兵衛康家 清春	〃	売却	いなくま地
42	19. 2. 2	井田 九郎兵衛	〃	〃	茶 木 嶋
43	20. 5. 7	（今川義元ヵ）	本田縫殿助	安堵	渥美郡神戸郷

地種・地積・所当(加地子)	貢　納　関　係（公方年貢・作人等）	その他（枡，徳政文言等）	出典
田3反＋α 1.9石成	年貢1貫300文，小作徳寿庵，干水損なし		大
	公方年貢100文宛監物方へ	（書状）	〃
8.5斗目 1石目	公方年貢600文仰付らるべし		〃
田　8.5斗目	公方年貢300文滝菩提坊へ		〃
田　1石目	公方年貢300文成瀬へ		
田　2.05石目	道閑より給候分		
田　1.1石目	公方年貢100文松平監物丞，上条隼人より買得		
	本年貢1貫700文，内1貫200文寄進，50疋当坊へ		〃
田　6斗 畠1反　700文目	公方年貢100文中根弥五郎へ		〃
7斗目	卯まつりの公方成1斗	平田升　（添状）	〃
1.15石 0.6 石 1.00石 2.55石 0.6 石	下地公方成反別等諸役なく所務あるべし		〃

瀬文庫蔵写本）　摩＝摩訶耶寺文書（静岡県史料第4輯所収）

合拾壱石七斗九升　此内壱石山脇
荒蒔ニ引之　斗代七合升
一　弐貫文　銭年貢十二月納
一　玖百廿七文　夫銭三口　五月八月
十二月三季　三百九
文　三月納
一　弐貫文　房士銭　六月納
一　六百文　伊勢雇田年貢十月納
一　参百九十文　同上分　十月納
此外ハ年貢諸御公事不可有候
一　田畑帳別紙ニ注渡申所如件
文明廿一己酉正月十一日
加治郷久世兵庫亮
信康書判
田原弾正(宗光)殿江参

右は渥美郡加治郷の公文久世兵庫助信康が、

文書番号	年　月　日	寄進・売却者	相　手	内容	所　　在
44	21. 6. 10	松平三郎右衛門入道浄賢	大樹寺	寄進	（4ヵ所）
45	24. 12. 16	堀　道　清	〃		
46	24. 12. 16	堀入道道清	〃	〃	蔵　前 井田西
47	弘治 2. 1. 11	堀入道道清 平右衛門入道宗政	〃	〃	岩津蔵前 井田之西 （3ヵ所） 上条中瓦
48	永禄 2. 8. 8	滝菩提坊慶教	宝樹院	〃	近藤橘平方沽却田地阿 知和宮崎
49	4. 3. 19	京　　順	大樹寺	〃	日名前
50	8. 12. 13	加納孫五伊考 検校藤六			神座寄本前
51	9. 3	松蔵家康	宝樹院	〃	北　田 井田茶木嶋 大門黒崎 阿知波宮崎 山之田

出典　大＝大樹寺文書　高＝高月院文書　妙＝妙源寺文書　三＝三川古文書（岩
○内の数字は閏月をあらわす。（　）内の宛名は推定。

延徳元年に公文名と推定される相伝の清友名を、田原城主戸田弾正宗光に三八八貫文で売却した際に付した注文である。加治郷は『神鳳鈔』記載の内宮領加治御園の地である。清友名の実態は不明であるが、第7表の文書13の公方年貢反当一斗五升を仮に適用してみると七町八反余という大名田になるが、これは公文名であったためであろう。なお清友名の公方年貢収取権者は藤田家貞で、公方成は名主久世から藤田へ納入されていたわけであり、戸田宗光の買得と大久保長興寺への寄進[6]によって、長興寺＝公方年貢納入義務者＝名主となったわけである。なお伊勢雇田年貢等の伊勢神領にかかわる部分は家貞から納入されたのであろうが、おそらくこの段階では神宮給主としての家貞が収取していたのであろう。

この清友名で注目されるのは、夫銭や房士銭のごとき夫役部分がすでに銭納化されていること、および公事物もおそらく銭納化されて銭年貢と化しているらしいことである。これは第7表所載の売券や寄進状に公事・夫役に関する記載がなく、これ以外の売券・寄進状でも同様であることと通ずるものであり、この時期の三河においては、公方年貢は年貢＋公事＋夫役であり、しかもその銭納化（一部米納）が一般的傾向であったことが知られよう。

第7表所載の文書は一〜数反程度の名主職あるいは加地子得分権の移動にかかわるものが大部分であるが、その際公方年貢に関しては二つの形態があった。第一は公方年貢納入義務が名実とも買主・被寄進者に移動するもので、公方年貢額と納入先が明示されており、多くは公方年貢を「仕付」けるという文言で示されている。それは「先祖相伝之名田」（文書1）、「安城郷御百姓名辺田四郎六郎名田」（文書5）や「小大工名」（文書13）の一部が売却・寄進されて、その結果名田の分割、すなわち中小名主職の出現となった場合である。これには文書21のように従前より作人がある場合と、文書29にみられるように、名主職放出者が作人化する場合の二型があった。

第二の形態は公方年貢額は明示され納入先も多くは示されているが、公方年貢納入義務は売主・寄進者にある場合である。これにはやはり二型あり、(イ)文書12・33の型と(ロ)文書6・10の型があった。(イ)型は「公方年貢参百文ハ滝山こもりへ罷成候間、毎年井口藤一郎かたへ御渡あるへ」きというように（文書33）、滝山寺への公方年貢は名主職買得者たる大樹寺が支弁するが、その納入は売主（前名主）を通じて行われるものであり、その理由は文書12にみられる「地類候間」の表現にもとめられよう。文書12は石川忠成（後清兼）が古井の田二反を妙源寺へ寄進したものであるが、その地は松平玄蕃助（親忠男親房か）より買得したもので、公方年貢六四文の納入義務があったが、「彼地類候間年貢之儀此方へ可被下」すなわち忠成を経て上納されることになっている。これらは名田畠の一部を売却・寄進しても、他の大部分が売主・寄進者に保有されているという事実を背景にしたものであろう。と同時にこれは散り懸り的小作関係、および名本・名おや体制の出発点というべきものである。ただし三河の場合は親名または本名という言葉で表現されるようである（文書18）。

(ロ)型も公方年貢納入義務が名田売却者の手元に残されたようにみえるが、実は名田放出者自身が公方年貢収取権者であった場合である。文書6で親忠子の安城（松平）左馬助長家はあかまつの田一反五〇〇目を上田弥一郎に三貫五〇〇文で売却したが、「但彼下地ニ者公方年貢年中百文可有納所候」とのみあって、その納入先を記さない。ところが文書10においては、

上田弥一郎殿へ永代うり申候田地くハう（公方）年貢之儀、去年ひつしの年までの六年之内合六百文うけとり申候、当年よりさるの年より後、毎年百文つゝの公方年貢ハ末代きしん申候、

と高済寺へ公方年貢収取権を寄進したのである。このように公方年貢収取権者と名主職所有者が同一人物である例は、文書12の石川忠成に名田を売却した松平玄蕃助や文書2の鳥山三郎左衛門光正などがある。文書2の地は永正九年（一五一二）に鳥山から白清（松平岩津源五郎光則）へ売却され、白清は加美藤二郎忠久に譲与し、忠久は天文四年に大樹寺へ売却した（文書24）。このような名主職の移動にもかかわらず、公方年貢納入先は鳥山で変っていないから、これは鳥山が公方年貢収取権者とみてよい。このような場合は、文書には多く公方年貢納入先を記載

しないのが通例のようにもみうけられるが断定はできない。

それでは、第二の形態の(ロ)型のような公方年貢収取権と名主職が同一人の手にある事態はどのようにしておこったのであろうか。両者は本来別個のものであることは明らかであり、それが同一人に帰するのは一つは公方年貢収取権者が名主職を買得等により入手した、いわゆる「上からの一職」化の場合である。他は戦乱の過程において、旧来の公方年貢収取権者と名主職所有者が同時に没落して、両者が同一人に給与された場合であろう。右の例で知られる松平庶家の場合は、あきらかに信光以来の安城を中心とする松平氏の碧海郡への進展過程で生じたものといえよう。

ところで第7表の公方年貢収取権者は大別して、(1)滝(滝山寺)・真福寺・高済寺・伊賀八幡・鴨田天神・大もつ東座主殿のごとき寺社、(2)松平長家・玄蕃助・監物丞(桜井家次)らの松平庶家、(3)佐々木の中務殿・鳥山光正・都築小三郎・足立宗助・大門簗田方・成瀬・中根弥五郎等の武士の三種となる。このうち(1)の滝山寺・真福寺など鎌倉期以来の荘園領主は別として、松平一族の氏神という伊賀八幡、長親の再建と伝える高済寺など松平氏と関係深い寺社の公方年貢徴収権は(2)と同様に、松平氏の発展とともに入手されたものであろう。(3)のうち、簗田のごとき十四世紀以来の在地領主であることの明らかなものは別として、松平被官として公方年貢徴収権を恩給されたものもあった筈である。その典型的な例は、第三節で詳説する堀氏である。

第7表にあらわれた三河の公方年貢の場合も「諸役公事」「諸公事」「諸役」なしという文言をもつものが多い。この背景には久世信康の清友名のように諸役公事の銭納化の傾向が指摘できるが、と同時に三河の公方年貢額は美濃や尾張の例と比較して全体に低額であり、これと反対に名主得分は相対的に高額であることも指摘できる。第8・9・10表は三河（第7表）、尾張（篠木円福寺領）、美濃（竜徳寺領）の反当所当と公方年貢、および名主得分率を比較したものである。(7) これは年代や領主の差異を無視し、さらに米一斗＝一〇〇文という換算を行ったものであるから厳密とはいい難い。しかし第8・9・10表によって、美濃に比較して三河の田の斗代と公方年貢は低額であること、田の公方年貢は三地域中三河が最低であること、作人の上納分中にしめる名主得分の割合は三河がもっとも高いこと、などは一応いえることであろう。なお第10表の三河の例では、郡単位の差はみられな

第8表　反当斗代比較

斗　代	田(斗)			畠(100文)	
	三河	尾張	美濃	三河	美濃
3～4 未満	1	1			2
4～5	2				2
5～6	7	1		1	
6～7	1	1			
7～8		2		1	1
8～9	1				
9～10		1	1		
10～11			3	1	
11～12			2		
12～13	1		8		
13～14			5		
14～15			1		
計	13	6	20	3	5

第9表　反当公方年貢比較

公方年貢(文)	田			畠	
	三河	尾張	美濃	三河	美濃
50 未満	1				2
50～100		5			4
100～200	8	9	1	1	2
200～300	2	23	4	1	4
300～400		12	2		1
400～500	2	5	2		
500～670			4		
計	13	54	13	2	13

第10表　名主得分率比較

$\frac{B-A}{A}$	三 河	尾 張	美 濃
1 未満	1	3	
1～2	6	3	4
2～4	7		9
4～6	17		6
6以上	8		4
計	39	6	23

A＝公方年貢
B＝斗代（名主得分＋公方年貢）

い。

　このように三河における公方年貢が相対的に低額で、名主得分が高額な理由としては、諸役公事分が公方年貢収取権者の手から脱落して名主得分（加地子）に転化した結果であるかもしれない。[8]と同時に、三河における荘園制の崩壊過程の特徴とも考えられないことはない。この場合十四、五世紀における三河とくに西三河の領有体制の特徴が影響しているのかもしれない。この点は確認不可能であるが、公方年貢銭納化の過程で年貢率の低下がなかったのであれば、三河においては荘園制下の本年貢自体が相対的に低額であったということになろう。

三　色成年貢について

　第11表は妙源寺文書中の色成年貢の文言がある文書、およびそれに関連ある文言の文書を集めたものである。色成年貢は典型的には次のようにあらわれる。

(A)　永代売渡申下地之事

　合畠弐反　在所桑子之北宮石名内　年貢壱貫八百文文目（マヽ）

右件之下地者名内之徳分以、桑子明眼寺へ代八貫文永代売渡申処実正也、年貢諸御公事之儀者従本名可致沙汰候、此内色成之年貢弐百文、毎年本名へ可有御納所者也、然者為先祖寄進申候間、於子々孫々別之違乱煩之儀有間敷候、仍証状如件、

平岩二郎左衛門

天文四年乙未十月十四日　　信重（花押）

（三人連署略）

桑子明眼寺殿参

これは文書5の全文であるが、色成年貢とは「名之内之徳分」を買得した者が、買得地の年貢公事を「本名」に負担してもらう代償として、「本名」に納入するものといえる。つまり買得地の名主得分を入手することになった者が旧名主に支払うのであり、その背後には名主得分権の移動はあっても名目上の名主は依然として旧名主＝売却者であるという事態が考えられる。これにたいして、文書9のごとく色成年貢を納入するが文言が異なるものがある。

(B)　永代明眼寺奉寄進下地之事

合畠八反五ッ在所桑子之北宮石名之内代八貫目

右彼下地者従平岩名字中被成買徳候事無紛候、然者為新寄進末代於子々孫々不可有相違候、不入申合候間、壱反ニ廿文宛色成し之年貢本名可有御納所候、此外諸御公事以下之儀不可有之候、仍為後日状如件、

松平甚六郎

天文七年戊戌三月五日　　康忠（花押）

桑子明眼寺参

（文書9）

「不入」に申合せたので、色成年貢を本名に納入すれば、諸公事以下は賦課されないという。したがって色成

色成年貢と不入

地種・地積・所当	貢納関係	その他
畠 1反 400目	「名之内の徳分」を4貫200文で永代売, 年貢諸公事以下本名より納める, 諸役等なし	
田 1反 550文め	「名之内之徳分」を5貫500文で永代売, 年貢50文宛本名へ, 諸公事巳下は本名より納, 諸役なし	
田 1反 450め	「名之内之徳分」を4貫500文で永代売, 年貢諸公事等本名より沙汰, 諸役有るべからず	小太郎は妙源寺へ寄進
畠 2反 屋敷2反 } 年貢3貫200目	張忠分領を永代不入に寄進, 御礼銭18貫文	
畠 2反 年貢1.8貫文目	「名之内之徳分」を8貫文で永代売, 年貢諸公事は本名より沙汰, 色成年貢200文毎年本名へ	
畠 2反 年貢1.8貫文目	同　上	5と連署者が1人違うだけ, 同じ土地か
畠 3反 年貢2.95貫文	「名之内之徳分」を13貫250文で永代売, 年貢諸公事は本名より沙汰, 色成し之年貢300文毎年本名へ	
畠 1反 年貢800目	「名内徳分」を3貫500文で永代売, 諸公事は本名より沙汰, 色成年貢100文毎年納めよ	
畠8反7ッ 代8貫目	平岩名字中より買得, 新寄進,「不入申合候間1反ニ20文宛色成し之年貢本名へ」, 外諸公事なし	
田 1反 石米8斗目	7貫文で永代売, 年貢諸公事は本名より沙汰, 毎年色成しの年貢100文の外諸役なし	
畠 3反 年貢1.8貫文	真嶋本名なれど8貫文で永代売, 色済之年貢200文, 外に諸役なし	
田 1反 6斗目 畠 1反 800目	名之内の徳分を寄進	
	永代不入に寄進	
3反 石米1.8石目	祠堂銭10貫文借用して過分になるのをそのままにじた礼, 永代不入に寄進	使彦左衛門
田1町2反 石米6石成	下地を岡田与次方より買得, 太子仏供田永代相違なし, 新寄進として不入に申合候	

第 11 表

文書番号	年　月　日	寄　進・売却者	相　手	内容	所　在
1	永正 8. 11. 21	大か藤左衛門 左衛門五 源四郎	明眼寺	売却	見　間
2	13. 12	東端神屋 藤右衛門 源　六	平岩弥太郎	〃	たかまわら
3	享禄 2. 6. 28	善四郎	荒川小太郎	〃	見　間
4	4. 10. 17	松平甚六郎康忠 右京進張忠	明眼寺	寄進	宮　石 まこも
5	天文 4. 10. 14	平岩六郎左衛門信重 外　同名3人	〃	売却	宮石名内
6	4. 10. 14	平岩勘左衛門入道浄現 外　同名3人	〃	〃	〃
7	4. 10. 14	平岩五郎左衛門入道了玄 外　同名4人	〃	〃	〃
8	4. 12. 29	平岩左京進光忠 彦二郎親吉	〃	〃	だんごはた
9	7. 3. 5	松平甚太郎康忠	〃	寄進	宮石名内
10	7. 3. 22	平岩九郎衛門張元	〃	売却	かうなき
11	9. 12. 28	南との 都築竹松　外2人	〃	〃	宮　石
12	11. 7. 26	筒針孫太郎重基 九郎左衛門信光	〃	寄進	本　作
13	11. 7. 26	中山勘解由左衛門尉利直 新七	〃	〃	牧内新城
14	12. 12. 10	小栗三郎五郎忠親 平岩惣衛門貞政	〃	〃	別郷下
15	13. 2. 2	松三広忠	〃	安堵	平田五ヶ分之内

地種・地積・所当	貢納関係	その他
蔵屋敷	寺中として永代寄進,「不入ニ申合候間諸役幷陣取狼藉」あるべからず	
道場下地	「百姓中名之内以徳分奉寄進上者 諸公事不入ニ申究」	
畠 1反　年貢800目	永代不入ニ寄進, 礼銭2貫500文	
屋敷1所	「雖為名田之内永代不入」に寄進,「彼外屋敷之内我等家を作境を立候分之事者年貢月ニ2人つゝ之人夫御指置可有」	
内外屋敷	同　上	
畠 1町　5貫目	「雖為私領」寄進,「不入ニ申合候上者年貢諸役以下不可有」, 礼銭10貫文	
田　5斗目	3貫文に売,「彼田地者桑子明眼寺名職之内」「為色成明眼寺江50文宛毎年可有納所」, 外公事諸役少もなし	使浜崎甚六助次 山田助八郎
畠2町1反5ッ　17貫め 田 3反　1.8石め	「張忠康 忠任一札之旨於末代異儀諸役不入色成之儀致新寄進」	

年貢納入以外の義務が被寄進者にない状態が「不入」といわれたわけであり、色成年貢と不入は密接な関係があることが推定される。とすると、不入文言が礼銭支払いと結合している文書21も、本質的には色成年貢の一時支払いという理解が可能となる。

(C)　永代奉寄進下地之事
　　合畠壱町 在所牧内泉蔵坊東 ほり田共ニ
　　　（中略）
右件之畠之事雖為私領、桑子御太子江奉寄進候、不入仁申合候上者、年貢諸役以下不可有之者也、将為御礼銭拾貫文給候、（下略）

(B)における色成年貢を記すかわりに(C)では礼銭を記しているから、礼銭を色成の一時支払い分と理解することに問題ないであろう。

それでは色成年貢出現の根拠は何であったか。色成の反別五〇―一〇〇文程度という額からみると、最も近接

文書番号	年　月　日	寄　進　・　売却者	相　手	内容	所　在
16	天文14．3．15	水野藤九郎守忠	明　眼　寺	寄進	小垣江
17	15．11．9	細井左馬亮守世	〃	〃	大岡高木守護領
18	19．6．10	松甚次忠吉	〃	〃	池端名内
19	19．8．1	都築小三郎信家	〃	〃	真嶋外
20	19．8．22	（荒河）忠勝	〃	〃	真　嶋
21	20．3．28	嶋田弥六広正 佐賀利式部丞綱秀 大塩藤大夫忠良	〃	〃	牧内泉蔵坊東
22	永禄元．11．13	草下甚三重次	鉄屋兵衛二郎	売却	別郷之下
23	天正6．9．28	松平甚太郎家忠 周防守忠次	明　眼　寺	寄進	

するのは本名主の負担する公方年貢の額である。したがって色成年貢＝公方年貢と考えると次のようになろう。名主職所有者（本名）が名田の一部を売却・寄進しても、依然として放出部分の公方年貢負担義務を負い続ける場合、放出者が公方年貢相当額を買主に転課するのが色成であり、その一括支払い分が礼銭である。これは前節の第二の形態(イ)型に類似するが、そこにおいては公方年貢は従前の名主を経由するのみであるのにたいし、色成の場合は、「色成」という形で入手者の義務として文書に記載され、公方年貢という語があらわれないところからみて、若干の差異がある。その差異は「本名」の公方年貢徴収を名目とする放出者の名主権限の行使を、色成年貢納入によって断ち切るところにある。したがって色成年貢支払者＝買主・被寄進者は、入手した名田畠に関しては加地子収取権のみならず、加地子収取を実現する下地進退権すなわち名主としての権限を入手したのである。

それが「不入」であり、年貢諸公事なしの意味となろう。

もっとも不入と年貢諸公事なしがただちに結合しうるかどうかは若干問題がある。というのは、不入の文言のある文書の発給者は、松平広忠やその一族、水野守忠のごとき国人領主であり当然公方年貢収取権者であったと推定される部分をふくむからである。そこで文書15からその点を検討してみよう。

(D)　永代申定候下地之事(9)

合田壱町弐段平田五ケ之内石米六斛也

右件之下地者従岡田与次方致買得候事実也、明眼寺御太子仏供田永代不可有相違候、為新寄進不入ニ申合候間、依国之忩劇如何様之儀出来候共、同名親類違乱煩之儀不可有之者也、仍為末代証状如件、

天文十三年甲辰弐月二日　　松三　広忠（花押）

明眼寺旨

妙源寺が岡田与次から買得した一町二反の名田を広忠が安堵し、同時に「為新寄進不入」に申し合せている。すなわち、ここで新たに寄進されたのは不入権である。しかし不入となっても色成年貢納入義務が解消するわけではなかったことは、(B)の例から明らかであるから、ここでいう「不入」は、色成年貢納入によって入手した下地進退権にたいし、公方年貢徴収権者が公方年貢徴収を名目とした介入を行わないことを定めたものと理解することができよう。その場合、文書4の張忠分領を永代不入として礼銭を支払う例や、文書18・21の例は、前項の

第二形態(ロ)でみたような公方年貢徴収権者と名主職所有者が同一の場合で、色成年貢(公方年貢分)納入義務すら礼銭支払いによって消滅したと考えることができよう。(D)の場合でも、もし広忠が公方年貢徴収権者であるならば、公方年貢分の寄進によって不入になったとも考えられよう。そのようにみれば、不入は色成年貢納入関係を公方年貢収取権者が承認してはじめて実質化するものであったといえる。

右のような不入の完成は、在地領主の寄進を媒介とするものではあっても、いわば「下からの一職」形成の動きとしてとらえることができよう。と同時にこのようにして成立した不入においても、在地領主の検断権の不入は当然成立していたのである。そしてこの時点では、いまだ松平宗家権力は家臣団の本領地に対して検断権を一切行使しえず、また職の体系を否定するがごとき政策をもたなかったことを示すものであろう。次の給知宛行状(9)はそれをよく示している。

今度大蔵《阿部》以弄此方へ御同心祝着候、如約束為給知百貫之分進置候、然は鷹落名田、野羽《場》之前前《ママ》之給分不入に進之候、此両所相改、其都合てはす之所々にて引合、百貫之首尾可被執候、猶委細阿大可申候、弥走舞候而三木落居候様に頼入候、於末代給知不可有相違候、仍如件、

天文十二卯
八月十日
岡三
広忠　御判
内藤甚三殿

これは叔父信孝と対立した松平宗家広忠が、信孝家臣の内藤甚三を服属させた時のものである。内藤は鷹落の

名田と野場の従来からの給分に不入を認められ、それで一〇〇貫文に不足の場合は、他の土地が付加されることに定められたわけである。したがって鷹落の名田は新規に「上からの一職」を給され、野場では従来の給分が不入になることによっておそらく公方年貢分を収取することになったのであろう。すなわち不入とは、公方年貢収取権と名主得分権が同一人物の手中に掌握されることによって、他からの介入をうけない状態をさすのである。その成立の契機は給恩・買得・寄進などがあったが、色成年貢に示される関係はこの不入に準ずる関係を下から創出する一方法であったということになろう。

西三河の場合、守護権力による段銭・棟別賦課の実例は今のところ見出せない。松平氏も広忠段階まではその例がなく、また守護になったこともない。ということは、職の体系を根本とするものであってもそれを否定する萌芽となりえた守護役賦課がなかったことであり、したがって広忠段階までの松平氏は完全に職の体系によって存在した国人領主であったということになる。松平氏によって承認された不入は、守護不入とは性格のことなる不入であったのである。

第二節　名主と作人

一　作職・作人・下作人

公方年貢・色成年貢に象徴される十五世紀末より十六世紀中葉にいたる西三河の土地所有関係は、概括的には

⑴領主（公方年貢収取者）―名主（公方年貢上納、名主得分収取者）―作人という関係を中心に、⑵領主―本名・親名（公方年貢上納、色成収取者）―「新名主」（色成上納、名主得分収取者）―作人、⑶領主（公方年貢、名主得分収取者）―作人、という二つの副次的関係が推定される。このうち作人に関しては、作職・小作・ひかへ等と多様な表現があるので、名主・作人関係を中心に若干検討を加えてみよう。

第12表は作人・作職・小作等の語のあらわれる大樹寺・妙源寺文書を摘出したものである。これによると作職・作人等と記されていても、内容的には二つの類型があった。文書2によると明応三年十月に大樹寺は寺域の北隣の井口郷の次郎左衛門道性から、寺の西にある「先祖相伝之名田」の畠二反を買得したが、その地の貢納関係は「自彼地之内之年貢参百文宛地主方へ可有御沙汰候、此外者不可有諸役御公事等候」であった。この売買に関して発給された文書3の松平栄金（信光子光重）の執達状によれば、大樹寺の買得したのは作職であり、「代物七貫文ニ作敷（ママ）永代被召置候、但毎年年貢三百文宛名主かたへ可有納所」きものであった。この関係は領主（公方年貢収取者）―名主次郎右衛門（年貢収取者）―作職所有者大樹寺となる。この場合大樹寺はおそらく下作人から収取する所当マイナス年貢三〇〇文を得分としたのであり、作職保有者が直接耕作者であれば、三〇〇文以外はすべて耕作者の手元に留保されることになる。なおこの年貢三〇〇文はその額よりみて公方年貢相当分である可能性が強い。それは文書14でより明確となる。

文書14で牧内源久は平岩甚左衛門より買得した畠を妙源寺に寄進したが、「公方年貢百五十文都築小三郎殿へ御納所可有候、作職之事候条、是より外諸役有間敷候」とある。この都築は平田荘真島名の名主と推定され（前

作人・作職

地種・地積・所当	貢納関係（作職・作人・小作・ひかえ等）	その他
畠 2反	年貢4貫500文，春1貫文，夏中1貫文，秋納所2貫500文，「此旨をちかい年貢無沙汰候ハ，下地をめしはなされ候ハレ」年貢300文地主へ，此外諸役公事なし代物7貫文に作職永代召置，年貢300文毎年名主方へ	代7貫文，2，3の下地は同じ
田 3反 所当4斗	桜井二郎兵衛作，古左京亮へ下地渡，作職30年余引得，内8斗竹谷弥七郎へ，6斗西忠地利を大樹寺へ寄進	
田 1反 所当3斗	源六作	
田 1反 所当3斗	右馬右衛門作	
2.5貫文	作人長坂縫殿助，毎冬両度沙汰	
田 1反 3斗成		代3貫文
田小 1斗成	作人伊賀の四郎二郎	
2.5斗	所当ハ不断念仏石米，売主より沙汰	代2.5貫文
田 5反 20斗成	7.5斗真福寺へ年貢，6斗西都少納言，6.5斗大樹寺へ寄進，作人金蔵坊「すこしも石米御無沙汰申候ハヽめしあけらるべく候」	
田 13.2斗	公方年貢200文仕付，真福寺へ納めよ，作人彦衛門，不沙汰ならとりあげ，水旱損なし	
（田）2反 10斗年貢700文	作職は大門元忠引得，無沙汰なら下地を可被召上	代6.7貫文
（田）3反 10斗年貢800文		
田 8.5斗	無損免，「聊も有違儀者可取上」	代8.5貫文
9斗	公方年貢に2.5斗引，年貢500文地頭へ，「彼下地ハ売引へニ仕候間，取米9斗ツヽ年々沙汰可申候」	代6.5貫文
畠 7ツ	公方年貢150文都築小三郎へ，「作職之事候条」諸役なし	
畠 5斗	公方年貢200文仕付，「我々作人ニ罷成候，若石米無沙汰」ならば，取上御はなしあるべし	代3.8貫文
3斗	作人伊口彦左衛門	
田方 16俵成 年貢1貫文	作職より6斗目2反	

第 12 表

文書番号	年 月 日	寄進・売却者	相 手	内容	所 在
1	長禄 4. 11. 26	松平弥次郎親則	岩堀横大路	請状	大門郷井口横大路 屋敷空浄跡田畠
2	明応 3. 10. 28	井口次郎左衛門道性	大 樹 寺	売却	染井畠
3	3. 10. 28	松平紀伊入道栄金	〃	安堵	額田拾人百姓之内 井口郷次郎右衛門 名田之内
4	文亀元. 8	道閑（松平長親）	〃	寄進	伊賀塚本
			常 在 軒	〃	安城むかひ田 安城西尾
5	永正10. 4. 24	道 閑	大 樹 寺	〃	平田おとり堂分
6	大永元. 10. 6	植村入道安忠	〃	売却	大門前大くほ 伊賀之山岸
7	2. 12. 1	井之口 彦左衛門	〃	〃	青木嶋あい
8	8. 8. 21	道 閑	〃	寄進	小大工名
9	享禄 4. 2	上和田 七郎ゑもん	〃	請状	
10	4. 12. 15	井田与十郎信広 （連判3人）	〃	売却	むめ木
11	天文 2. 2. 29	真福寺桂林坊栄正 井口右馬允親家	〃	〃	大門前三作 藪田南山道
12	3. 12. 19	片原三郎左衛門 子孫五郎	〃	〃	岩本みそそ井
13	4. 10. 1	井口 彦左衛門 孫七郎	〃	〃	池田きわ
14	4. 12. 13	牧内右京進入道源久	明 眼 寺	寄進	ほッ田
15	5. 11. 27	井口 太郎左衛門 藤一郎 松	大 樹 寺	売却	せき橋
16	6. 9. 17	元多，与三郎	〃	寄進	藪田南山道
17	15. 2. 10	上田七郎兵衛尉元成 清太郎清房	小針蓮香院	〃	

地種・地積・所当	貢納関係（作職・作人・小作・ひかえ等）	そ の 他
真如寺領内30貫目	公方年貢2貫550文大門簗田方へ，検見作人誰被官でも召放し寺の計い次第	
3反 19斗 年貢1.3貫	小作徳寿庵，水損なし	
田 4反 6斗	1反5ツ小作与三郎，1反5ツ御竹小作，1反小作孫七郎	
畠 1.7貫	一色800目小作助七郎，井之上300目宗六小作，かみはしら600目小作太田又十郎	
田		
1石2斗め	石原与三郎作職	
4斗め	孫七作職	
3斗め	河嶋 助左衛門作職	
8斗め 畠ニ成800文	古井 宗五郎ひかへ	
6斗め 畠ニ成600文	河しま 助左衛門ひかへ	
5斗め 畠ニ成500文	古井 助大夫ひかへ	
6斗	小作くわこ九郎左衛門	
田 6斗	〃	
8斗	二郎右衛門小作	担保で1.5貫文借

節第11表の文書19、第11表の文書11)、したがって文書14の畠は名主都築—作職所有者平岩という関係から都築—牧内にかわり、さらに寄進によって都築—妙源寺とかわって、公方年貢分の一五〇文を妙源寺が納入して下作人からの所当を収取することになったわけである。これら二つの例は「作職」と記されながら、その内容は色成年貢収取関係にみられるところとまったく同じである。すなわち旧来の名主は公方年貢相当分を収取するのみで、名主得分にあたるものを収取していないにもかかわらず、名主職は表面上移動していない。名主得分にあたる「名内之徳分」は作職入手者の手に入るのであって、いわゆる作職得分を収取する「作職」とは異質のものである。これを第一類型の作職としておこう。

　右の作職を有する者を「作人」と称していたかといえば、そうではない。

文書番号	年　月　日	寄進・売却者	相　手	内容	所　　在
18	天文16. 12. 5	岡崎三郎広忠	大　樹　寺	寄進	
19	21. 6. 10	松平三郎右衛門入道浄賢	〃 鎮　誉	〃	
20	永禄 9. 4. 18	法蔵院東与	鎮誉・進誉	〃	徧照院分
21	元亀 2. 5. 5	古井文宗	大　樹　寺	〃	徧照院分下地 はちかしり 同　所 さとのいけの上 一　色 井之上 同　所
22	天正 2. 8. 10	荒河権六勝忠	明　眼　寺	〃	北平田
23	2. 12. 15	天野七蔵久次	〃	〃	〃
24	2. 12. 26	板倉伝十郎家定	大　樹　寺	借状	小針下

文書番号14，22，23は妙源寺文書，他は大樹寺文書。

(イ)

道甫(清康)十三廻為孝養、御寺近所ニ候以真如寺領内参十貫目永代寄進候、従此内公方年貢大門築田方へ従御寺弐貫五百五十文可有御納所候、但依其年躰けんミ可為次第候、田畠小日記別紙在之、作人者誰々雖為被官被召放、御寺之可為御計候、於子々孫々聊不可有違乱者也、仍末代之証状如件、

岡崎三郎

天文十六年丁未十二月五日　広忠（花押）

大樹寺参

この寄進によって大樹寺は名主職を中心とした三〇貫文の所領を入手したのであるが、公方年貢が検見によるとあることは、一般的には検見がおこなわれていたのが次第に定額化してきたことを示すものであろう。それはともかく、この寄進によって真如寺領の従来の作人は召放しの危機にさらされること

になった。これは松平氏の権力を背景にしたものではあっても、文書3・14のような作職所有者すなわちここでいう作人とすると、職としての「作職」の否定という重大な事態になってくる。この時点の松平氏に職の体系を否定する力があったかどうかは問題であるが、これまでみてきたように、松平氏やその被官の土地所有は職の体系によっていたのであるから、それを根底から崩壊させることになる。これはこの段階ではあり得ないことであり、したがって第一類型の作職所有者を(イ)の作人とすることはできないということになる。

結論的にいえば、第一類型の作職とはことなる第二類型の作職ともいうべきものがあり、その作職所有者がここでいう作人であったということである。それはいわゆる「職の分化」にみられる一般的な作職・作人であったのであり、広忠が問題にしたのはその作人が誰かの「被官」であったことであり、問題にしえたのは真如寺が松平親忠によって中興されたという松平宗家との深い関係が存在したためである。一般的な作職と作人は次のようにあらわれる（文書11）。

(ロ)　（端裏書）「大樹寺参　　桂林坊
　　　　　　　　　　　　右馬允」

永代売渡申下地之事

　合六貫七百文者　大門前三作二反所当一石四斗年貢七百文
　　　　　　　　　籔田南山道三反壱石年具八百文

右永代売渡申処実正也、但在所三作弐反年貢目七百文、山道三反年具（マヽ）八百文、合壱貫五百文目売渡申候、作式ハ大門元忠引得にて候、少も無沙汰候者下地を可被召上候、（中略）

天文二年癸巳二月廿九日

真福寺桂林坊

栄正（花押）

井口右馬允

親家（花押）

大樹寺参

これは名主職の移動で、作職は売主以外の人物の手にある。作職を所持することを引得（ひかへ）ということが知られるが、年貢不沙汰の場合は作職は取り上げられるものであった。同様の例は文書10・12・15にもあり、とくに文書15は「彼下地ハ畠を米五斗成ニ仕候て、公方年貢弐百文仕付」て売却したが、「是ハ我々作人ニ罷成候、若石米少も無沙汰申候ハヽ、何時も取上御はなしあるへく候」と、従来の名主の作人化の場合でも同様の文言なのである。また文書1・9の作職請状においても同様である。したがって、作職所有者＝作人の所当未納の場合における名主の土地取上げは当時の一般的状況であったわけである。このような名主の土地取上げ権の所在について、作人の耕作権＝土地占有権の弱さとみるか、あるいは無沙汰しないかぎり耕作権は保証されるとみるか見解はわかれているが、次項でみる例からみて後者が正当と考えられる。

このような土地占有権を有した作人は小作ともよばれ、明応年間より史料に姿をみせるが、西三河においても十五世紀末以後の段階では、生産力の上昇を基盤とした名主層の分解と隷属的小農民の一定度の自立が進行していたことを示すものである。これら作人は長坂縫殿助・太田又十郎のような松平被官化していたと推定される武士、真福寺金蔵坊・徳寿庵等の寺庵、その他無姓の農民の三つに分類できるが、一部の武士や寺庵を除いては作人即直接耕作者である可能性が大きかった。もちろん散り懸り的請作関係や作人が他方では名主である場合も当然存在したし、隷属的小農民を駆使する領主直接経営や請作による下作人の出現もあったはずである。文書4は下作人の存在を推定せしめる文書である。

(ハ)「（端裏書）大樹寺江 寄進状西忠月忌供米　道閲」

荒居地

三段在所伊賀塚本所当一石四斗桜井二郎兵衛作

右彼田ハ古左京亮殿へ就此下地を渡候、作識（ママ）永代預、三十年余引江候、不可有違乱煩候、一石四斗之内八斗竹谷弥七郎方へ令渡候、六斗為西忠地利納候、此六斗ハ西忠往生候者、月忌為霊供米大樹寺へ寄進申候、

已上

一段在所安城むかひ田所当三斗源六作

一段此内五ツハ給分所当三斗 同西尾　右馬右衛門作

合六斗毎年御念仏之為、常在軒請取可被渡申候、

文亀元年辛酉八月　日　　道閲（花押）

大樹寺南方約二キロの伊賀塚本の三反の地は、文明初年に信光の子の竹谷左京亮守家にわたっていた。これはおそらく守家分出の際のことであろう。同地の所当一石四斗の内八斗はそれ以来竹谷家の守家、その子弥七郎秀

信に渡され、六斗は親忠（西忠）が収納してきた。この年八月西忠が没したので六斗は大樹寺に寄進されたのである。ところで右の「作職永代預三十年余引江候、不可有違乱煩候」の部分を、桜井二郎兵衛の耕作権を西忠が永代に桜井へ預けて下地を守家に渡し、以来三〇年になるが今後もそれを保証すると理解し、このような記述が寄進状に記入されるということは十五世紀後半では耕作権の永代預はきわめて恩恵的な給付であり、それはこの時期における作人＝小百姓の耕作権の不安定さの証明である。その安定化が松平道閲のごとき在地領主権力の保証によって行われるところにこの地域の小経営の耕作権安定＝小経営自立化の特殊性、すなわち小経営自立化が武士的在地領主権力をテコとして達成されようとしているものという見解が出されている。(10)

　これが正当であるかどうかは、より詳しい検討が必要であろう。所当一石四斗は桜井二郎兵衛の貢納するすべてであるが、当然あってしかるべき公方年貢記載がないところからみて、これは公方年貢と名主得分を合せたものであり、八斗と六斗に二分された理由もそこにあったのであろう。ところで「桜井二郎兵衛作」の桜井を姓と解しても、桜井という地名としても、これは矢作川西岸の桜井（現安城市）に居住する者となる。幕臣桜井氏の三河出身の家は、近世においても桜井を本貫と称しているからである。(11)これにたいし、三反の土地の所在する伊賀塚本は矢作川東岸の現岡崎市伊賀町である。矢作川をはさんでいることからみて、作とはいっても桜井二郎兵衛は「作職」所有者ではありえても、直接耕作者である可能性は殆どなく、当然下作人の存在を考えねばならない。したがって前出の議論は成り立ち難いのである。かくて前出の文言は耕作権の恩恵的給与とその安定としてではなく、「作職」の恩給の一種として考えねばならず、それは松平氏と桜井二郎兵衛との被官関係を想定せねばならないし、であるからこそ大樹寺への寄進状に書き込まれて名主の土地取り上げの対象外にあることが明示されねばならなかったのであろう。これは(ハ)において安城西尾の田一反の作人右馬右衛門に「五ツハ給分」とあるところからも同様に被官関係の存在を考えねばならない。

作職の永代預けが給恩となりうるということは、作職と作人をめぐる関係に恩給の対象となる部分があったということである。その一つは作職得分の収取権であろう。文書1・9・13・15等からみて、作職を請け負いあるいは名主職を売却して作人化するということは一定の得分の取得が可能であったためである。他には作職に対する競望を認めず、作職所有者を保護するところにあったと思われる。

それでは作職のとりあげが現実に存在したとすれば、誰によってどのように行われたのか。弘治元年と推定される三月十一日付大樹寺納所申状(12)に具体的な例がみえる。

(ニ)　御寺領如来寺分附而大賀久衛門無躰之条々

一　あつちめん《(庵室免カ)》とて押領之事、道閑御寄進より一向さたもなきノ事、

一　五位分年貢弐百目御寺領之田地を分而被取事、殊せられやう不謂仕立之事、

一　大田五郎左衛門久敷作式《(ママ)》押而奪取、道念ニ被預事、

一　四郎衛門手作之堀田押領之事、

一　大浜経仏雑紙分之手長被取放事、

右皆以無躰候而、従此方聊も指南置候ハす候、従　西忠已来代官候共、機もあひ候ハスハ可召放候、台所

入之近辺ニ候とて押たる儀共候、殊旧冬本寺末寺共ニ御寺領祠堂以下万事不入之御判候、さて又酉之年夏秋、戌之年夏、奉行衆を置候而、成ケ共改候、其張（ママ）にも此五ヶ条一向なく候、久衛門も人数連判候、少も手を入させ申間敷候、能々任御異見申候、恐々謹言、

大樹寺

納所（花押）

（弘治元）三月十一日

石見殿

中嶋新九郎殿参

この文書の年代推定は「旧冬……御判」であり、これに該当するのは天文二十三年十一月二日付の鎮誉上人宛治部大輔禁制の第三条に「一寺領祠堂等本寺末寺共一切不入之事」(13)とあるもので、申状はそれをうけており、したがって弘治元年（乙卯）となる。とすると酉年は天文十八年となり、酉・戌両年の「成ケ共改め」すなわち検地があったこととなる。これは天文十八年渥美郡太平寺の寺領目録が知られているから、今川氏の検地にまずまちがいがない。今川氏の三河検地は従来弘治二・三年とされてきたが(14)、天文年間のものは知られていない。しかし傍証は多く、第四章で述べるように天文の検地を認めねばならない。

如来寺分の地は天文五年十月に道閲が「彼年貢分八百貫文借銭を申候、此儀をもちて返弁申候、其以後者造栄（ママ）分として寄進(15)」した土地で、地積や地種等は不明であるが相当広大なものであったらしい。さらにこのほか、堀平右衛門入道道清がこの頃に寄進した「如来寺分十俵成」と田畠各一反ずつも含まれていた(16)。そこに大賀久衛門

が「無躰」をおこなったのである。

大賀は親忠（西忠）以来「台所人」すなわち安城松平家直領の代官といわれ、今川検地の際には奉行をつとめた。彼は直領の近辺にある大樹寺領を押領し、新規の課役をかけ、永年抱えきた作職を取り上げて別人に預け、手作地を押領したという。これに関して弘治元年と推定される堀道清書状(17)は、

如来寺十俵成之儀、四郎右衛門方申者、代官よりこさく付候ハン由申候、（中略）前々より如来寺分何事も代官いろい事無是候、殊監物方よりこさく付候ハン之由申、これは大樹寺様御進退之由申候、

とある。これは㈡の四条に関する大樹寺から寄進者堀道清への旧例問い合せに対する返答と推定される。書状中の四郎右衛門は㈡の四郎衛門と同人で、如来寺十俵成の寄進以前からの作職所有者かつ耕作者で、寄進後も同様の地位にあったのであろう。その手作地をとりあげて他の小作人を入れたわけである。なおここで監物方なる人物が大賀の後押しをしているが、これは桜井の家次かもしれない。

大賀の「無躰」は桜井松平の反宗家行動の一環かもしれないが、基本的には代官として宗家権力を背景に行われた個人的な恣意によるものであったようである。したがって松平氏菩提寺である大樹寺は、その権威によって「機もあひ候ハス」と代官職改替を要求しえたわけである。しかし在地領主層の経済外的強制をともなう所職強奪・下地押領等の場合はそうはいかない。それを防止し、排除するためにはより上位の権威によって名主職・作職を保証される以外に方法はない。これが結局のところ、松平宗家を頂点とする被官関係成立への直接的契機となったのであろう。それは十五世紀中葉にはじまったものであり、十六世紀前半においては一応形が定まった段

階であるがために、史料から検証することは困難なのであろう。

右のようにみてくると、第一類型の作職は名主得分収取権の変型であって、本来的な作職とは別のものであった。しかしそれも「作職」と称されたのは、公方年貢上納義務者が別に存在するために、それを名主＝公方年貢負担者とした場合、職の分化によって生じた作職の語をあてて区別した結果ということになる。これにたいし、本来的な意味での作職は、他の地域と同様に公方年貢と名主得分を負担する義務を有し、その末進の場合は耕作地取り上げ処分をうけるものであり、本来は耕作権を意味しながらも後には加地子得分権化したものをさす。そうして作職所有者は一般に作人・小作とよばれ、多くは直接耕作者であったが、分化の進行によって下作人より得分を収取するようになった部分もあったのである。

作職得分を創出する下作人の存在形態については、史料は何も語らない。しかし三河の太閤検地帳にもみられる屋敷不所持の下人的農民や、三反程度の小耕地しか保有していない農民が、(18) これら下作人の末裔であると推測することは、さほど誤ってはいないであろう。

二　名主と百姓前

直接耕作者である作人・下作人から所当（公方年貢＋名主得分）を収取し、領主に公方年貢上納義務を有した名主は、十六世紀においては職の分化の進行によって、従来とは異なる位置におかれるようになった。しかし名主が公方年貢負担者であるかぎり、たとえ武士化しても百姓としての側面を失わなかった。その点をとらえて天文末

高済寺年貢註文（天文20・11・2付）

方
弥四郎
彦衛門
平兵衛
与　六
与次郎
助兵衛
与　六
太郎衛門
四郎衛門
四郎衛門
同
与　六
同
四郎衛門
宗兵衛
与　六
助兵衛
四郎衛門
孫五郎
出郷 太郎衛門

C　田　方		
(文)		
800 (10斗)	かけはた	四郎衛門
600 (11)	おりとおき	与　六
200 (3)	十王堂	同
400 (5)	法泉寺	新兵衛
800 (10)	耳　取	与　六
1,200 (12)	堂はさま	太郎衛門
1,100	こうかせ	弥三郎
200	高済寺後	三　太
400	永福寺前	文　宗
800 (9)	中禰こし	助左衛門
2,000 (20)	丁　田	同
400 (6)	塚　下	同
計 8,900		

D　高済寺看寮分		
(文)		
1,000	橋之上下	畳　銭
400	古城下	文　宗
800	せいおき	九郎右衛門
800	寺　下	松平 形部丞殿
計 3,000		

E　常住之分		
(文)		
12	松　本	又五郎

A＋(B)＋C＝34貫850文

年にいたり新しい事態が出現した。天文十八年より十九年に西三河で行われた今川検地による「百姓前」の確定がそれである。すでに北島正元氏が指摘されているように、[19]百姓前とは戦国大名の検地帳に登録されて、貢納責任者とされたものであり、多くは旧来の名主的大経営の系譜をひく。この体制の成立を西三河で検討してみよう。

大樹寺に天文二十年十一月二日付の「高済寺年貢注文」[20]（仮称、以下注文と略す）およびその頃と推定される「古井百姓

第13表—Ⅰ

A 高済寺分			B 畠	
(文)			(文)	
1,200	文　八		400 (500)	屋しき
2,000	又五郎	○	200	同
1,500	孫五郎		400 (500)	同
1,300	助　七	○	400 (700)	同
1,900	小河分	○	200 (400)	十王堂ケヌキ嶋
4,400	姫　分	○	300	同
2,000	伝四郎	○	700 (900)	寺わき
500	宗兵衛	○	300	十王堂
300	石河 式部	○	200 (300)	机はた
·250	堀平衛門	○	100	御堂前
1,200	助衛門		200	文八前
			200 (300)	門屋しき
			200 (300)	同
			400 (600)	文八西
			400	はしの
			800	同
			400	同
			400	鍋しま
			800	
計 17,550			計 7,000 〈8,400〉	

〈　〉内の数字は実計。

第13表—Ⅱ　古井百姓前帳分

高　(文)	百　姓　前
1,900	石川四郎三郎分
5,600	内藤善左衛門分
	同　孫六分
1,300	助　七　分
2,000	又五郎分
2,000	伝四郎分
2,200	市川門八郎分
1,300	宇津宮左衛門五郎分
4,400	ひめ与三郎分
	新兵衛分
800	末　円　坊
500	石原宗兵衛分
900	三郎右衛門分
500	林彦八郎分
900	助　三　郎
300	同
750	市川善四郎
1,200	安城右京殿
250	堀平右衛門
400	五郎右衛門分
500	彦右衛門分
200	同
300	木戸 石川式部殿
400	十八ふ田
800	いの上田
400	う　へ　嶋
300	与　　六
300	
400	
400	
850	
1,800	
計 33,350 (実計 33,850)	

田方分4石2斗成　此内を以て
8俵　田方にて　高済寺へ
1貫文　田方にて　同所へたたみ之代
4斗　亀山の下
1石2斗　松本
2斗　中ねこし

前帳分[21]」（以下帳分と略称）がある。これを整理したものが第13表—ⅠⅡである。注文は天文二十年段階における古井所在の高済寺領の年貢注文である。これにたいし帳分は古井の百姓前とその年貢高を記したものである。両者の関係は、Ⅰで○印を付した人名が

IIにあらわれること、IのA・B・Cの合計三四貫八五〇文（Bはかっこ内の集計）から「米之不足壱石之方」として一貫文を引いた残高三三貫八五〇文がIIの合計三三貫八五〇文（三三貫三五〇文とするのは計算違い）と完全に一致することの二点から、帳分は天文二十年からほど遠からぬ時期に作成された、同一の所領に関するものであることが知られる。

この同一所領に関する両文書に記載されている人名をどう位置づけるべきか。それはおそらく両者の記載の相違する点が百姓前と直接耕作者の乖離を示すものであり、十六世紀中葉の三河における土地所有と農業経営の実態であろう。Iに〇を付した共通人名はAに限定されている。しかもAの各筆は所在を記さないところからみて、大部分の人名は百姓前＝名主職所有者で各筆は公方年貢を上納するものとみられる。したがってAはおそらく松平長家が大永四年に公方年貢を寄進したような形態で成立した、高済寺の根本所領的なものであろう。これにたいしB・C・Dは、名主職を内容とするものであろう。そうして、百姓前についての北島氏の指摘からみて、IIにあらわれる石川・内藤・市川・宇津宮・石原・林・堀・安城らの有姓の武士と考えられる部分は明らかに名主職を伝統的、あるいは給恩によって所有していた部分であろう。無姓のものは伝統的名主と中小名主職を所有するにいたったものの両者が考えられる。

これにたいしIのB・C・Dの人名は一応作人＝直接耕作者と比定できよう。もっともI・IIで共通でない百姓前がいることからみて、IのB・C・Dは非共通百姓前に公方年貢＋名主職得分を上納する存在であったということになろう。たとえ彼らが下作人との間に請作関係を有したとしても、事態は同様である。そうして弥四郎・

彦衛門・平兵衛・与六は屋敷を保有し、このうち与六は大樹寺領において、畠方は屋敷を含めて四筆、田方二筆の計四貫一〇〇文の年貢地の耕作者であり、また三〇〇文地の百姓前であった。このような関係を整理したのが第14表であるが、これら名請人は散り懸り的な請作関係を形成していたと考えられる。

それでは第13表のⅡの百姓前と請作人との関係はどうであったか。Ⅰに田方一筆四〇〇文と看寮分四〇〇文の名請人としてあらわれる文宗は、元亀二年（一五七一）に大樹寺へ次の寄進を行った。(22)

遍照院下地之事、我らきんねん致納所候へ共、従当年大樹寺常住に新きしんとして進申候、為其ニ田之つほ付をいたし渡申候、仍如件、

元亀弐年かのとのひつし五月五日　　古井 文宗（花押）

大樹寺御老僧中

田之つほ付之事

一　壱石弐斗め在所はちがしり　　石原《いなを》 与三郎作職

一　四斗め在所同所　　総七作職

一　三斗め在所さとういけ之上　　河嶋 助左衛門同

一　八斗め是ハはたニ罷成在所一色　八百文ニいたし候　　古井 宗五郎ひかへ

一　六斗め是もはた井之上六百め　　河しま 助左衛門ひかへ

第14表　高済寺領の作人

	B 畠　方	C 田　方	D 高済寺看寮分	計
与　六	1,900 ④ (2,500)	1,600 ②		3,500 ⑥ (4,100)
助兵衛	1,100 ②			1,100 ②
四郎衛門	900* ④ (1,100)	800 ①		1,700* ⑤ (1,900)
太郎衛門	*	1,200 ①		1,200* ①
助左衛門		3,200 ③		3,200 ③
文　宗		400 ①	400 ①	800 ②

〇内の数字は筆数　＊印は1筆に2人の名のあるもの。

古井　助大夫ひかへ

一　五斗め　是もはた在所同所五百め

文宗（花押）

大樹寺
　御老僧中
　　参

文宗は作職所有者たる与三郎以下から名主得分＋公方年貢の三石八斗を収納して、そのうちの公方年貢分を大樹寺に納入していた。それがここで名主得分を寄進したのである。この文宗を百姓前と理解すれば、百姓前の地位ははっきりする。すなわち百姓前は基本的に名主職所持者であり、作職所有者＝作人から公方年貢＋名主得分を収納し、そのうちの公方年貢分を上納する責任を負わされた存在である。これだけでは旧来の名主と同じといえるが、百姓前は大樹寺のごとき領主職・名主職・両者の結合した「一職」・作職などの多様な職を所有する領主に対する末端の納入責任者であったところに、旧来の名主とことなる点があったと考えられる。すなわち職の多様化と錯綜、広汎な散り懸り的請作関係の進行があったために、百姓前体制は戦国大名の政策として設定されねばならなかったのではなかろうか。つまり職の重層的体系を前提とし、それに適合的な収取機構として百姓前の原型が創出され、その事態の進行を今川検地段階で固定化したものが百姓前体制であったといえよう。

右の点を示すのは第13表Ⅱにおいて石川四郎三郎分という分付記載と、助三郎のごとき分付記載のないものの両方があることである。前者は分付主が名主職所有地のみならず、高済寺の名主職所有地の年貢貢納に責任を有したのにたいし、後者は自己の名主職手作地のみの貢納者であることを示しているのであろう。そうして、このような状況は西三河にかぎらず当時の駿遠三の全域に出現していたのではなかろうか。このような百姓前体制における作人の存在を示すものが次の例である。

永代譲与下地之事(23)

合四反壱石六斗目偏照院分

壱反五ツ小作与三郎　壱反五ツ御竹小作　壱反総七郎

一八百目　一色　小作助七郎　一三百目　井之上　宗六小作　一六百め　かミはしら　小作大田又十郎

右田壱石六斗目畠一貫七百目、於入合与奪（ママ）之分堅定也、於末代従何方違乱申族不可有之、為後日如件、

永禄九丙寅年卯月十八日　法蔵院 東与（花押）

大樹寺進誉上人参

これは文宗寄進分と同じ偏照院分の他の土地についての譲状であるが、文宗寄進状に姿をみせた与三郎、総七郎（総七と同一ならん）の名がみえる。彼らは同じ偏照院分の作人でありながらも二人の百姓前の下にあったのである。したがって百姓前と作人との関係は散り懸り的であったのであり、また与六のように作人であると同時に小名主として百姓前たりうる可能性もあったのである。

三河の場合、今川検地で確定された百姓前体制は徳川家康にそのままうけつがれた。天正十七年の家康検地における分付記載は、このような歴史を前提として考えられねばならないであろう。

第三節　小領主と被官関係

高済寺の百姓前堀平右衛門入道は、碧海郡堀内・桜井に屋敷をもち、桜井内膳正信定の家老と伝えている[24]。出自は明らかではないが、「足利陸奥守義康次男民部丞義清十一代孫細川四郎五郎教之之次男」の後裔と称し、細川荘の荘官で堀村に居住して堀氏を称したという[25]。その平右衛門入道道清は天文二十年（一五五一）から弘治二年（一五五六）にかけてしばしば大樹寺に所領を寄進し、一六通の関係文書を残している[26]。これから当時の松平家臣としての小領主のあり方を知ることができる。天文二十三年から弘治元年の間に道清は大樹寺へ六ヵ所八筆の所領を寄進した（註26の堀氏関係文書15）。

（端裏書）
「堀平右衛門」

米十俵成在所さゝき　　井ふん
五斗成同　　念仏たう
畠五百文め同　　同
壱石弐斗め在所安城二町かけ　　知ゝ衣永ふん
壱石八斗め平右衛門入道日はいため桜井門原　　光明寺はいとく
壱石弐斗ぬかた在所いか下　　大門よりさくしき

壱石弐斗五升目同　公方年貢壱貫七百文　　同　大門へ成
六斗　日はい　桜井こうかせ　　　　道閲一筆寄進

これを天文二十三―弘治元年の間とするのは、前節にあげた弘治元年と推定される三月十一日付大樹寺納所申状第四条の「四郎衛門手作之堀田押領之事」に関して、二月二十日付堀道清書状（文書11）があり、同年にはすでに如来寺分の寄進が完了していたと考えられるからである。それはともかく、この時寄進された内容を検討してみよう。まず在所佐々木の米十俵成の「井ふん」は前出のように「四郎右衛門手作之堀田」であり、佐々木の小字如来寺にあった。この米十俵は道清の名主職得分であろう。次の佐々木の「念仏たう」の地には、

如来寺分内念仏堂田畠弐反五斗五百目也、道閲より給候、我々以後者如来寺分一所ニ可渡申由候、乱中之事候間何と成行候ハん哉、致進上申候、（下略）

という道清書状（文書12）がある。この念仏堂分は如来寺分にふくまれるものと考えられるが、前項の土地と地続きで、ともに道閲から給地として与えられたものであることはまずまちがいない。なお「乱中」とは天文十八年の安城合戦と推定される。つぎの安城二町かけについて、天文二十年の「道閲より給候安城二町かけ田壱石弐斗目、我々以後者大樹寺様渡可申候由、一筆進上候」という寄進状（文書4）がある。これも道閲よりの給地である。さらにこれと同性格のものが六番目の桜井こうかせであろう。

右とは性格を異にし、明らかに名主職と認められるのは、桜井門原と額田伊賀下である。桜井門原は文面のとおり買得地であるが内容は不明である。伊賀下の二筆は公方年貢納入義務があるから、これも名主職であるが、

文面では「大門よりさくしき」とある。これは第一節第三項にいう第一類型の作職である。

以上堀道清の所職は名主職と領主的「一職」の二種あり、系譜的には道閲よりの給地、買得地、おそらく旧来からの名主職の三種が考えられ、地理的には矢作川の東西の額田・碧海両郡に散在している。しかし堀氏の所領はこれだけではない。

大樹寺拾月之念仏仁寄進申田地之事

合五石者俵数廿俵也

八斗五升目　在所岩津蔵前　公方年貢参百文宛滝之菩提坊へ成候

壱石目　在所井田之西　公方年貢参百文宛成瀬与十郎方へ成候

為道閲　壱石目　在所五箇井戸尻　道閲より給候分

為道閲　五斗目　在所古井宮之西　道閲より給候分

為道閲　五斗五升目　在所古井芝崎　道閲より給候分

永佑（ママ）状相副申候　壱石壱斗目　在所上条中尾、上条隼人より買徳也　公方年貢百文宛松平監物丞かたへ成候　上条女清金ため也

惣都合五石也

右従開山念仏仁田地多々与無御座候之条、如此寄進申候、如前々末代迄無退転之様可被仰付候、為其　長老様老僧衆被加御判候、於子々孫々相違有間敷候、仍如件、

弘治弐丙辰年正月十一日
堀入道
道清（花押）
堀平右衛門入道
宗政（花押）
中興開山呈蓮社
鎮誉　在判
浄土院
法誉（花押）
長福寺
清誉（花押）
頼樹軒
漢誉（花押）
開花院
訓誉（花押）
宝樹院
進誉（花押）
棹舟軒
円誉（花押）

別時念仏為陪堂田地御寄進之上、御吊之儀各如在あるましく候、連判為其如是候、（文書7）

この五石の田地は、六ヵ所にわたっているが、蔵前・井田は額田郡、古井の三ヵ所と上条は碧海郡である。このうち古井は道閲よりの給地、上条は買得地、蔵前・井田は古くからの本領ともいうべきものであろう。上条に関しては、「上条隼人永代状成、公方年貢百文宛年々監物方へ成、諸役御入候ハす候、（中略）永代状相副渡申候」という天文二十四年の寄進状があり（文書5）、上条隼人売券は大樹寺文書におさめられている（文書1）。

ところで蔵前の地は滝山寺菩提坊が、井田は大門の成瀬が公方年貢収取権者であった。したがって蔵前は滝山寺領、井田は成瀬氏領であったわけである。このように堀氏の本領ともいうべきものは矢作川東岸にあり、しかも名主職であるから、堀氏は由緒書のとおり大樹寺北方細川近辺の荘官的名主で、おそらく信光・親忠の頃に被官化して本領安堵をうけ、矢作川西岸に新恩地を与えられたわけである。この堀氏のように本来は名主であったものが、被官化などによって領主職を有するようになったものを小領主と称することとする。

堀平右衛門の俗名は重政で、道清とは法名である。堀平右衛門重政の名は天文五年の浄珠院宛奉行連署状[27]にある。これは第六節で述べるように、桜井松平の信定が松平宗家になった時期のものである。また天文十二年に松平小法師が「為道見道嘉日盃」として大樹寺へ大平の地二反を寄進した際に[28]、平右衛門入道道清として添状（文書2）を出している。したがって入道したのは天文五年以後十二年までの間である。なお道見は桜井松平の初代信定で天文七年十一月二十七日没、道嘉はその子清定で同十二年十月三日に没している[29]。したがって小法師とは清定の子家次のこととなり、堀は桜井信定の家老という地元の伝承は信用できることになる。

堀道清の大樹寺への所領寄進は、「我等存命之内者堪忍分可仕由申上候、（中略）然者入道夏過候共、又秋ニて候共、奇進（ママ）旨被仰付候、為弔念仏忝奉存候」（文書6）とあるように、老年で死期の近い事を悟ったためであろうが、弘治二年以後の程遠からぬ時期に没したのであろう。その跡は前出の子平右衛門入道宗政がついだのであろう。宗政には平十郎吉之・小三郎吉純の二人の子があったが[30]、吉之は天正元年十月二十日の滝山合戦で討死して[31]後嗣がなかったので、宗政は安城に一庵を結んでその菩提を弔うこととした。家康はこれに不入、諸役免除の判物を与えている[32]。

堀平十郎就討死、依無遺跡、為彼菩提安城之内しやくし堂限道南方、有由緒拘之内之地、結草庵置所也、同所志之寺領為不入出判形間、永諸役令免許畢、至子々孫々不可有違乱者也、仍如件、

天正元年癸酉　　　家康御書判
十一月　日

堀平右衛門入道殿（宗政）

安城の草庵はやがて発展して大樹寺塔頭竹用軒となったらしい。竹用軒は吉之の法名竹用院殿西翁心光居士にちなむもので、「堀平十郎殿御塔頭」といわれたが、(33)明治初年に廃された。しかし堀平十郎の五輪塔は第二次大戦中まで残っていたという。

宗政も父道清のあとをついで桜井松平家の家老的地位にあったらしいが、その跡は小三郎吉純にうけつがれたらしい。天正十一年七月三日家康は堀小三郎重純に三ヵ条の定書を与えた。(34)これは天正十年六月二十四日に二十四歳で没した桜井松平五代忠吉（家次二男、四代忠正弟）の跡を相続した家広（忠吉男）が幼少のため（六歳）、重純に家政を執らせるためであった。(35)重純は「堀氏由緒」のいう吉純と同人であろう。その後の堀氏の動向は明らかではない。

以上松平家臣化し小領主となった名主の一典型として堀氏をみてきた。堀氏は元来岩津北方の地の下級荘官的名主であったらしいが、十五世紀後半に松平被官となったようである。その際に本領安堵をうけ、後に若干の給恩があったかもしれない。堀氏は安城松平家に付属され、重政（入道道清）は道閲長親に重用されたようで、庶家信定の分立の際に家老として付与され、安城・桜井近辺に所職を恩給された。その際彼は本貫地をはなれて桜井に屋敷をかまえた。このため矢作川東岸の本領や給恩地との関係は薄れ、農業経営から遊離していったのであろう。これは名主層の国人領主への被官化と小領主化の一典型といえよう。しかし被官化の過程を反映して堀氏の所領構成は複雑であった。矢作川の東西に一職領主職と名主職を散在的に所有し、「一職」地よりは公方年貢十名主得分を収取しつつ、他方では作人より収取した所当より公方年貢を上納する百姓前として把握される存在であった。

このような所領構成は堀氏にかぎられるものではなく、国人の系譜をひく上級家臣を除いた松平家臣団一般の状況であった。広忠が鷹狩に赴いた折に、

五月之事成に、御前成ズイブンの人、田をウヱ申トテ、我モ自身、ヤブレ禅《カタビラ》ヲキ、タカハシヲリニハシヲリテ、タマダスキヲアゲテ、我モ早苗をセヲイテ、目陝《ツラ》迄土にシテ行く、（三河物語）

という有様で広忠の目にとまった今藤某の例は決して特殊なものではなかった。家臣は元来名主職所有者であったから直接耕作に従事する者は多数ありえたのである。作人に請作させている場合にも、前述のように名主の作職とり上げ権が限定的とはいえ存在したのであるから、今川領国下において、「何れも御普代衆、手作ヲシテネングヲ石米ヲナシテ、百将（姓）同前に釜（鎌）・クハヲ取」る（三河物語）、すなわち名主手作を行うことが可能であったわけである。

堀氏のごとき家臣の所領構成は、松平宗家においても同様であったはずであり、上級家臣にもいいうることである。したがって、十六世紀中葉までの西三河では、基本的に職の体系による重層的土地支配が行われていたということになる。しかも堀氏の大樹寺への寄進や、第一節でみた松平玄蕃助・安城長家らの土地売買の例からみて、この段階の松平氏は、家臣への給地や庶家分出の際の本領的分与地の売買・寄進による移動を禁止するまでにいたっていなかったということになる。松平宗家の主従関係は、土地恩給関係からみるかぎり近世において美

化されたような譜代意識の強いものではなく、統制力の弱いものであったのである。そのことが、守山崩れ後の松平領国の急速な瓦解にあらわれているということは言いすぎであろうか。これは段銭・棟別等の守護公権による課役を通じて家臣団の本領へ権力を行使する方法をもちえなかった、守護公権につらならない在地領主松平氏の特質を表現しているとみることもできよう。清康・広忠時代の松平氏は、戦国大名化への志向はみとめられるという程度の段階であったのである。

第四節　松平庶家の存在形態

一　庶家分出の状況

松平庶家の成立について、第二章において若干ふれたが、十四とも十八ともいわれる家康以前の松平庶家はどのように分立し、どのような土地支配を行い、さらにどのように宗家家臣団に編成されたのであろうか。これまでこの点を究明した研究は皆無といってよい。(36)しかし、この問題は松平宗家の支配のあり方、その戦国大名化の過程、あるいは天文年間に相ついでおこる庶家の独立志向等を理解するうえで重要な意味をしめるものであるから、以下庶家の存在形態を中心に若干の検討をおこなってみよう。

一般に松平庶家は、十四松平といい、宗家の何代目の子にあたるかによって類別し、三代信光系、四代親忠系、五代長親系、六代信忠系とする。信光系は竹谷・形原・大草・五井・深溝・能見・長沢の七家、親忠系は大給・

滝脇の二家、長親系は福釜・桜井・東条・藤井の四家、信忠系は三木の一家で、計十四家である。[37]これらは家康時代に存続していたものであり、その以前に絶えたものは含まれていない。また続柄は明らかではないが、これ以外にも多くの松平庶子が文書に名を留めているし、松平郷松平のように十四家には数えないが、代々相承けて現代にいたっているものもある。これら庶家のうち特に古いものは本当に血縁であるかどうか疑問はあるし、分立の年代も明らかではない。しかも庶家は、散在する多様な内容の所領所職をその分出の時点で与えられたものである。したがって分出は一円的支配の進展を示すものではなく、せいぜい松平氏の勢力伸長の方向の大略を知ることが出来る程のことであろう。それにしても、庶子家の地理的分布は一定の意味を有するといえるから、その点を考慮しつつ、庶子分出の状況をさぐってみよう。

松平二代とされる泰親には、信広・三代信光・益親・家久・家弘・久親の男子があったといわれる。[38]このうち家久以下三人については、特に記事がない。長子信広は庶子であったから家をつがず、信光が岩津に移った時に松平郷九ヵ村を譲られて代々の所領とし、文明十三年十月八日に八十歳で没した。二代長勝は明応二年十月十三日井田野合戦で討死、年四十余。三代勝茂は長子信茂と共と天文二年三月二十日の岩津の戦いで討死。勝茂二男信吉は、天文十一年八月十一日の小豆坂合戦（第一次）に長子伝十郎と共に討死。二男親長は広忠・家康に仕えて大給松平の和泉守親乗の手に属して出戦し、永禄七年七月二日に没、あとは二男由重がついだという。[39]以上は寛政譜の記すところであるが、『朝野旧聞裒藁』の記すところもほぼ同様である。松平氏の発祥地が松平郷であるとするならば、この所伝もほぼ信じてもよいのであろうが、それにしては大樹寺連判状に姿をみせないのは不審である。田原の戸田一族が親忠の葬儀に参会しているのに、松平郷松平の当主勝茂は「親忠君、長親君、清康君」に歴仕し、(40)「明応年中より文亀永正之頃三州所々戦場に供奉仕戦功有之に付領地広く被下兵卒多特一方之御軍役相勤」(41)めていたにもかかわらず、連判に加わっていないのはどういうわけであろうか。この点で、寛政譜に「信広・親長・由重三代、松平郷の山野の地に葬り、或は林添村の三松庵、今の晴暗寺に葬るともいひ伝へたれど、その所を定めがたくといふ」とあるのが注目される。二代長勝より、勝茂・信吉の三代は戦死であるから別としても、そうでない三人の葬地が不明であるのも疑問である。というのは、松平郷には松平宗家初代親代、二代泰親の菩提所とされる高月院がある。ところが松平郷松平と高月院との関係は非常に遅く七代尚栄がはじめて同院に葬られている。これは常識的に考えて奇妙というべきである。高月院は寺伝によれば足助次郎重宗の二男見誉寛立が貞治六年(一三六七)七月二日に創建したものと伝え、のち松平親氏の帰依をうけ、親氏・泰親二代の葬地となったという。(42)しかし現存する古文書で確認できる松平宗家と高月院との関係は、大永年間まで下降し、松平郷松平と高月院の関係を示す文書はなく伝承も知られない。大永二年(一五二二)三月に松平道閲は松平隼人佐信長より寺の付近の壱石八斗目の田を「高月院へ御きしん」のため一八貫文で買得し、同三年正月に信長の売券と坪付をそえて高月院へ寄進し、さらに同四年正月には一石五斗四〇〇文(同紙坪付では一石四斗四升五百文)の下地を買得して、同七年正月に二年買得分および他の七筆計六貫文と茶園、寺の前畑、米五斗と共に一紙の寄進状を作成して寄進を行っている。(43)以上が関係文書の概要であるが、第一に文書中にある高月院という寺名は、一旦摺消した上に書かれたもので、原型ではおそらく高月院の旧名である寂静寺となっていたのではないかと推定されるので、同寺はこの後のある時点で改称されたのであり、それはいつかは明らかではない。第二に松平隼人佐信長とは隼人佐の官途名や年代からみて四代信吉のことと推定されるが、その信長が売却した土地に公方年貢上納義務のある土地があり、したがって、部分的にではあれ名主職の売却がおこなわれていること、また道閲が信長以外から入手したらしい土地七筆にも計一貫二五〇文の公方年貢上納義務があるところからみて、松平氏以外の公方年貢収納者が存在したと考えられることなどである。

これらの疑問点に直接答えられるような史料は現存しないが、少なくとも松平宗家と高月院、したがって松平郷との関係はさほど古く遡ることはできないのではないかとも考えられよう。それが松平氏の出自伝承とどう連なるかは重大な問題であるが、この前後に道閲は大永七年（一五二七）十二月焼失した「松平一党之氏神」である松平郷宮口の六所神社再興の奉加に応じている(44)ことからみても、大永年間は松平宗家と松平郷との関係が強く意識されるようになった時期であることには間違いない。と同時にこの以前に大給、滝脇へ乗元・乗清といった長親の兄弟が分出していることは、松平郷に隣接する山間の地域が一定の意味合いをもってきたことを示すものであろう。

泰親系の庶家としては、他に益親が近世において徳川氏編纂の史書にみられるが、この人物もあまり史料は残されていない。寛政譜では益親は遠江守、法名道慶とし、その子勝親を遠江守と記すのみである。『朝野旧聞裒藁』は『親元日記別録』中の「政所賦銘引付」を引用して、文明九年より十五年にいたる間に松平遠江入道道慶（文明十五年には聖慶）とその子大炊助勝親、および信光子とされる修理亮親長が在京していたとし、「おもふに此ころ信光君足利家の指揮に従ひ玉ひしなれば、御弟及ひ御子を彼地に在番せしめられしなるへし」[45]としている。これを政所執事伊勢氏の指揮とするならば、この見解もさほど懸絶したものではなくなり、第二章で述べたところに近づくであろう。「賦銘引付」の文面では遠江入道道慶は、長禄三年（一四五九）以来在京したことが知られるが、彼と勝親との関係は判然としない。しかし官途が同じであるところからみて、ここでは近世の史書に従ってもよいであろう。

十五世紀中葉において伊勢氏被官であった松平家の本宗とされる信光は、伝承によれば西三河三分の一を手に入れ、四八人の子女があって「国中之侍為嫁聚繁昌」[46]したという。この信光の子では、竹谷（蒲郡市）に守家、形原（同）に与副、岡崎のち大草（幸田町）に光重、五井（蒲郡市）に忠景、深溝（幸田町）に忠景の子忠定、能見（岡崎市）に光親、長沢（音羽町）に親則、岩津（岡崎市）に親長が分立され、嫡子親忠は安城を本拠としたとされている。これら庶家の分布をみると、矢作川東岸の洪積台地の縁辺（岩津・能見・岡崎）から宝飯郡西部の幸田・蒲郡へつらなり、明らかに海を志向した様子をみてとることができる。ところがこれら庶家の分立については、いくつかの問題点がある。第一に、四八人はともかく、如上の信光の子と伝えられるものはすべて本当に信光の子であるのか。いわゆる擬制的な同族関係に後で包括された可能性はないのか。第二に、これら庶家はどのような所領所職の分与をうけて在地支配をおこなったのか。第三に分立した各庶家はどのような経過をへて近世にいたったのかの三点である。これは単に信光系庶家に限らず、松平氏の庶家すべてに適用しうるものであるが、第一の点は、信光段階についてはきめてがなく結局水掛け論になるので、必要なかぎりで簡単にふれることとする。また第三の点はすでに中村孝也氏の研究があるのでこれも同様とし、以下では第二点を中心に若干の考察をすすめる。

松平庶家の分出に関する史料はきわめて少なく、しかも多くは近世において家譜等の形式で整理されたものであるために、古い時期の状況を伺うにたるものは多くない。そのうち、比較的真実を伝えているものに『形原松平記』がある。形原松平の初代与副は信光の三男または四男で、長享元年十月二十一日に信光に先立って没しているが、(47)岩津在住時代に与えられた「中山十里」七〇〇貫に五〇貫文を加えられて形原へ移ったと伝えている。「中山十里」は松平氏が最も早く征服したと伝える土地であるが、第二章第三節で述べたように、松平氏はその地域の公方年貢収取権および名主得分権の一部を掌握し、それを庶子に分与したのである。したがって形原ほど状況は明らかではないにしても信光系庶子の分出の方向が額田郡から宝飯郡西部であることは、寛正六年額田郡一揆の討伐や応仁の乱による在地の変動によって信光が獲得した闕所地がこの地域に多く、それが庶子に分与されて庶家が成立したと考えられる。これは安城入城以後も同じように行われたが、各々の時点で分与しうる所領の程度によって、庶家の分出規模には大小が生じたのである。

庶家の所領所職は松平氏が打倒した在地領主層のそれの継承であるから、公方年貢収取権を中核としつつも内容は多様であった。地頭職的なものから名主職・作職を含み、また竹谷松平の所職が大樹寺近辺の井田にあったように、(48)決して一円的ではなかった。この点は庶家に限らず、堀のごとき中下級家臣も、次にのべる有力譜代諸氏も同様であったのであり、松平宗家も基本的には同一の所領構成であった。それが文亀元年大樹寺連判状にみられる一族一揆の基盤であり、また松平一族の内訌が常におこりうる条件でもあった。

信光の子で矢作川西岸に分立したのは安城と牧内である。したがって信光の段階では碧海郡への伸展はさほどではなかったのである。しかも牧内は岩津・岡崎城と安城との交通路上に位置するから、安城は信光の所領の西端であったわけであるが、親忠（西忠）以後の安城松平家の発展は、碧海郡南部から幡豆郡西部を支配下におさめ、「安城の庶子」を分出させた。

安城松平の初代親忠の庶子は、一般に乗元の大給家、乗清の滝脇家があげられている。しかしこれは近世まで継続した家であって、以前に絶えた親房・長家・張忠の各家を考えねばならない。大給（豊田市）滝脇（同）はともに加茂郡の山間に位置し、前者は松平郷より峯伝いに矢作川にいたる旧道上の要地にあり、後者は額田・加茂郡境の郡界川の渡河点で、松平から滝脇―日影―渡通津―滝―稲熊を経て岡崎にいたる松平往還を扼する要地である。ここに庶家が分立されたことは、安城を本拠とする碧海郡経営の進展によって、旧本拠地の近辺の所務分けが可能になったと一応は考えられよう。しかし先述の松平郷松平の問題や、信光嫡子ではない親忠（西忠）が松平本領といえる地域をどの程度分与されたか不明であることから疑問は大きい。

親忠の庶子は右のほか、玄蕃助親房が桜井、左馬助長家が安城、右京亮張忠が谷田（西尾市）に所領を与えられていた。刑部親光も西福釜を分与されたというが、これは先出のとおり判然としない。このうち親房は随身斉と号したが、(49)桜井神社の大永七年の棟札に「願主　松平玄蕃入道宗安」とあり、(50)同年七月以前に石川忠成に古井の田二反を売却しているから、(51)十六世紀初頭には桜井に分出していたと思われる。おそらく後嗣がなかったので、のち道閲長親の子信定がつぐのであろう。左馬助長家も同じ頃に所務分けをされたのであろう。永正十五年に赤松(安城市)の田一反を上田弥一郎に売却し、(52)大永四年には同地の公方年貢一〇〇文を高済寺に寄進している。(53)長家は張忠の子康忠らと共に、天文九年六月六日の安城陥落の際に討死して家は絶えた。右京進張忠は延徳二年二月二十八日没という記録もあるが、(54)永正十五年の妙源寺連歌に名をつらね、(55)享禄四年には子甚六郎康忠と連署して、妙源寺へ平田庄内桑子・宮石・まこも名内の「張忠分領」の畠二反・屋敷二反を寄進している(56)ところからみて天文初年の没であろう。(57)康忠は天文七年に、妙源寺が平岩一族より買得した宮石名内の畠八反七ツを「永代不入」に安堵しているから、(58)張忠系は妙源寺周辺に所領を有し、しかも公方年貢収取権掌握者であったのであろう。このような親忠系庶子の分立状況から親忠の矢作川西岸地域での勢力の進展を知りうるが、これは石川氏が親忠の代に服属したという所伝と符合するところである。

なお一つ注目しておかねばならないのは、所務分けされた庶家の所領所職は親房・長家らの行動にみられるように、自由に売却・寄進が行えた点である。この段階では宗家の土地支配権が絶対的なものとなっていなかったことを示し、堀氏の例で知られるように恩給地の処分が可能であった状況と軌を一にしていたわけである。

長親系の庶家は福釜の右京亮親盛・親房のあとをついだ桜井の内膳正信定・吉良東条の跡をおそった右京亮義春・藤井(安城市)の彦四郎利長であった。このように「安城の庶子」は碧海郡南部から幡豆郡に集中しており、さらに信忠の子蔵人信孝の合歓木、十郎三郎康孝の三木をあわせれば、信光以来の矢作川西岸の経略は、長親・信忠の段階でほぼ完了したといえる。なお三木を分与された康孝は、長親の娘婿といわれる三木織部正が大永三年に没した跡におかれたのであろう。(59)しかし彼が若年で死んで後嗣がなかったため、兄信孝が所領をあわせ有して三木松平と称されたのである（三河物語）。

二　庶家の地位と家臣化の方向

宗家より所領所職を分与された庶家は、独自の家臣を有し、松平勢の一手の将たりうるだけの兵力を有していた。享禄三年（一五三〇）の宇利城攻めで大手の主将福釜の親盛と共に討死した家臣は、天野源兵衛忠俊をはじめ大浜源内・宮村平七・同平八・鈴木主殿助・安藤助作・近藤治右衛門ら十余人であった(60)。天野忠俊は親盛の分立の際に「家長」として付属されたが、これは親盛の母が天野弾正某の女であるから血縁によるものである。その時に大浜以下の諸氏も付属されたのであろう。親盛を見殺しにしたと宗家清康から面罵された桜井の信定は搦手の主将であったが、「長親寄も内前殿エハ桜井ヲ被遣、人ヲモワケテ被遣給ふ。信忠卿は御ソウレウシキニテ御座アレバ、安祥ヲ譲セラレ給ふ。其故、人ヲモ方々立（達）を初、度々之ハシリメグリノ衆ヲ、多付サセ給ふ」（三河物語）とあるように、堀氏や後出の酒井庶家のごとき家臣を付属されていたのである。

永禄四年四月十五日、深溝松平の好景は中嶋（岡崎市）で吉良義昭勢と戦って討死した。ともに討死したのは好景の弟の定政・定清・好之・景行の四人、板倉八右衛門好重・同三九郎・松平内記某等の「親族二十余人」、岡田孫四郎・同伝助・近藤杢兵衛ら「家士三十余人」であった(61)。当時子伊忠が兵を率いて上野城に赴いていた留守であるから、家臣団の全容を伝えたものではないが、一族親類と「家士」という構成が知られる。このうち「家士」には、形原松平の小島氏のごとき分与された所領内の小領主層と(62)、分立の際に宗家から付属されたものとがあったであろう。さらに分立後独自に家臣化した部分もあったと推定される。天文十二年に広忠が叔父の三木信孝を追放した際、大久保忠俊と忠員が信孝に属していた弟忠久らの「三木衆」を説得して帰参させた(三河物語)。この三木衆は村越渋蔵・三橋長右衛門・三浦四郎右衛門・山本米右衛門・鈴木権左衛門・石川半三郎・深津弥七郎・中根助市・同新次郎・同弥太郎(63)・同甚太郎・大竹孫右衛門(64)・同源六・内藤甚三清政らであった(65)。信孝は弟康孝や岩津松平の旧領と家臣を併せ引きついでいたから、これら三木衆がすべて分立の際に付属されたものとはいえない。また広忠へ帰参しなかった部分もあったが、三木衆の一族は宗家家臣中にあり、宗家家臣諸氏の庶子などが分立にあたって付属されたということができよう。

以上松平庶家の家臣は、(1)分立した庶家の一族、(2)分立の際付属された宗家家臣やその庶子、(3)分与された所領内の小領主層で新しく家臣化したもの、の三つが主たる部分で、信光系庶子のごとく早く分立した庶家は、独自の所領拡大によって新たな家臣を創出したであろう。これは結局宗家家臣団のミニチア版であるが、分立後年代をへるにつれて独自の拡大再生産への志向が生じたであろうが、その点を検証することはできない。したがって、信孝のように宗家をしのぐ所領と家臣を擁するにいたった場合、宗家がこれを警戒するのは当然であった。また桜井の信定のように、姻戚関係による政治的連合の強化と宗家の政治的危機に乗じうる才覚によって、宗家にとって代りうる可能性はどの庶家にも存在したのである。しかしそれが実現するためには、血の濃さと宗家家臣団の支持が不可欠の条件であったことは、二度にわたる信定の動きから明らかである。すでに清康の時代には、血縁の親疎をも考慮した庶家の序列ができていたらしい。

『松平記』巻五(66)に「松平之五人衆・七人衆之次第」として、「岩津太郎、形原又七郎　紀伊守家、安城次郎三郎　御家是也、大給源次郎　和泉守是也、岡崎大膳亮　此家子孫絶申候、竹屋与次郎　玄蕃家、五井弥九郎　外記家、長沢源七郎、右之外松平数多御座候得共、皆々他家同名也」をあげ、さらに「五六人衆と申、松平国衆と申候」ものは桜井与一、岡崎弾正左衛門、東城甚太郎、三ツ木蔵人、深主又八（ママ）をあげている。「岡崎諸士年始御礼并御謡初着座次第(67)」（内閣文庫所蔵、以下「着座次第」と略）は「五人衆七人衆ハ用金（泰親）月堂（信光）ノ子ヲ云、是岩津之庶子也」「岩津之庶子ト云ハ月堂の子を云、西忠の御子ハ安城ノ庶子也」と記するが、その名はあげていない。「古老聞書(68)」（岩瀬文庫所蔵）は「着座次第」と同様に記す一方、「五人衆岩津ノ庶流也」として岩津太郎・形原紀伊守・安城次郎三郎・大給和泉守・岡崎大膳亮をあげ、七人衆に竹屋玄蕃・五井外記・長沢上野の「岩津の庶流」三家と「安城庶流」の桜井内膳をあげ、「七人衆ト云ヘトモ四人アリ、如何外ニモ可有之ヤ不審ニ候、古キ日記之聞合スレ共不知」としている。

このように五人衆・七人衆の内容は相異するが、基本的には「着座次第」のいうように、信光の庶家を五人衆または七人衆として、他の庶家と区別したのであろう。そうして、信光の子五家のうち「当家」すなわち安城松平を除いた四家に「古老聞書」七人衆の桜井を除いた三家、すなわち岩津・形原・大給・岡崎・竹谷・五井・長沢の七庶家が七人衆とされたのであろう(69)。このような庶家の区別は、清康が信忠廃立問題をめぐる混乱を乗りきり、さらに岡崎家を放逐して安城松平家の優位を確定した段階でその原型が成立したものであろう。この七人衆に桜井家が加えられるのは、「桜井内膳ハ安城家ノ庶子頭ニ付而、五人衆ゟ上ニ理有て直ル事も有」（着座次第）、

「桜井は安城の家の庶子の頭に成候て、五人衆より後には上座也」(松平記)というように、安城松平の優位の確立によって、もっとも近い血縁であり、同時に信忠に代りうるものと意識された経過とが桜井家の地位上昇をもたらしたためであろう。

右の諸書における松平庶家の序列は、年始御礼や御謡初の着座順に関係して問題とされている。そこでは座敷の有無やその座順がとりあげられているが、結局これは松平宗家と庶家の関係を毎年一回確認する場であり、座順は宗家と庶家の親疎の距離を具体的に現すものであった。この座順は宗家の代替りや、松平一族をとりまく状況の変化によって容易に変更されるものであり、したがって庶家相互間の葛藤を生ずる可能性をはらんでいた。桜井家が宗家に叛いた時に東条松平家がとってかわったので、のちに両者の争論がおこり(着座次第・松平記)[70]、長沢家は家康の婿になって座順があがり、大給家は「二度迄岡崎へ逆心して駿河方に成、後に帰参故候、座敷は末」であった(松平記)。なお「岩津ノ庶流」を中心とした七家は、深溝・桜井以外は十五世紀末には分立していて大樹寺連判状に姿をみせており、おそらく所務分けの規模も家臣団も大きかったと考えられる。したがって、血縁の近さと共に所領・家臣団の大きさが庶家の序列に反映していたのであり、安城の庶家は血縁の濃さにもかかわらず序列が低かったのは、相対的な所領と家臣団の小さな点によるものであったわけである。

有力な庶家をいかに宗家に服属させていくかは、松平氏にかぎらず戦国大名化を志向した諸氏にとっては大問題であった。松平氏の場合、そのはじまりは三河一国を一時的にではあれ、ほぼ支配下におさめた清康の時代であった。その契機となったのは、岡崎松平家の制圧であった。岡崎家は、信忠から清康への相続をめぐる安城家の内訌にあたって、おそらく信定派に属し、安城家所領の奪取をはかったのであろう。家督をついだ清康はそれを口実に岡崎家を攻撃し、ついに当主信貞を退隠に追いこんだ。その結果安城家は、岩津の庶家の一員である岡崎家の所領と家臣を全面的に継承したのである。岡崎家の所領の全貌は明らかではないが、岡崎城を中心に東は山中郷・中山郷より西は矢作川まで、北は大樹寺付近から南は高力・坂崎辺にいたる額田郡の南部、および三木・合歓木を含む矢作川東の碧海郡の地であったと推定される。これは天野・中根のごとき額田山中を本貫とする諸氏、および高力・久世等の額田郡南部の諸氏がともに岡崎・山中譜代とされていること、清康の弟信孝・康孝が合歓木・三木に分出し、小島の伊奈氏が清康の代に服属と伝えることなどからいえることである。

かくて安城家は岩津の庶子中最大の所領と家臣を有するにいたり、一族の宗家の地位を確立した。これを背景に清康は、信定支持派の一族・家臣を威圧し、不服従部分を追放している(三河物語)。大樹寺多宝塔心柱銘が記す「安城四代岡崎殿」たる清康の地位はほぼかたまったといえるが、いまだ桜井家に対しては果断な処置はとれなかった。それは「安城の庶子の頭」という一族内での地位、叔父という血縁関係、安城家臣の多くが桜井家臣と同族という点での制約もあったのであろう。また信定を愛した祖父長親が在世して、清康後見であったらしいことも作用したであろう。このため清康は桜井家に対しては強い反感をもちつつも、軍事行動に出ることはできなかった。『三河物語』が記す、能見物の際の信定と下級家臣の争いで家臣の肩をもった話、宇利城攻撃の際の信定叱責、尾張出兵にあたっての信定への嘲笑的態度などは、心中の鬱憤のはけ口ともいえる。所領・家臣団の規模のみならず、連年の戦闘の勝利による自信がそれを支えたのであろう。それが結果的に裏目にでたことは、その後の経過の示すところである。

五人衆・七人衆体制は広忠・家康の幼少期の今川支配下では無実化される。それが再度意味をもってくるのは桶狭間以後である。家康による「三州遠州両国御手末入時被仰付候」（徳川氏軍制）の制定によって酒井忠次・石川家成を与頭とする軍制に一族が編制された時点が、松平宗家による一族家臣化の一応の達成である。しかしその最終的完成は、天正十年すぎということになろう。

第五節　家臣団の成立

一　三河譜代をめぐって

松平氏の家臣団については、いわゆる三河譜代の成立がそのまま家臣団の形成とされてきた。三河譜代とは、広くは家康の岡崎在城時代までに服属した家臣をいい、狭義には清康の代までに服属した部分をさすといえるが、これには三譜代と四譜代の二説がある。

御家にて三御普代ト申儀は、案祥《（安）》御普代・山中御普代・岡崎御普代ト申成。案祥御普代ト申は、信光・親忠・信忠・清康・広忠迄此方、召ツカハレ申御普代成。山中御普代・岡崎御普代ト申は、清康之御拾四五之時、切取せ給ひシ処ノ衆成。案祥之儀ハ不及申に。案祥寄山中を先切取せ給故に、山中ヲも御本領トハ被仰候成。（三河物語）

すなわち信光の安城分与より清康の岡崎移転にいたる間に服属した部分が安城譜代、大永四年に清康が岡崎信貞より岡崎城と所領を譲られた際に家臣化した旧信貞家臣が山中譜代、岡崎入城後守山崩れの間に服属したものを岡崎譜代としている。これにたいし「武徳大成記」は、信光までの三代に服属したものを岩津譜代、親忠・長親代を安城譜代、清康の代を岡崎譜代とする。二説のうち『三河物語』の説がより具体的で正当であるが、それで実態を正しく把握することができるであろうか。

これまで岩津・安城譜代として、初代親氏の庶子広親を初祖とする酒井氏をはじめ、石川・青山・本多（助時系・義清系）・大久保・鳥居・平岩・阿部・内藤・植村・成瀬・渡辺の諸氏があげられている。また中根・榊原・松井・高力・伊奈・天野・安藤・永井・久世・米津・大岡の諸氏が山中・岡崎譜代とされている。(71) これは「寛永諸家系図伝」『寛政重修諸家譜』等によったものであるが、その所伝はすべて正しいものであろうか。初代親氏が入手した中山郷の領主天野氏は山中・岡崎譜代とされるなど、全般に額田郡山中出身の部分は服属期が遅いか、まったく姿をあらわさない。

これは呈譜にもとづいて編纂された両書の限界のあらわれといえよう。呈譜の時点で断絶していた家や、早く、親藩、譜代大名や家康の諸子に付属されて呈譜の範囲に入らなかった部分はこれでは知りえない。さらに松平＝徳川氏の出自をかざる操作が行われ、また近世の譜代大名がことさら出自を古くして系譜をかざることを行ったようであるから、両書にもとづいた三河譜代像は現実とは大きく乖離したものとなるのである。従来はこの点を顧慮せずに、直臣・国衆とか小国人とかいう表現で処理してきたので、結果的には松平中心史観によって家臣団の形成を理解してきたのである。

それともう一つ、十五世紀においては松平氏と比肩する地位にあった三河を本貫とする幕府奉公衆はどこへ消えてしまったのであろう。最近の研究(72)によれば、三河に関係ありとみられる奉公衆は四二氏で、郡別でみると宝飯一三、額田八、碧海六、幡豆・設楽各三、加茂・渥美各二、八名一、不明九であった。このうち、いわゆる「長享着到」と「康正段銭引付」によって三河に所領を有することが確実な者は一七で近江の二一についで全国二番目（全国一八六）、両書によって所領所在のほぼ確実と推定できるものを加えると四四で、近江の二五、美濃の三〇をこえて全国一（全数二七〇）となる。この三河奉公衆は松平氏発展の過程でどうなったのか、両書から知ることは不可能であり、したがって研究史上も不明のままにおかれている。江戸幕府創設以後の諸記録や編さん物、また諸家の由緒・呈譜等からは、中世後期の記録が意図的に抹消された感じが強いのであるが、家臣団に関しても同様のことがいえる。以上の二点を考慮しつつ、安城・山中譜代を中心に松平家臣団の成立過程を検討してみよう。その場合、家臣化以前の存在形態によって、(1)国人層、(2)小領主層、(3)家人に分類しておく。

二　国人層――本多・石川・酒井

ここでいう国人層とは(イ)幕府奉公衆・末衆として諸書にみえるもので、地頭郷司職または地頭代職を所持していた部分、(ロ)仁木・新田・一色・細川ら三河守護の被官であって、元来(イ)と同様に地頭郷司職か地頭代職を有した部分、またはは他国から守護に従って入部したもので所職を与えられた部分、(ハ)その他確証はないが、小領主や家人とは考えられない部分、の三種を含むものとする。まず(イ)の例といえるものに本多氏がある。

本多氏は寛政譜によれば、太政大臣藤原兼通の子左大臣顕光十一代の後胤右馬允助秀が、豊後国本多郷に住したのをはじまりとする。助秀の子助定は足利尊氏に仕え、建武三年志村某等の凶徒を鎮定すべき命をうけ、その功により尾張国横根・粟飯原の二郷を宛行われたという。(73)この尊氏の宛行状は「土佐国蠧簡集残編」に採録されているから、(74)本多は幕府奉公衆であったとおもわれ、その一族が十五世紀の三河に所領を有していた。「諸国御料所方御支証目録(75)」には「参河国 本田左近将監跡」とある。これは跡であるから、これ以前に闕所地となって「御料所」に編入されていたわけであり、在地は不明であるが、本多氏が三河の地頭的領主であったことは明らかである。

左近将監との関係は判然としないが、寛政譜によれば助定より五代目の助時は松平泰親に仕え、信光の安城入りや親忠の井田合戦に戦功あり、子助豊は長親―清康に歴仕して今川勢との戦いに奮戦、その子忠豊は清康に仕えて品野・岩崎・宇利の戦いで活躍したが、天文十四年九月二十日の安城合戦に広忠の身代りで討死。その子忠高は同十八年三月十九日の安城合戦に二十二歳で戦死したが、(76)忠豊・忠高の代は岩津城の南方二キロの蔵前に居住しており、忠勝の代に岡崎城東方の洞《ほら》へ移住したという。(77)また木村三七は忠豊、佐野市郎右衛門・原田弥左衛門・小柳津助兵衛の三家は忠高以来の旧臣という。(78)これらが一定の事実にもとづいているとすれば、助時系の所領は洞近辺にあって、岩津城下に屋敷を与えられ、若干の郎党を有していた小地頭的領主の一員ということになろう。洞の西隣の欠《かけ》には助時の兄弟正時の二男信政があって信忠・清康に仕え、子重正は洞の東隣の大平に居住して清康・広忠に、その子作左衛門重次は、永禄一向一揆の際の戦功によって欠の西隣投《なぐり》に采地をうけたという。[79]大平から欠にいたる岡崎城東方の菅生川沿いの地に本多一族の本拠地があったらしく推定される。『三河国二葉松』は洞に忠勝の屋敷跡、欠に忠高弟忠真の城跡、大平に重次の城跡があったとするのも傍証となろう。

助時の兄弟正時は宝飯郡伊奈にあって、助時と同じく泰親に仕え、正助―正忠―忠俊―忠次と代を重ねたという。伊奈の若宮八幡社の明応六年十一月二十一日付の鐘銘に「旦那隼人助泰次並十郎左衛門」[80]とあり、これを寛政譜のとおり泰次のち正時とすれば、伊奈本多氏は十五世紀末には同地に在ったことになる。しかし「宗長手記」によれば、大永の頃には牧野平三郎が伊奈にあって宗長を迎えており、本多氏の姿はみえない。系譜を一応信じたとしても、伊奈本多氏と松平氏との関係は清康の頃となろう。天文年間には今川氏に臣従して本領を安堵され、義元死後忠俊が家康家臣となっている。伊奈本多氏は天文十七年の義元の本領安堵状からみて、伊奈とその周辺の地頭職所有者であったと考えられる。

本多氏にはこのほか、助定の子定正から発する系統がある。定正の曾孫秀清は長親に仕えて明応六年碧海郡土井村を恩給され、同七年没。子清重は永正十三年没して坂崎円行寺（上宮寺末）に葬られ、その子信重は信忠・清康に仕えて土井城を築いたが、享禄二年の吉田攻めで討死して円行寺へ葬られた。その子広孝は大永七年土井城に生れて広忠に仕えたという。[81]ただしこの系は、明応年中に尾張より土井に移ったとも、また先に小川へ入り、さらに土井を合せもったという伝えもある。[82]また定正の孫正明系では、子忠正は清康に仕えて西条居住、その子正定も清康に仕へ安城合戦で討死、子俊正は清康・広忠に仕えてその子正信にいたるが、[83]いつの代からか小川居住という。

本多一族は嫡庶の別や血縁関係についての明確な伝承を近世に残さず、領主としてのあり様も不明の点が多いが、助時や左近将監の末裔として考えれば、基本的には地頭的領主の系譜につらなるもので各系中では太平・洞に所領を有した助時系が早く松平被官となり、次に定正系と信政系、最後に正助系ということになろう。

本多氏に類似した部分と考えられるのは、幕府奉公衆やそれに類した地位にあり、職所有の点でいえば地頭代職を有したと推定される高力（梁田）・中根・天野・小島・宇津等の諸氏である。このうち高力は熊谷次郎直実の末裔で、五代の孫直鎮が尊氏に随って軍功あり三河国八名郡を賜り、その五代目重実が八名郡宇利庄に住し、その子正直（直長）ははじめ梁田を称して額田郡高力郷に住したという。正直は梁田与次郎某の女を妻とし、子重長は住地によって高力と改姓、清康に仕えたが天文四年十二月の井田合戦に子安長と共に討死、安長の子清長が広忠・家康に仕えたという。また安長の女は岩堀勘解由左衛門某の妻となったが、勘解由左衛門は元亀三年の三方ケ原合戦に清長の手にあって子と共に討死した[84]。以上は寛政譜の記すところであるが、清康に攻められた宇利熊谷一族であるとすれば、一応奉公衆の系譜をひくものとなろう。これは別としても、梁田を称し、岩堀氏と姻戚であったとする点は注目すべきことである。梁田はすでに観応元年の額田郡一揆の一員として簗田平太資国、寛正六年の牢人一件の一員に簗田左京亮があり、おそらく高力郷を中心として所領所職を有し、その所職は足利氏より分給された地頭代職につらなるものと推測される。しかも天文十六年にいたっても碧海郡に公方年貢収取権を有する「大門簗田方」があったから[85]、梁田（簗田）一族は広汎に分布していたわけである。なお大門には奉公衆岩堀氏一族の屋敷田畠があった(三六頁)。岩堀氏は高力の南隣の岩堀に屋敷を有した奉公衆で、その所領は宝飯郡の西郡中村から尾張国にも散在していた。この岩堀と安長の代に姻戚となったということは、梁田(高力)氏の地位が奉公衆またはそれに近い地位にあったことを示すものであろう。なお高力氏を岡崎譜代とし、清康に仕えたところから家臣化したとするのは、安城松平家への家臣化であって、それ以前に岡崎家の家臣であったと考えることと矛盾しない。

高力と同様の存在は前出の諸氏である。天野氏は先出のように遠江犬居の天野一族と伝えるが、系譜はともかく岩戸・鍛冶屋・須淵・麻生といった乙川上流の中山郷を本拠としており、最も早く松平氏に服属した地域にいながら岡崎譜代とされている。中根氏は平忠正の子忠雄が叔父額田七郎兵衛に伴われて三河へ来たのにはじまり、中山郷に西接する道根六郷を領し、箱柳を本拠としたという(86)。これも同じく岡崎譜代とされるが、両氏はともに最初は岡崎松平家に付けられ、清康の代に安城家にしたがったためであろう。小島氏はすでに述べたように、形原家に付けられた。

大久保氏は宇津宮氏の末裔で、南北朝内乱期に泰藤が碧海郡上和田に来住したところよりはじまるという。泰藤の孫泰道は宇津氏と改姓し、その子泰昌は子昌忠と共に信光に仕えた。昌忠の子忠興は長親に仕えて永正三年の今川勢との合戦に活躍し、さらに信忠廃立問題では桜井信定擁立に反対して清康を立てた。子忠茂は清康に仕えて山中城攻略に大功あった。忠茂には忠平・忠俊・忠次・忠員・忠久の五子があり、とくに忠俊以下四人が清康以後三代にわたって大いに活躍したという(87)。大久保氏は文書を一切伝えず、忠茂までは上和田以外の地に所領所職を有したことは知られない。しかし宇津氏より大久保氏に改姓したという所伝を信ずるならば、「康正引付」に三河国三ヶ所分二貫二五文の納入者としてあらわれる宇津野三郎との関係が考えられねばならず、とすれば奉公衆的存在で上和田郷の地頭代職につらなる系譜を想定することができよう。

このように鎌倉・南北期の来住伝承を有する諸氏は、どのような存在と考えるべきか。もし伝承が何かの事実を反映しているとすれば、鎌倉期における三河守護足利氏被官としての、あるいは地頭的領主層の所領所職の全国的分散所有と、南北朝内乱以降の遠隔地所領支配の困難化による遠隔地所領への庶子下降と自立の一環として考えることもできよう。ただし三河の場合、鎌倉期の所領関係は不明の点多く、また建武以来の幾度かの合戦と動員によって、領主層の移動・没落が激しく、関係文書が極少なこともあって、現段階では具体的検討は不可能である。結局各氏の伝承を当時の一般的状況やその後の動向につなげて、一応の真実性を探る方法しかないのである。

国人層の(ロ)の例は石川・内藤氏の場合である。石川氏は源義家の子義時よりでて、二代義基が河内国石川郡を領して石川氏を称したが、七代義忠が下野に赴き、九代時成は小山氏を称したが、十二代下野権守政康のとき碧海郡小川城に移って石川に復し、その子親康が松平親忠に仕えたという。石川氏の三河来住は本願寺蓮如と深く関係し、文安年間関東布教中の蓮如が政康に「三河国は我郷党なり。武士の大将として一方を指揮すべきものなし。ねがはくは三河国に来りてわが門徒を進退すべし」と誘ったので三河移住を行ったという所伝がある。(88)これは事実としてよいであろうか。

石川氏は出自はともかく、十五世紀前半の三河守護であった一色氏の被官であったようである。一色分国の丹後守護代に石川氏があり、永享十二年五月、一色義貫（義範）が将軍義教に誅殺された後の京都屋敷受渡しをめぐる戦闘の死者に石川氏がある。(89)また『応仁記』も一色家臣石川氏の存在を伝えている。応仁元年五月、東軍細川方の美濃守護土岐政康は、西軍の一色義直の分国伊勢に侵入したが、義直家臣の石川佐渡入道道悟、その子蔵人親貞を中心とする軍勢に撃退された。道悟はこれ以前に、尾張海東郡波津崎（知多郡の誤りか）に浪人一揆がおこったとき、これを討ち従えたというのである。(90)この一揆の詳細は知りえないが、伊勢石川氏は三河石川氏と無関係とは考えられない。一色義直は義貫の子であり、父が誅殺された後は、旧分国若狭・三河・丹後・伊勢の内丹後と伊勢半国の守護職をあたえられた。その有力部将石川氏は、一色の三河守護時代の被官であり、のち伊勢へ移った部分であって、三河の所領に残った一族もあったと考えられないであろうか。

石川氏が一色氏の古くからの被官であるかどうかはわからない。しかし十五世紀においては小川を本拠とし、幡豆郡西部・碧海郡南部に一族を擁した国人領主的存在であったのであろう。それが下野よりの移住を蓮如と関連させて強調するのは、松平被官化以前の所伝を陰蔽して、結果的には松平氏の万世一系的系譜に光彩を添えるためのものではなかろうか。その場合、三河一向一揆や本願寺教団との関係は、石川氏の真の姿のかくれみのとなったのであり、小山姓は、三河の初期真宗は下野高田専修寺系であったこととつながるのではなかろうか。

この石川氏が松平氏に服属するのは政康の代で、安城家の親忠に三男親康を人質に出した時点である。以後親康系は松平家臣となり、子忠輔は岡崎五人衆といわれ、その子清兼は松平氏年寄衆の一員として名を残すようになる。石川氏関係の文書は清兼の代からである。清兼は初名忠成で、第一節にあげた大永七年七月六日付明眼寺宛田地寄進状が最初の文書である。次は天文十八年四月十八日付の本証寺門徒連判状の筆頭に石河右近将監忠成、同年十月二十七日付天野孫七郎宛知行宛行状(91)に石川右近将監、同二十四年五月六日付淵上小法師宛大工職安堵状(92)に石川安芸守忠成、弘治三年十一月十一日付浄妙寺宛寺領安堵状案文(93)には石川安芸守とある。このような松平氏年寄化する国人的領主層の動きはどのように理解すればよいのか。一口にいってそれは国人領主としての所領所職の大きさと、独自の被官団の存在によって、松平家臣中における地歩を高めたと考えるべきであろう。

石川氏に類似しているのが、鎌倉幕府御家人の家柄と伝える内藤氏である。内藤氏は応仁の頃三河に来住し、重清の代に松平親忠に属した安城譜代の一員で、碧海郡姫が本拠であった。子の義清は信忠・清康に仕えて碧海郡上野城主となり、後述の岡崎五人衆の一人でもあって、内藤家中興の祖とされている(94)。内藤氏も来住伝承の新しさや、五人衆の一員であることからみて、石川氏と同じく守護被官的国人と考えられるが、この内藤氏の領主的存在形態を「郷主」という概念で把握し、譜代家臣上層の一般的形態となす見解も出されている(95)。「郷主」の具体的内容はさほど明確ではないが、松平親氏が「松平郷主」、高力清長は「高力郷主」とされていることから、本貫地に他領主が存在せず、したがって一郷を排他的に領有するものというようである。しかし、この見解の基礎史料である「三河国出生御直参覚」等の近世の諸書は、詳細に検討すれば、決して本貫地に他領主が存在した様子はないとはいえないのであって、後に譜代大名の家臣化した部分を記していない諸書の限界を考えねばならないのである。それにもかかわらず「郷主」概念に一定の意味を付与するとすれば、第一には(1)類型の高力らの旧地頭代的所職につらなる部分を示すものとして、第二には、第一とは若干ことなり、「公文」「番頭」的有力名主として「屋敷城」をかまえ、惣的結合の中核にあった部分をさすものとすることができよう。第二の部分については次項でふれるが、このようにみるならば、職の体系下における上下の職の関係や散り懸り的状況が問題なのであって、排他的領有云々は問題ではなく、たとえ他姓者が本貫地に存在したとしても、それは近世の相給領主的なものと考えずにすむのである。

ところで、酒井氏は一般に松平親氏の庶子の系であり、(3)の家人的色彩がもっとも濃いとされている。酒井氏は、親氏が酒井（境）村の酒井与左衛門の娘に生せたという広親を初代とし、譜代の筆頭といわれる。しかし松平氏との関係が系譜にのせられているのは、長親に仕えた四代家次からである。もっとも『朝野旧聞裒藁』は大樹寺過去帳によって、酒井小四郎忠勝（広親孫）は文明二年十月十一日没、竜海院過去帳によって「酒井三代与四郎信親公三州岩津城主」（広親孫）は文明九年七月三日没、「酒井家四代三州岩津与四郎家次」（信親子）は永正十六年八月十六日没としている。[96]さらに「三州本間氏覚書」は「玉洞院殿瑞翁善嘉、文亀二年正月十六日酒井康忠」（忠勝子）としている。これらの忌日は寛政譜と一応一致するが、だからといって庶子説や信光の代の被官化説を証明することにはならない。第一、酒井（境）村なるものの所在すら明確ではないのである。

そこで注目されるのは、竜海院過去帳の「岩津城主」なる記事である。他書にはこのような所伝はないが、岩津には「長禄三巳年八月十二日酒井与四郎源広親墓」と刻まれた宝篋印塔があって、型式上年代に合致し、その所在は岩津城の外堀を隔てた南の台地で、立地条件はまったく境内墓地に適しているという。[97]とすると酒井と松平の関係は従来の理解と相当変ってこざるをえない。松平泰親が岩津城を攻略した時の城主は岩津（または中根）大膳と伝えるが、これは誤りということになるのだろうか。酒井岩津城主説は他に徴証がないためこれ以上は展開できないが、信光の頃には酒井は松平被官化しており、被官中最も早いものであるために、後世に庶子云々の伝承が形成されたのであろう。おそらく松平氏の進出以前から岩津より井田の間に存続していたのではなかろうか。

この酒井の四代家次が長親に仕え、永正三年の今川勢との戦いに加わった(98)とするのは、相当確実なところであろう。享禄年間には大樹寺文書に一族が姿をみせる。享禄四年十二月、井田与十郎信孝はむめ木の所当一石三斗二升の田地を一二貫文で大樹寺に売却した(99)。これは名主職売却で、公方年貢二〇〇文の収納者は真福寺、作人はひこえもんであった。この売券には酒井藤七郎長勝、井田三郎左衛門忠正、同五郎左衛門頼久が連判しており、当時の慣例からみて、保証人たる連判者は信孝一族で本来酒井氏であった。なぜならば、天文十六年二月に真福寺領井田茶木嶋の六斗成・公方年貢一〇〇文の田一反を二貫七五〇文で大樹寺へ売り(100)、同十七年二月に稲熊の五斗五升成の地を「公方年貢百文しつけ」で大樹寺へ売却(101)した酒井九郎兵衛尉康家と、同十九年二月に真福寺領茶木嶋の田六斗成・「本年貢十疋」を売った「いた九郎兵衛(102)」は、花押からみて同一人物である。すなわち酒井一族の康家は井田に所職を分与されていたから井田を称したのであり、信孝やその他の井田姓を称する者も酒井一族にまちがいない。したがって、享禄四年十二月に「大もつひかしさす殿」領のはやかわの一反所当四斗五升・公方年貢二〇〇文の田を売却した井田五郎左衛門頼久・同八郎三郎頼次も(103)、天文九年一月に真福寺領上田の所当一石三斗五升・公方年貢三〇〇文の田三反を大樹寺泉誉に売却した井田宗衛門玉泉・同与次信正(104)も同じく酒井一族ということになる。なお与十郎信孝は井田の地に屋敷を有し、桜井松平の内膳信定の家臣であった。彼は、売却地に関して如在があれば信定に申し入れて腹を切るべしと誓紙を入れているのは、当時の被官関係の一面を示して興味深い（六六五頁）。

酒井一族が売却したのはすべて名主職であった。酒井氏の本領や経歴が明らかでないため断定的にはいえないが、本貫地においては領主職所有者であっても、所領の内には名主職を多く含み、庶子に分与されたのは名主職であったと考えられる。井田の地は岩津城の南約三キロ、大樹寺の南東約一キロの洪積台地の西端にあり、酒井氏の城跡が昭和初期まで残存していた。『三河国二葉松』は井田城主を「酒井左衛門尉康忠文亀二壬戌正月十六日卒、息左衛門忠治、同息下総守恒城《ツネヒラ》」としている。康忠は左衛門尉忠次の祖父または曾祖父とされているから(105)、井田の酒井は左衛門尉系ということになろう。所領分与の状況からみて、奉公衆か守護被官かは不明であるが、元来は岩津から井田近辺に本領を有した国人的領主であったことはまちがいあるまい。

酒井氏同様性格は不明であるが、岡崎近辺の国人的領主と考えられるものに成瀬氏がある。成瀬氏は二条良基の子孫と伝え、良基の孫又太郎が親氏に仕えたのにはじまり、二代政直は泰親・信光に仕えて親忠に付属され、三代直庸は碧海郡木戸を居城として信光・親忠に仕えたというが、この辺までの所伝は作為が多く感じられる。四代国平は親忠・長親に仕え、永正の今川勢侵入の戦に功あり、六名に移って城を築き、五代国重は長親・広忠に歴仕し、広忠の岡崎還住には子正頼と共に功あったが、天文九年の安城落城の際戦死した。六代正頼も六名にあって清康・広忠に仕え、広忠還往の際の功により一五貫文の加増をうけ、弓手の隊長となったという(106)。岡崎安心院過去帳には国平は永正四年四月没、国重と嫡子国与は安城陥落の日とある。さらに応永三十二年の安心院宛一色修理、成瀬某連署の山堺寄進状(107)、永正二年の安心院宛成瀬大蔵佐国平田地寄進状(108)、天文九年二月の高宮成就院宛成瀬弥兵衛国重堺目証状(109)があり、前出堀氏文書には井田に公方年貢収納権を有する田地があったことが知られるから(一二〇頁)、六名を本拠としていた国人的領主であったことはまちがいない。あるいは守護一色氏被官でもあろうか。

三つの類型に分けて譜代の国人的領主に発するものをみてみたが、三者に共通することは、系譜や規模の大小はともかく、本貫地において地頭・地頭代職としての本領地を有すると推定されるところにあった。これと若干異なるのが次項で検討する小領主層の系譜である。

三　小領主と家人

ここでいう小領主とは、先出の「郷主」の第二類型としてあげたものである。前節でみた堀氏がその典型ともいえるが、職的には名主職の所有者であり、公文・番頭的下級荘官としての一面を有したものといえよう。このような例は、桑子妙源寺に多くの文書を残した平岩・長坂・都築氏がある。三氏はともに弓削氏で同族と伝え、各々の初祖が居住した地名をとって姓としたという。この真偽は別として、寛政の平岩系譜は、親吉の五代前の氏貞が額田郡坂崎に住し、その地の平らな巨岩から姓をとったが、その四代前の照氏は碧海郡平田荘上野城にあって新田義興に仕えたとしている。所伝はともかく、親吉の祖父五郎右衛門重益は信光より長親まで仕えて額田郡の代官を勤め、信忠蟄居ののち坂崎に閑居して享禄三年没。父親重は長親・信忠・清康に仕え、天正五年没したという。(110) これによると平岩氏の本貫は坂崎であったらしいが、妙源寺へ売却・寄進された土地はすべて平田荘内の妙源寺近辺の土地であった。

平岩氏の文書の例は第一節にあげたが、他にも数多く合計一二通がある(111)(享禄四—天文十六年)。この内容は色成年貢付のものが多いところからみて、平岩氏は基本的には本名主層に属するものである。なお文書にあらわれる同姓者の関係や親吉とのつながりは不明であるが、平田荘内の坂戸・池端近辺に同族が分布していたようである。都築氏も前出のとおり平田荘内の名主職を有していたから、いわゆる小領主的性格と考えるべきである。

平岩氏らと同じ性格ではあるが、多少存在形態がことなったかもしれないのが林氏である。林氏は(3)の家人として知られ、寛政譜では信濃小笠原氏一族で、祖光政が林郷で流浪の有親・親氏父子が止宿した正月元旦に兎の吸物を進めて知り合い、のち松平郷に供をして「侍頭」になったという。(112)『三河物語』にも「此藤助と申ハ、御代々ツタハリタル侍大将成。正月御酒盃ヲも御一門寄先に罷出、被下ケリ。其次に御一門出サセ給ふ。御家久敷侍は是にコス人無」と、松平氏臣従の古さをみとめている。信濃以来云々は別として、元来小領主でしかも最も早く被官化したので、後世松平流浪伝承に一役かうような所伝を形成したと考えられる。

以上譜代家臣の形成過程を、とくに領主としての存在形態を中心に考察してきたが、次のようにまとめることができよう。第一に、いわゆる三譜代なるものは安城松平家への服属の年次的差異によって区分されたものであって、松平氏との関係のすべてを示すものではない。第二に、譜代家臣の出自は大別して国人的領主（地頭・地頭代職）と小領主（有力本名主）とに大別できるが、家臣団内の序列には本来の領主としてのありようが大きく影響していたことが看取される。第三に、現在知られる譜代家臣の系譜は、やはり松平中心史観で相当の変改をうけているが、家康期の家臣団の源流は安城時代に形成されたものであり、清康の段階が一つの区切りをなしていたといえるのである。

第六節　清康時代の支配体制

一　農民支配体制の成立

清康時代における松平宗家の戦国大名への志向の徴表といえるものは、次の諸点である。

(1)　庶家の家臣化の進行
(2)　譜代家臣団の形成
(3)　農民支配機構の整備
(4)　城下町の建設と流通過程への関与
(5)　貴種意識の強調
(6)　三河・尾張への軍事行動

これらはあくまでも戦国大名への志向を示すものであり、いまだ領国も固定せず、土地・人民掌握をめざした検地への動きはあらわれていない。この点を念頭におきつつ、すでに検討してきた(1)(2)(5)(6)を除いた(3)(4)を本節で明らかにしてみよう。

まず(3)は、岡崎五人衆と称された奉行衆、および代官制による直領支配機構の出現である。岡崎五人衆とは、寛政の内藤右京進義清譜に「右京進及び石川左近大夫（ママ）忠輔、植村新六某、天野清右衛門貞有、林藤助某等を岡崎の五人衆と称す」(113)というものであるが、その職掌などは不明で、単独または連署で発給した文書もいまだ発見されていない。しかし天文末年の松平氏奉行衆につらなる面も考えられるので、一応これら五人の系譜を検討してみよう。

内藤義清は重清の子、石川忠輔は親康の子で、ともに前節でみた安城譜代中の有力部分であるが、詳細は知りえない。植村氏も安城譜代の一員で、美濃土岐氏の一族源三郎持益が明応年中に遠江上村に移り、後三河に来住して長親に仕え、新六郎氏義・新六郎氏明と代をかさね、守山崩れの際に氏明が阿部弥七郎を討ち取った(114)。流入伝承はともかく、大樹寺文書によれば、永正十五年八月に植村入道安忠が井田付近の「野一所」を寄進、(115)大永元年（一五二一）にも安忠は「大門前大くぼ」の田一反三斗成を売却、「伊賀之山岸」の田小一斗成（作人伊賀ノ四郎二郎）を寄進している(116)。さらに永正十七年十月十日付の太雲（信忠）書状(117)には、植村安忠と中山右京進殿の二人が、「大樹寺毎年従十月八日十五日迄執行之別時念仏之事、永以不可有退転之間、為両人走廻而可被相調候趣」であるから、信忠も同心するとある。また天文四年の大樹寺多宝塔心柱銘には、奉加衆として「百疋　植村飛驒守」とある。

文書にあらわれる安忠らは植村系譜にみえないので理解に苦しむが、安忠は氏義の法号で、はじめ新六郎のち飛驒守を称し、大樹寺檀那であったから寄進状等には法名を記したのであろう。氏明は天文四年当時は十六歳であるから、官途名は無理である。この植村氏は碧海郡本郷に屋敷を与えられて氏義・氏明の二代居住したという所伝がある。[118]それは事実とみられるが、大樹寺へ売却・寄進した土地がともに寺の近辺であって名主職を内容とすること、太雲書状や多宝塔心柱銘に「殿」がつけられていないことなどからみて、本来植村氏は大樹寺付近の名主層の一員で、早く松平氏に属し、のち安城家に付属されて碧海郡に所領を与えられたのではなかろうか。いわば桜井家における堀氏のごときものではなかろうか。そうして五人衆の植村新六某とは氏義法名安忠のことであろう。

林氏は前節で述べたように、植村氏よりもはっきり家人であったと称する。ただしその系譜は知りがたく、寛政譜は天文九年の安城合戦で討死した藤助忠満よりはじめている。忠満は広忠の岡崎還住に活躍し(三河物語)、天文六年十月に広忠より一五貫文を加増されているから、[119]五人衆の藤助は彼であろう。

天野清右衛門貞有は先出の中山天野の一族であるが、寛政譜では対馬守遠貞の二男忠勝が板田の住人天野清右衛門忠久の家を継ぎ、男清右衛門正則は板田村住、その男十郎康弘は清康に仕え、その長男貞有は広忠に仕えて、「御代官御賄或は年男等の事をつとめ、三河国にをいて十四村の采地をたまひ、安城に住」して元和四年没、その妻は家康の乳母であったという。[120]ただし尾張徳川家臣の天野系譜[121]によれば、遠貞の男清右衛門某は中山庄生れ、その子清右衛門利貞も同じ、その子清右衛門貞親は安城生れで広忠に仕え板田を領し、その子貞有も安城生れで広忠・家康に仕え、針崎一揆の際に勇名を馳せたとしている。所伝の差異はともかく、この清右衛門家も家人的傾向が強いといえそうである。文書では、文亀三年に天野清右衛門忠末、天文五年に同忠親、天文二十四年に同康親、弘治三年に清右衛門が見られて忠末―忠親―康親となる。[122]とすると寛政譜の貞有は康親に比定され、したがって岡崎五人衆は貞有ではなく清右衛門忠親ということになろう。

内藤義清譜のいう岡崎五人衆は、義清が天文六年十二月十六日に没し、林藤助が同九年六月六日の安城落城の際討死しているから、大永から天文初年にかけてのものということになる。おそらくは清康が岡崎へ移り、安城松平家の所領が拡大した時点で必要となって設置されたものであろう。そうして、天野清右衛門父子のごとく二代にわたる例からみて、人数や人物の変化はあっても、機構としては天文末・弘治頃までは続いていたと考えられる。その職務は「御代官御賄」のこと、すなわち松平宗家直領の支配や財政事務を担当したのであろう。そうして下部には小代官を配して地域ごとの実務を処理していたと推定される。それを示すのは一連の浄珠院文書[123]である。

(イ)

六名　甚七郎(花押)

六名　新　六

同　彦左衛門(略押)

小代官　宮地新三郎(花押)

六名天神崎分、御城殿より御寺屋敷末代被成御寄進候、目出度奉存候、百姓中何も於子々孫々如在申間敷候

也、依如件、

天文五年丙申潤(ママ)拾月廿五日

六名　新九郎（花押）

同　左衛門三郎（略押）

同　次郎兵衛（花押）

同　三郎兵衛

同　太左衛門

同　新二郎（略押）

上和田

浄珠院江

(ロ)

六名之内天神崎之分、寺屋敷ニ諸不入ニ末代寄進被申候、異儀有間敷候、仍而為後日如件、

天文五申壬(ママ)十月廿六日

酒井与七郎　康正（花押）

小栗三郎二郎　信臣（花押）

堀平右衛門　重政（花押）

植村与三郎　康家（花押）

天野清右衛門　忠親（花押）

上田源助　元成（花押）

上和田

定珠院　参

(ハ)　六名天神居屋敷之分、諸不入ニ末代寄進至(ママ)候、此旨別儀不可有者也、仍為後日如件、

成瀬藤八郎
国　重（花押）

天文六年三月十二日

岡崎与十郎
信孝（花押）

和田浄珠院参

(イ)―(ハ)は上和田の浄土宗寺院で、松平一族の教然良頓開創という浄珠院への寺地寄進に関する文書である。これに関して、(1)岡崎周辺における小経営自立の進行、(2)宗家譜代家臣団による地方支配機構の成立の二点をよみとり、それを基盤に(3)信孝の土地寄進の意図は土地所在地の百姓請状、該当地域の宗家家臣団の保証があってはじめて有効性を発揮したという理解もされている。(124)　(1)(2)はこれまでみてきたところから一応了解しうるが、管見の範囲では、当時の松平氏において寄進状や安堵状に奉行衆の添状が出された例はなく、また(ロ)(ハ)の文言も異様である。(ロ)は天神崎の地を不入に寄進することに異議はないというのであるが、この「異議」は誰が何についてどのような内容で唱えるのであろうか。また(ハ)の「此旨別意不可有者也」という文言は当時の松平氏関係文書や、天文十一年の信孝の大樹寺宛田・藪寄進状(125)には見られない。しかも日付からみて百姓請状(イ)が最初に作成され、翌日に奉行連署状(ロ)が認められ、それより四ヵ月半を経過してから寄進状(ハ)が出されているのも不可解である。したがって(3)の見解は当時の一般的状況からみて正当であるかどうか再検討の必要があろう。

まず五人衆を念頭におきつつ(ロ)の連署者をみてみよう。酒井康正・植村康家は全く所見はないが、ともに松平有力家臣の一族であることはまちがいない。(126)　小栗は松平一族という所伝があるが系統は判然としない。天文十二

年に平岩惣衛門貞政と連名で別郷下（安城市）三反一石八斗目の地を妙源寺に寄進した小栗三郎五郎忠親があり、(127)通称が同じであるから信臣は忠親の父であろうか。上田元成は清康より三代に歴仕し、母が石川清兼女であった関係からか、のち石川家成の家臣となったというが、(128)天文二年に上田源助は宗太郎清房と連署して天蓮社秀誉に小針（岡崎市）清金名の田畑屋敷合計五石二斗・六〇〇文目を寄進し、(129)同十五年二月には清房・元成連名で大樹寺光秀院、小針蓮香院に清金名の地を寄進し、(130)また同十七年十二月には所領売買に関して元成は大樹寺に書状をおくっている。(131)天野忠親・堀重政・成瀬国重は先出のとおりである。

右の奉行衆のうちではとくに堀重政に注目せねばならない。重政（道清）は桜井松平分立にあたって付属された家臣で、桜井家の家老であった。それが奉行衆に名を連ねているのは、この時点で奉行に桜井家臣が登用されていたことを示すもので、広忠を追放して惣領職を掌握した桜井の信定が、その代弁者を送り込んでいたことになる。堀以外の六人すべてがそうであったとはいえないが、桜井家に付属された酒井一族があったことは知られているから、酒井康正もその可能性はあり、ほかにも信定家臣がいたかもしれない。

このような奉行衆が連署して、寄進状発給の四ヵ月以前に寄進を保証する必要はどこにあったのか。その間の事情は審らかではないが、信定の惣領職掌握下において、旧宗家広忠の所領を移動することに対する抵抗が根強くあり、それを察知した浄珠院が後に問題化するのを防ぐため、あらかじめ百姓と奉行衆の保証をとりつけようとしたのではなかろうか。寄進を発議した主体は信孝であろうが、寄進地は旧広忠領で、広忠が還住すればどうなるかわからないものであった。しかも広忠還住の可能性がなかったわけではなく、阿部定吉・定次らは岡崎を退去して画策しており、松平一族でも広忠に心を寄せる者もあった。大久保忠俊は還住計画の中心と目され、信定に三度も七枚起請文をかかされていた（三河物語・阿部家夢物語）。この状況が異例の文書作成となり、さらに翌年春まで寄進状が出されなかった理由であろう。閏十月の七日には三河にあった広忠は「むろつかをちやき《自焼》いたし今橋迄のく成、同十月に大蔵殿《阿部定吉》又本意をとけんために御きうたい《兄弟》へ御いとまこひ申、駿州へ被下候」（阿部家夢物語）という動きで、広忠還住工作は進められていた。この状況を知っていた信孝は、[132]成否のみきわめがつくまでは寄進状は出せず、翌年春に広忠還住の見通しがついた段階で「別儀不可有者也」となったのではなかろうか。

　このような政治情勢と共に考慮すべきは、六名の地の特殊な位置である。六名は岡崎城南側の外堀的役割をはたした菅生川が矢作川に合流する地点で、対岸には渡《わたり》を見、背後には明大寺の低い丘陵をこえて近世の東海道へつらなる交通の要地である。しかも「三河諸侍出所伝」「三河国出生御直参覚」（内閣文庫蔵）や近世の地誌には、六名を出所とする武士として鳥居・蜂谷・大河原・筒井・土屋・筧・成瀬・井上・杉浦・羽田・坂部・細井・天野・本目の一四氏が複数であげられていて、後の一向一揆の際にも六名を本拠とした家臣の集団の存在が記されている。これら諸氏のうち鳥居（渡）、天野（中山郷）、細井（安城付近）のように、明らかに本貫地が他にあったことが知られる者の所在からみて、大平が岡崎城の東の防衛拠点として諸士が集住させられていたように、六名は城南の守りと矢作川渡河点をにらむ拠点として、宗家中下級家臣が集住させられていたのであろう。それだけに所領所職の錯綜も甚だしく、松平宗家直領として小代官がおかれてはいても、寺地を不入として保持しようとする浄珠院にとっては、(イ)(ロ)のごとき保証が必要となったのであろう。

文書(ロ)にみられる奉行衆体制は五人衆に引き続くものであった。ただ信定の惣領職掌握と安城（岡崎）家の没落によって、人員には変化をみたものの、宗家直領支配を中心とする職務内容には変りはなかったであろう。この下部機関として(イ)にみられる小代官がおかれていた。その実態はあまり明らかではないが(イ)等から考えると、多くは下級家臣が任用され、宗家直領のある村ごとあるいは数村を単位に配されて、年貢収納と農民支配の中核となり、錯綜した直領や一族・家臣・社寺等の所領の利害調整にあたっていたのであろう。先出の大賀久衛門もこの小代官であり、「台所入」すなわち宗家直領におかれていたことは明らかであるが、その源流は天文初年までは確実にさかのぼれるわけである。

なお『三河物語』に、広忠還住の功賞として大久保新八郎忠俊は、一五貫の知行の外に「是ニ余カツテ中野郷ト申て、クデン《公田》百貫之処ヲ代官ヲ仰被付て、後日にハ是ヲ地形《知行》に被下」とある。しかしこの場合の代官は小代官を統轄するものではなく、中野郷（現岡崎市中之郷町カ）一郷の代官であるから、ここでいう小代官にあたるものである。なおこれによって宗家直領の代官職が給恩として配分されるものであったことが知られる。小代官の「小」は天野貞有譜のごとく奉行衆すなわち代官とすれば容易に理解できよう。

清康の時代に奉行（代官）—小代官という直領支配体制が成立していたことが確認されるが、その体制下における村落の状況はどうであったのか。(イ)から「百姓中」なる惣的結合の存在が想定されるが、その実態はどのようなものであろうか。(イ)は請状といえるが、百姓の署名の書き様より判断すると、新九郎からはじまって新二郎にいたり、それより前へもどって新六・彦左衛門で一応終ったが、その後脱落に気付いて甚七郎を加え、さらに小代官を書き加えたものと推定される。そうして本文と年号の大きさと署判の仕方、署判に用いられている紙幅からみて、これは署判した長百姓が文書の作成主体ではなかったと推測される。おそらく本文と年号までを記した第一次の形がつくられ、次に小代官の手元で長百姓名が一筆で書きこまれ、それに百姓が署判したのであるが、何らかの理由で署判しなかった部分はそのまま浄珠院に渡されたものであろう。このような不完全ともいえる請状が作成された事情は明らかではないが、翌日付の(ロ)と関係して急ぎ作成されたためであろう。

(イ)における百姓の署判には花押と略押がまじっており、その点で長百姓内部の階層差を考える必要はあろうが、今川支配下の「百姓前」につらなる貢租納入責任者であり、かつ惣的結合の指導者である部分が形成されていたことは明らかである。彼らは小代官に掌握されて直領支配の末端部分として位置づけられる一方、「百姓中」として申状(133)を提出するような農民闘争の中核でもあった。天文二十四年（弘治元）と推定した大樹寺納所申状の背後には、惣的結合とその指導層の存在があったのであり、史料的検証は困難ではあるが、十六世紀前半の三河においては広汎に成立していた筈である。それは本願寺教団発展の時期から考えれば、十五世紀中葉にまで遡らせてみることも不可能ではなかろう。それを適確に掌握し、錯綜した所領所職からの収奪を確実に行うためには、松平宗家はどうしても惣的結合を一定度基盤においた支配体制を整備せねばならなかったのである。天文年間の松平宗家の寄進状や所領宛行状は、所領の所在地と貫高のみを記し、坪付や職の内容を示さなくなってくる。これは右に述べてきた在地支配体制の整備の現れと解することができよう。

二　城下町と徳政令

清康は岡崎に移転して、武家屋敷を中核とする城下町建設を開始したらしい。甲山寺や善立寺等の安城より移転した寺院[134]の存在からもそれは窺えるが、天文十八年の本証寺門徒連判状には、石川氏の五名をはじめ九氏一四名が岡崎と所在を記しており、これは署判者総数一一五名の一割強にあたる。また永禄四年より六、七年頃の家康家臣の屋敷割によれば、酒井正親・忠次、石川数正らをはじめ七一名の譜代、一七名の庶家の屋敷が岡崎にあり、ほかに「御侍百三人、御足軽百拾六人」が大平・岡村にあった[135]。このほか六名にも家臣が集住していたらしいことは先述のとおりである。この状況の出発点が清康の岡崎移転と城下町の計画的建設にあったわけである。なおこれは在番制の創設による家臣団統制とも関連してくるところである。

城下町の建設は、とうぜん領国内の流通の中心の成立につらなる。その意味で清康や広忠段階の経済政策というべきものを検討せねばならないが、史料は多くない。一つ注目すべきは、地方的徳政令の問題である。

　永代うり申下地之事[136]

　　合田（四カ）反代拾弐貫文ハ　さい所むめ木　所当壱石参斗弐升

右永代うり申処実正也、但彼下地ハ公方年貢二百文しつけ申候、しんふく（真福）寺へすくに納所可有候、大樹寺殿へしとう（祠堂）ニうり申候間、子々孫々おいていらんわつらい有間敷候、（中略）又天下一同のとくせい（徳政）、又国之内しんとくせい入候共、これはしとうの事ニて候間、彼下地ニハ入申間敷候、仍為後日永代如件、

享禄四年かのと卯十二月十五日

信広（花押）

うり主井田与十郎

（証判三人略、傍点筆者）

右は西三河で一国徳政（在地領主徳政）文言のある最初の文書である。翌五年の井口彦左衛門売券[137]には「岡崎殿新徳政」があらわれるから、明らかに松平宗家の発布する徳政令が念頭におかれていることが知られる。このの ち同様のものは、天文三年（岡崎殿新徳政）、同十七年（国中新徳政）、同十九年（国家同心之御徳政）の三通[138]である。この数は大樹寺文書中の売券と借書計四一通（明応三―天正二）の内徳政文言のあるもの二八通（永正十六―天正二）、および妙源寺文書中の売券一三通（文明十六―永禄三）の内徳政文言二通（天文四・永禄元年で松平氏の徳政文言なし）からみると、非常に少ないといえる。したがって松平氏が徳政令を出したことはまずないとみられるし、近世の諸書にも記されていない。しかし松平宗家が徳政令を発する可能性は皆無であったかといえば、次の文書[139]がある以上断定はできない。

大樹寺祠堂方江永代買得相伝之田畠之事幷年紀地等、縦雖有天下一統之徳政入特ニ地起、於此祠堂銭幷田畠等者、至子々孫々努々不可有違乱煩者也、仍為後日支証如件、

大永八年戊子二月三日

道閲（花押）

祐泉《泰孝》（花押）

これは天下一統の徳政令が出されても、大樹寺祠堂方に関してはその適用を除外することを約したものであ

る。天下一統の徳政から一寺院の除外を約束することは、領国内における天下一統の法とは別個の法制を確立する意図の現れと考えられ、「岡崎殿新徳政」へはあと一歩といえよう。すでに永正十七年の渥美半島においては「田原殿徳政」、すなわち田原戸田氏の徳政令除外の文言のある売券[140]がみえるから、永正末・大永年間の三河においては、天下一統の法とは別個の体制への志向が広く成立していたとみることはできる。松平氏の徳政文言は戸田氏支配下より一〇年遅いわけであるが、徳政文言の存在自体が地方的徳政令発布の可能性を示しており、したがって松平氏による封建支配強化のための徳政令が存在しなかったと断定することはできない。

徳政令は流通・金融の側面から再生産構造へ権力が介入していくものであるが、流通過程への介入として度量衡や市の問題がある。前者は『三河物語』に、大久保忠茂が山中城入手の功によって所領のかわりに「御ブン国之内の市之升ヲ被下候ヱ、升取ヲ申付て置申物ナラバ、我等之スギアイ(生業)ホド之儀は御座可有」と請いて「其儀、安《ヤスキ》申分成トテ被下」れたことから考えられることである。この「升取」の意味や職務は不明であるが、文意より一定の得分を収取しう

第15表　大樹寺文書にみる桝

年代	所在	桝	記事	大樹寺文書
文亀2	鴨田	一椅院やしきの斗		天
享禄2	伊賀	庄升		〃
天文3	岩本	常住之升		〃
7	大津堂之後	蓮花寺之升		〃
16	阿知和	細川升・いち升	細川升2石5斗5升はいち升で3石	地
17	井田・稲熊	いた(井田)升		門
17	北鴨田	藪田升		地
20	安城		「升八十三合」	〃
永禄4	日名前	大升・祠堂升	大升5斗5升は祠堂升6斗	〃
5	貝場	平田升		〃
8	神座	〃		〃
13	小針下	長瀬石米升		〃

るものであったことは明白である。当時の西三河においては第15表にあげたように、多様な枡があった。したがって「升取」はその統一にかかわるものとも考えられるが、天文年間には統一の徴表はみられない。『関野済安聞書』[141]や寛政の忠茂譜は、分国中一七ヵ所の市を再興したとしているが、それと「升取」の関係は不明である。第15表の地名を冠した枡はたしかに市の所在を示している。細川升と市升がでてくる阿知和の地は細川の南方約四キロの地であるが、おそらく両者の中間の岩津に市があったのであろう。井田升が井田と約二キロ離れた稲熊にみえるのは井田の市の所在を示す。平田升は平田荘の定め升であるが、同荘は鎌倉期以来の商業的発展が想定できる矢作の地を含むものであった。[142]枡はたしかに交易に関して大問題となる。したがって「升取」が流通過程にかかわるものであることは疑いなく、やはり清康段階の政策の一面として理解することが正当であろう。

以上の検討から、清康の時代にいたって松平氏は戦国大名への方向の第一歩をふみ出したといえよう。しかし守山崩れ後の内訌をへて、広忠時代に今川義元に服属した段階で松平氏の独自性は消失し、広忠の死後は完全に今川領国に組みこまれて、上洛の前進基地と化すのである。

註

（1）重松明久「名主層の封建支配に関する試論――色成年貢・公方年貢をとおして――」（『名古屋大学文学部研究論集』一四、『史学』四）、「在地封建制の構造――色成年貢・公方年貢再論――」（同前一七、『史学』六）。

（2）三浦圭一「惣村の起源とその役割」（『史林』五〇―二、三）。勝俣鎮夫「六角氏式目における所務立法の考察」（『岐阜大学教育学部研究報告・人文科学』一七）。大山喬平「戦国大名領下の荘園所領」（『小葉田淳教授退官記念国史論集』所収）、「公方年貢について――美濃国竜徳寺の売券――」（『大阪市大人文研究』二二―四）。藤木久志「戦国期の土地制度」（『体系日本史叢書6土地制度史I』所収)。

(3)『朝野旧聞裒藁』。

(4) 妙源寺蔵「賦山何《(ママ)》」連歌懐紙。この時の参会者は柴屋軒宗長と道閲のほかに、秀蓮(妙源寺住持)、慶蓮(秀蓮子カ)、弥阿(大浜称名寺住持)、相阿(同寺僧カ)、張忠(松平右京進)ら計一八名であった。

(5)「田原近郷聞書」(『豊橋市史』第五巻、一一八―九頁松)

(6) 長興寺文書、明応三年三月七日付藤原左衛門尉宗光寄進状(『田原町史』上、五〇五頁)。

(7) 円福寺文書(『春日井市史資料編』所収)、竜徳寺文書(『岐阜県史史料編』古代中世一所収)。

(8) 上島有『京郊荘園村落の研究』第五章第一節第二項。

(9)『朝野旧聞裒藁』。

(10) 所理喜夫「幕藩体制の生成と農民闘争」(『史潮』一〇四)。

(11)『寛政重修諸家譜』第一五、一五八頁。

(12) 大樹寺文書「玄」。

(13) 同前「義」。

(14) 高柳光寿「豊臣秀吉の検地」(戦前版『岩波講座日本歴史』、のち『高柳光寿史学論文集』上所収)、北島正元『江戸幕府の権力構造』九一頁。

(15) 大樹寺文書「先」。

(16) 同前「玄」、年欠二月二十日付(堀)道清書状、年欠三月二日付鎮誉宛堀道清書状。

(17) 同前、年欠二月二十日付道清書状。

(18)『安城市史』三三〇―九頁。

(19) 北島正元「戦国大名と百姓前」(『日本歴史』一六三)。

(20) 大樹寺文書「地」。

(21) 同前「玄」。

(22)(23)　大樹寺文書「地」。
(24)　『安城市史』三一三頁。
(25)　「堀氏由緒」(写)、堀い志氏所蔵。
(26)　大樹寺文書中の堀氏関係文書は左の通り。
1　大永五年十一月十二日付桜井平右衛門(堀重政)宛上条隼人入道道□売券(上条中尾)。以下二通「天」
2　天文十二年十月十九日付堀平右衛門入道道清・高橋一左衛門入道元清連署添状
3　天文二十年十一月三日付高済寺領年貢注文(堀平右衛門)。以下六通「地」
4　同二十年十一月十五日付堀入道道清田地寄進状(安城二町かけ田)
5　同二十四年十二月十三日付道清書状(上条隼人買得分)
6　同二十四年十二月十六日付堀入道道清寄進状(蔵前・井田)
7　弘治二年正月十一日付堀入道道清・堀平右衛門入道宗政連署寄進状(六ヵ所)
8　年欠正月二十七日付堀道清宛鎮誉書状
9　年欠四月七日付堀道清入道宛鎮誉書状。以下七通「玄」
10　年欠正月十一日付御納所宛堀入道道清書状(念仏田寄進、7と同日ならん)
11　年欠二月二十日付道清書状(如来寺十俵成)
12　年欠三月二日付鎮誉宛堀道清書状(念仏堂田畠二反)
13　年欠四月六日付堀入道宛祖白書状
14　年欠十一月二十四日付御納所宛堀平右衛門入道宗政書状
15　(道清寄進地)坪付
16　古井百姓前帳分(堀平右衛門)
(27)　浄珠院文書、天文五年閏十月二十六日付奉行連署状。
(28)　大樹寺文書「門」、天文十二年十月十九日付大樹寺宛松平小法師寄進状。

(29)『寛政重修諸家譜』第一、三二一頁。
(30)「堀氏由緒」。
(31)「大樹寺記録」。
(32)大樹寺文書「寮」、堀い志氏所蔵家康寄進状写および「堀氏由緒」には「安城之内酌子堂」とあり、現在社口堂の地名が現存する。
(33)「大樹寺記録」。
(34)中村孝也『徳川家康文書の研究』上巻、五二八—九頁。吉純は主君忠吉の諱を憚って重純と改名したのであろう。
(35)『寛政重修諸家譜』第一、三三二頁。中村孝也前掲書五二九頁。
(36)分立した庶家の概要は『寛政重修諸家譜』第一、およびそれに基いて整理を加えられた中村孝也『家康の族葉』がある。永禄年間については煎本増夫「永禄初年における松平氏宗家の家臣について」(『駿台史学』一三)、「永禄末年における徳川氏家臣団の構造」(『地方史研究』九五)がある。
(37)中村前掲書六八頁。
(38)『寛政重修諸家譜』第一、二一一頁。
(39)同前、二〇六—七頁。
(40)同前、二〇六頁。
(41)松平太郎左衛門信言家伝、(『朝野旧聞裒藁』)。
(42)「松平高月官院記」(正徳四年七月三日十九世観誉貞察筆、静岡県立図書館所蔵『松平高月院由緒』〈一四部合綴〉の内)。
(43)高月院文書(『岡崎市史』巻別上、太田正弘『愛知県史料叢刊、豊田市内史料』所収)。
大永二年三月十三日付松平隼人佐信長売券
大永三年正月十一日付道閲寄進状
年月日欠坪付
大永四年正月十一日付松平信長売券
大永七年正月吉日付道閲寄進状

(44) 六所神社文書。年月日欠道閑・祐泉連署奉加状。
(45) 『朝野旧聞裒藁』。
(46) 『官本三河記』。
(47) 大樹寺過去帳、『寛政重修諸家譜』(第一、一二六頁)は永正年中十二月二十一日没とする。系譜上の問題点については二章四節参照。
(48) 第3表、文書10参照。
(49) 『寛政重修諸家譜』第一、二二一頁。
(50) 「桜井村史」一八六頁。
(51) 妙源寺文書。大永七年七月六日付石川与八郎忠成寄進状。
(52) 大樹寺文書「門」、永正十五年五月十六日付安城左馬助長家売券。
(53) 同前、大永四年三月十二日付こうさい寺宛松平左馬助長家寄進状。
(54) 『朝野旧聞裒藁』。
(55) 妙源寺所蔵連歌懐紙。
(56) 妙源寺文書、享禄四年十月十七日付松平右京進張忠・甚六郎康忠連署寄進状。
(57) 『朝野旧聞裒藁』所収谷田桂岸寺由緒に、同寺は康忠が張忠菩提のため天文六年に建立したと伝えるから、その直前に没したのであろう。
(58) 妙源寺文書、天文七年三月五日付松平甚六郎康忠安堵状。
(59) 『朝野旧聞裒藁』。享禄二年十月付で道閑は三木殿・三木春林寺に「春林寺為浄雲造立候間」五反一〇俵成の地を寄進しているから(大樹寺文書「先」)、まずまちがいなかろう。
(60) 『寛政重修諸家譜』第一、二五—六頁。
(61) 同前、一五四頁。
(62) 第二章三節参照。
(63) 以上は「三河国出生御直参覚」による。

(64)『朝野旧聞裒藁』。

(65) 同前。『寛政重修諸家譜』第一三、二〇八頁。

(66)『松平記』巻五は巻一―四と巻六が年次的に記されているのとは全くことなって、諸記録からの抜書のよせ集めの感が強い。その原拠の一つが「着座次第」であろうと推定される。

(67) 東条松平を尾張中納言がついだとあるから、寛永三年以前の成立であるが、内容からみて、原型は慶長年間には成立していたであろう。

(68)「右一冊ハ泰心院ノ黄門公以テ二古家ノ談ヲ一命シテ二並河氏ニ一所レ令二玉筆記セ一也」とあり、尾張藩三代綱誠(元禄六―十二年治世)の命で成立したものである。

(69) 親忠子とされる大給家は、信光の子といわれた伝えがあったらしい。

(70) この際義春は道閲の弟で、桜井より一代前に分立したと主張したとあるから、通説とは異なる所伝があったわけである。

(71) 藤野保『幕藩体制史の研究』二二頁、北島正元『江戸幕府の権力構造』六・九頁。

(72) 福田豊彦「室町幕府『奉公衆』の研究」(『北海道武蔵女子短大紀要』三)。

(73)『寛政重修諸家譜』第一一、二〇七頁。

(74) 建武四年八月五日付尊氏下文(『大日本史料』六―三、三五〇頁)、ただしやや疑うべきものありとされている。

(75)『日本史料集成』二一〇頁。

(76)『寛政重修諸家譜』第一一、二〇七―八頁。

(77)「本多家記事」(『岡崎市史』第二巻、三二一頁)。

(78)「君家名義」、同前三三〇頁。

(79)『寛政重修諸家譜』第一一、二五九頁。

(80) 大口喜六『国史上よりみたる豊橋地方』二三〇頁。

(81)『寛政重修諸家譜』第一一、二七七―八頁。

(82) 上宮寺「乗槃雑録」。

(83)『寛政重修諸家譜』第一一、二九〇―一頁。
(84)同前第八、三三七―九頁。
(85)大樹寺文書「先」。
(86)中根氏系図（岡崎市郷土館所蔵）。中根系図は多様で、寛政譜所収のものも相互関係ははっきりしない。
(87)『寛政重修諸家譜』第一一、三三九―四〇頁。
(88)同前第三、二頁。
(89)『東寺執行日記』（『愛知県史』別巻、二六八頁）。
(90)『応仁記』（『群書類従』二〇輯）。
(91)「譜牒余録」一、『岡崎市史』別巻上、二〇八頁。
(92)菅生安藤氏文書、同前二三六頁。
(93)浄妙寺文書。
(94)『寛政重修諸家譜』第一三、一八二―三頁。
(95)煎本増夫「徳川氏譜代部将の創出過程」（『駿台史学』二三）。
(96)『朝野旧聞裒藁』。
(97)池上年『岡崎市の石造文化財』三四―五頁。
(98)『寛政重修諸家譜』第二、一頁。
(99)大樹寺文書「天」、享禄四年十二月十五日付井田与十郎信孝田地売券。
(100)同前、天文十六年二月十日付酒井九郎兵衛尉康家田地売券。
(101)大樹寺文書「地」、天文十七年二月五日付酒井康家田地売券。
(102)同前、天文十九年二月二日付いた九郎兵衛田地売券。
(103)大樹寺文書「天」、享禄四年十二月二十三日付井田五郎左衛門頼久、同八郎二郎頼次連署売券。
(104)同前、天文九年一月十九日付井田宗衛門玉泉、同与次信正連署売券。

(105) 中村孝也『家康の臣僚』四五一頁。
(106)『士林泝洄』一（『名古屋叢書続編』一七）三四―六頁。
(107)『岡崎市史』第七巻、三一一―二頁。
(108) 同前、三一二―三頁。
(109) 同前、三〇九頁。
(110)『寛政重修諸家譜』第一八、九七―八頁。
(111) 妙源寺文書。
①享禄四年五月三日付平岩膳《（マママ）》七郎母おたつ寄進状（坂《（戸）》上後田一反五〇〇文）
②天文四年十月十四日付売券（第11表の5）
③同日付売券（第11表の6）
④同日付売券（第11表の7）
⑤天文四年十二月二十九日付売券（第11表の8）
⑥天文六年七月十五日付平岩平三郎信康寄進状（大鳥居道より北田一反八斗目）
⑦天文七年三月二十二日付売券（第11表の10）
⑧天文九年十一月四日付平岩甚二郎信忠寄進状（西□畠六斗目）
⑨天文九年十二月五日付池端平岩甚三郎重元寄進状二通（四カ所七反）
⑩天文十二年十二月二十日付寄進状（第11表の14）
⑪天文十五年十月一日付平岩藤五郎清忠寄進状（おつさか畠一反七〇〇文）
⑫天文十六年七月十七日付平岩彦六郎・源三連署寄進状（富永田二反一石目）
(112)『寛政重修諸家譜』第四、一二九頁。兎の吸物献上は恒例として近世初期まで行われたというが、「古老聞書」はこれを永享の頃天野遠畤が松平郷に進めたことにはじまるとし、林氏は御謡初のふきのとうを献上したとしている。
(113)『寛政重修諸家譜』第一三、一八三頁。

(114)『寛政重修諸家譜』第五、一七八―九頁。
(115)大樹寺文書「天」、永正十五年八月九日付大樹寺宛植村入道安忠寄進状。
(116)同前、大永元年十月六日付植村入道安忠売券・寄進状。
(117)同前「先」、永正十七年十月十日付太雲書状。
(118)岡崎市北本郷神明社「重代記録」。
(119)天文六年十月二十三日付千松丸広忠書状(『朝野旧聞裒藁』)。
(120)『寛政重修諸家譜』第一四、一八九―九〇頁。
(121)『士林泝洄』一(『名古屋叢書続編』一七)、二三七―八頁。
(122)文亀三年十二月三日付明眼寺宛天野清右衛門忠末寄進状(妙源寺文書)、天文五年閏十月二十六日付浄珠院宛松平氏奉行衆七人連署状(浄珠院文書)、天文二十四年五月六日付淵上大工小法師宛松平氏奉行衆五人連署安堵状(菅生安藤氏文書)、弘治三年十一月十一日付浄妙寺宛松平氏奉行衆七人連署安堵状写(浄妙寺文書)。
(123)以下三通の文書は現在所在不明で、浄珠院には写のみある。ここでは『岡崎市史』第三巻、三二一頁(イ)、同別巻上、二三二―三頁(ロ)、同書一八六―七頁(ハ)の写真によった。
(124)所理喜夫「幕藩権力の生成と農民闘争」『史潮』一〇四。
(125)大樹寺文書「門」、天文十一年六月付大樹寺宛松平蔵人佐信孝寄進状。
(126)『寛政重修諸家譜』第一所収の小栗系譜では、松平郷松平が筒針城主小栗氏の養子となったとして、松平一族中に加え(二三八頁)、別に平姓で常陸より三河へ移住した小栗氏をあげている(第八、三六〇頁)。両者はおそらく同一のものであろう。
(127)妙源寺文書、天文十二年十二月二十日付小栗三郎五郎忠親・平岩惣衛門貞政連署寄進状。
(128)『寛政重修諸家譜』第四、一三九頁。ただし石川清兼・家成譜には記載はない。
(129)大樹寺文書「天」、天文二年二月十四日付上田源助了然(カ)・宗太郎清房連署寄進状。
(130)同前「地」、天文十五年二月十日付上田七郎兵衛尉元成・宗太郎清房連署寄進状。
(131)同前、天文十五年十二月七日付大樹寺納所宛(上田)元成書状。

(132)「阿部家夢物語」の「御きうたい」を『朝野旧聞裒藁』は信孝・康孝兄弟と解しているが、広忠還住をめぐる信孝の動きからみて、信孝は広忠派の動きをよく承知していたと思われる。
(133) 大樹寺文書「玄」、年月日欠(古井)百姓中申状。
(134)『岡崎市史』第七巻。
(135)『朝野旧聞裒藁』。
(136) 大樹寺文書「先」。
(137) 同前「天」、享禄五年十二月三日付大樹寺宛井口彦左衛門畠売券。
(138) 大樹寺文書「天」、天文三年十一月二十七日付中根弥五郎重次売券。同「地」、天文十七年十二月十一日付大樹寺鎮誉宛井口宗訓売券、同十九年二月二日付いた九郎兵衛(酒井九郎兵衛尉康家)売券。
(139) 大樹寺文書「先」。
(140) 田原伝法寺文書、永正十七年八月二日付神戸青津こうしんあん田地売券(『大日本史料』九―一二、九九―一〇〇頁)。
(141)『朝野旧聞裒藁』。
(142)『岡崎市史』矢作史料編。

第四章　今川領国三河の支配構造

第一節　今川義元の三河支配

桶狭間合戦以前の一〇年間、三河一国はほぼ今川義元の領国であった。たとえば義元制定と目される「仮名目録追加」付載の訴訟条目[1]一三ヵ条の第一条は次のようにいう。

一　毎月評定六ケ日。二日、六日、十一日者、駿遠両国之公事を沙汰すべし。十六日、廿一日、廿六日は、三州之公事を沙汰すべし。但半年は三州在国すべきの間、彼国にをひて諸公事裁断すべし。

訴訟条目は天文二十二年（一五五三）二月二十六日に「仮名目録追加」が制定された前後に定められたとされている。[2]ここで明らかに三河支配を表明しているにもかかわらず、今川支配下の三河に関する研究は皆無である。それは戦国大名今川氏の研究自体が遅れていることにもよろうが、同時に、従来の三河あるいは松平（徳川）氏研究が、近世以来の松平中心史観の延長線上に進められてきたことの現れであろう。それ故、『三河物語』の記す今川支配下の松平家臣団の苦難を強調することで後代の栄光をより大きく浮び上らせる記述とか、徳川家康の領国支配体制における今川領国継承の側面を観過して一向一揆に勝利して戦国大名となったなどの見解が横行してきたのである。

訴訟条目にいうごとき義元の三河在国の徴表はない。しかし、新征服地三河を重視し、きたるべき上洛の根拠地として堅固に掌握しようとしたことは条文から窺うことができる。そこで本章では三河における義元文書を基礎として、今川領国としての三河の支配構造を究明する。その目的は、桶狭間合戦後に家康が入手した三河支配の体制を確定することにある。なお三河は駿遠を領国化した後の新征服地であったから、駿遠で行われた諸政策が圧倒的な軍事力を背景に、より純粋な形で施行されたと推定される。したがって今川の三河支配体制の研究は、駿遠支配とそれを基盤とした戦国大名今川氏の権力構造の問題に直接関連していくものであるが、本稿の目的および今川氏研究の現状の制約から、以下では特に必要なければ言及しないこととする。

まず今川義元の三河一国支配完成の過程を概観しておこう。今川氏の三河経略は義元の父氏親よりはじまる。氏親は明応末年以来三遠国境で田原戸田、一色のち今橋（吉田）牧野氏らと接触してこれを支配下に収め、永正初年には矢作川西岸に進出して松平氏と戦っている。これ以後東三河諸氏は今川与力となり相互に対立を続けるが、今川氏親・氏輝時代には直接三河に出兵することはなく、専ら遠江の安定工作に尽力していたが、天文初年にいたって清康の活動に刺激されたごとく、東三河に触手を伸ばしはじめる。天文四年に、今川の将野々山光家は小松原（豊橋市）東観音寺宛に、末寺細谷幸福寺の不入寄進の旨を伝えている(3)のはその現れといえよう。

三河一国を席捲した松平清康死後の家督争いと、それに乗じた織田信秀の三河進出が相続間もない義元を三河へ進出させる条件となった。守山崩れ直後の織田勢侵入は撃退したものの、織田・桜井松平連合の圧力のため岡崎城を退出して伊勢・遠江を流浪した松平広忠は、やがて駿府に赴いて義元を頼り、天文六年六月にいたってようやく岡崎へ帰ることができた。これは今川氏の後援によるものであり、以後松平氏は義元に臣従したとみてよい。織田信秀の西からの強圧と家督をめぐる庶家との抗争を乗りきる唯一の方法がこれであったわけで、義元からみれば西三河進出の手掛りができたということになる。

広忠時代の今川・松平の被官関係の実態を復元することは、意識的に改変された現存の史料からは困難であるが、広忠帰城後の両氏の動向から若干の事実は知られる。天文九年六月、織田信秀は矢作川西岸における松平勢力の最大拠点安城城を陥落させ、川西はほぼ織田の勢力範囲となった。佐々木の松平忠倫は信秀に降って、矢作川西岸の渡・筒針に砦を構えた。また家臣・一族内部では広忠復帰の功労者と旧桜井方が対立して、大久保忠俊・阿部大蔵・石川清兼・酒井政家らと酒井左衛門尉・大原左近右衛門・今村伝次郎らの権力争いがおこり、敗北した酒井らは信秀に心を寄せた(4)。松平の窮迫は即ち織田の勢力伸展に連なるものであるから、義元としても捨てておけなかったのであろう。天文十一年八月軍を発して岡崎の東生田原《しょだ》にいたった。信秀は矢作川を越えて出撃し、両軍小豆坂で遭遇したが戦闘は今川方に利あらず、義元は岡崎城を経てまもなく駿府に帰り、信秀も安城へ引き上げた。この戦いの詳細は明らかではないが(5)、織田に対抗するためには、松平氏はどうしても今川の後楯が必要であることを確認したといえる。

この点は松平信孝追放事件でも同様である。広忠復帰に功あった叔父信孝の強大化を恐れた年寄衆は、天文十二年正月に広忠代理として駿府参賀中の信孝の所領を奪取した。信孝は義元を頼って所領回復をはかり、義元は年寄衆を召喚して調停をはかったが、年寄衆の意志が堅いため調停を諦め、結局信孝は織田方に奔った(松平記)。今川・織田に挾まれた弱少の松平の内訌は、両氏のどちらかと結ぶことでしか解決できず、宗家が今川氏服属を明確にしている以上は、反対派は織田に通ずる以外の途はなかったのである。それは松平にかぎらず、戸田・牧野・菅沼・奥平・水野らの三河国人衆に共通するところであった。天文十二年七月に家督を継いだ刈谷の水野信元が、今川から離れて織田についたのも同様の事態における撰択の一つであった。これにともない広忠が信元の妹である室於大を離別して田原の戸田宗光の女真喜を娶って今川氏へ服従の態度を示したのは、今川の後援をうけなければ織田に抗しえない状況であったからである。水野信元の織田帰属によって、矢作川西岸の碧海・幡豆郡は完全に織田方となった。広忠が天文十四年九月安城、十五年九月上野と出陣しているのは、一応自力で矢作川西岸の回復をめざしたものであろう。とくに上野の酒井忠尚を降伏させたのは、対織田作戦を有利にする転換点となるかにみえた。

ところが天文十五年冬に東三河の情勢が急変する。遠江乾城主天野安芸守景泰(6)を将とする今川勢は、松平氏からの援兵と共に戸田金七郎宣成の拠っていた吉田城を攻撃し、十月にこれを陥落させた。戸田氏は当時本城田原と吉田・二連木城を擁し、渥美郡から宝飯郡南部へ勢力を伸展させていたが、十六世紀初頭以来今川氏への服属関係はかわらず、この時期に特に攻撃をうける理由は伝えられていない(7)。あるいは戸田氏に内訌がおこり、織田に通ずる者があらわれたのであろうか。吉田に近い二連木の戸田宣光が攻撃されていないことが一つの証拠になろう。吉田城入手によって今川の三河進出の拠点ができ上り、翌年には雪斉崇孚が前線司令官として吉田へ入っている。

天文十六年になると織田方の岡崎攻撃の準備がすすみ、松平氏は苦境にたった。松平信孝は山崎に新城をきずき、同忠倫は上和田に進出して、信秀と呼応して岡崎を攻める体制を整えた。この危機を克服するため広忠は義元に来援を望み、人質として子竹千代(後の家康)を送ったが、途中で戸田宗光・堯光父子に奪取されて信秀へ渡されてしまった。戸田氏は織田方の旗幟を鮮明にしたわけである。竹千代を入手した信秀は広忠に服属を勧誘したが広忠はこれを拒否した。すでに信孝が織田方にある以上服属は不可能であったわけである。

反今川であることが明らかになった戸田氏に、天文十六年秋雪斉崇孚・天野景泰を主将とした今川軍の猛攻が加えられた。九月五日田原城は陥落して戸田宗家は滅亡、渥美半島一帯は今川支配下に入り、吉田・田原には城代がおかれた。この九月信孝は渡河原で広忠の兵を破り、松平氏の危機は深刻化したが、上和田の忠倫を暗殺することでどうにか回避することができた。

天文十七年三月、織田信秀は安城城に入って戦備を整え、義元はまた雪斉・朝比奈泰能を将として軍勢を送った。三月十九日再度小豆坂で両軍は激突、今川方有利に展開し、信秀は安城へ退いてやがて尾張へ帰り、岡崎城に入った今川勢もまもなく引き上げた。広忠は四月十五日の明大寺耳取縄手の戦いで信孝を敗死させ、さらに十一月には信秀に通じた山中城の松平重弘を追放したことによって、松平氏の危機は一応去った。

しかし最大の危機は翌春に到来した。天文十八年三月六日、広忠は近臣岩松八弥に刺殺された。嗣子竹千代が信秀の手にあるため松平家臣団は向背に苦しんだが、広忠の死を聞いた義元は直ちに雪斉・朝比奈泰能を派して岡崎城を占拠させた。松平氏は当主と本城の双方を一時に失い、西三河は刈谷・西条および碧海郡北部から加茂郡にかけての地以外は、ほぼ今川領国に組み込まれた。同年十一月安城城は今川・松平軍の猛攻を支えきれず開城した。守将織田信広と竹千代が交換され、松平氏は義元の庇護下に存続することとなったが、竹千代は人質同様の身で駿府にあり、松平家臣団は解体・再編されて今川氏に頤使されることとなった。先出の訴訟条目の背景にはこのような事態があったのである。

こののちも西三河各地で今川勢の作戦行動がみられるが、その支配は動揺することはなく、弘治二年には信秀に通じた西条の吉良義昭を追って牛久保の牧野成定を城代に入れて支配地域の拡大をすすめていた(8)。そうして天文十七年より、駿河に進められていた政策による三河領国化が進展していくのである。それは一口でいえば、義元上洛の前線基地づくりであったといえよう。

第二節　今川領国三河の特質

今川支配下の松平家臣団の状況を『三河物語』は次のように記す。

去程に、御年七歳寄御十九迄、駿河に引被付サセ給ひて、其内は御フチ方斗之アテガイニシテ、三河之物成トテ少モツカハサレ候事弄《ナラズ》シテ、今河殿之不被残押領シテ、御普代之衆は、十ヶ年余御フチカタノ御アテガイ可被成様モアラザレバ、セメテ山中二千石余之所ヲ渡シテモクレ去《ザル》歟、普代之者供ガ餓死ニ及テイナレバカレラニセメテフチカタヲモクレ度ト被仰ケレ供、山中二千石サヱ渡シ候ハネバ、何れも普代衆、手作ヲシテネング石米ヲナシテ、百将(姓)同前ニ釜(鎌)・クワ(鍬)ヲ取、妻子ヲハゴクミ、見(身)ヲ扶《タスケ》、荒レヌ成ヲシテ、誠に駿河衆ト云バ気を取、敗《ハイ》ツクバイ、折拘《カガミ》て、髃《カクノホネ》・見ヲスクメテ俗《ヲソレ》ヲナシテ有《アリ》(歩)ク事モ、若何成事ヲモシ出テカ、君之御大事にも成モヤセント思ひて、其耳斗に各々御普代衆、有ニアラレヌ気伻《キツカイ》ヲシ趨廻《ハシリメグル》。

これは松平家臣達の辛酸を示すもので、[9] 知行や扶持を奪われた松平将士の窮乏を示すが、譜代の手作が非常事態における臨時措置であるとすれば、彼らは在地給人としての性格をもちながらすでに直接の農業経営から遊離した専門的戦士であり、それ故に強固な主従関係が成立しえたと理解されている。[10] 概略その通りであるが、それだけでは当時の松平家臣団のあり方や今川領国としての三河の状況を正確に伝えたことにはならない。『落穂集』は義元が岡崎の家老衆に対し、竹千代成人までは「岡崎領の義、一円に義元より取斗ひ可被申」、家老や一門は駿府に滞在して軍役を勤め、岡崎城には今川の部将を在番させるので鳥居忠吉のみが残って郷村の仕置をするよう申し渡したと伝えている。[11] 両書の記事から義元には三河支配の基本方針があったことが読みとれるが、その内容を文書によって検討してみよう。

第16表は三河に関係する義元文書の管見の範囲での一覧表であるが、ここから次の諸点が知られる。

(1)　義元は新征服者として三河一国の行政権を掌握し、三河守護としての立場に立っている。

(2)　三河支配の進展とともに本領安堵・社寺領の安堵寄進を行っている。

(3)　三河の検地を行い、百姓前直納体制を創出している。

(4) 支城在番制をとり、「領」を設定している。

(5) 松平家臣団の解体・再編を行っている。

(6) 交通制度の整備に努めている。

まず、(1)と(4)をみてみよう。第16表で知られるように、守護使不入とか不入・諸役免許を記すものが非常に多い。それも大樹寺にたいし前々の如く守護使不入といい（第16表の文書15）、東観音寺に旧規のごとく守護使不入、郡代・奉行人の綺禁止（文書26）というがごとく、戸田・松平とはことなって、守護権限によって安堵を行っている。[12] 大樹寺は創建以来松平氏によって不入を保証されていたであろうが、守護の不入状は存在しないし、東観音寺も同様である。[13] 今川氏が三河守護に補任されたことはないから、これは駿遠守護としての公権の拡大適用ということができよう。

駿遠守護公権の拡大という方法で今川領国化しえたのは、勿論軍事的征服が先行していたからであるが、それを効果的に貫徹するには一国的規模での支配体制の再編が必要であった。牧野・菅沼のように早くから今川被官化していた国衆は、いち早く本領安堵がなされて今川家臣としての地位が確定したであろうが、旧戸田領と松平領では若干異なる方針が採用された。戸田は義元に滅ぼされたのであるから、戸田旧臣や在地小領主層を新たに家臣団に編成することは容易であったし、戸田氏がかつて保持していた諸職を継承することによって今川領国化を推進する条件は入手できた。ところが松平領の場合は、人質的扱いとはいえ松平宗家は存続し、家臣団もそのままであった。そこで松平宗家を今川直臣の一員とするが、竹千代成人以前においては今川氏の直接支配が貫徹

第16表　三河における今川義元文書

文書番号	年月日	発給者	受給者	所在地	内容〔備考〕	所在(出典)
1	天文12・10・15	今川義元	東観音寺	豊橋市	禁制	
2	15・6・15	〃	長興寺、竜門寺、伝法寺	田原町	〃	長興寺文書
3	17・2・15	〃	本田縫殿助(康俊)		本領安堵	摩訶耶寺文書(静岡県史料)
4	17・9・21	〃	東観音寺正頓		寺移転安堵、門前漁船守護使不入	
5	17・11・19	〃	太平寺	豊橋市	〃　(新寄進)	
6	(天文17?)8・23	〃	竜門寺	田原町	寺領新寄進	
7	18・7・7	雪斉崇孚	太平寺		寺領目録	
8	18・9・10	雪斉等4人	無量寿寺	西尾市	禁制	
9	18・9・12	〃3人	無量寿寺		〃	
10	18・12・9	今川義元	桐岡院船形寺学頭坊	豊橋市	寺領安堵、不入	普門寺文書
11	18・12・19	〃	普門寺	〃	寺法定書	
12	(天文18?)3・12	〃	長興寺隆興軒		寺領安堵	
13	(〃18?)11・29	朝比奈泰能・雪斉	魯耕鎮誉(大樹寺)	岡崎市	〃　不入之地	
14	天文19・5・9	今川義元	篠原永沢寺	豊田市	禁制	
15	19・6・13	〃	大樹寺方丈		寺領安堵、守護使不入	
16	19・10・8	〃	真如坊(財賀寺)	豊川市	白山先達安堵、領	
17	19・10・10	〃	大樹寺		禁制、門前諸役免除	
18	19・10・10	〃	大樹寺方丈		寺領安堵、代官改替	
19	19・11・8	〃	牧野出羽守		財賀寺領安堵、不入地	
20	19・11・9	〃	桜井寺	額田町	白山先達安堵	
21	19・11・9	〃	長田喜八郎	碧南市	松平竹千代知行大浜上之方神田還付	
22	19・11・25	〃	林二郎兵衛	豊川市	八幡惣社領内屋敷三間諸役免除	
23	20・2・19	〃	円通寺	豊橋市	寺領寄進（一一・五貫文）	

24	天文20・5・7	今川義元	本田縫殿助(正忠)		本領安堵(百姓職)舟役免除	摩訶耶寺文書
25	20・6・21	〃	祥哲(大樹寺)		訴訟裁許	
26	21・2・17	〃	東観音寺学首座		寺領安堵、守護使不入、郡代奉行人綺禁止	
27	21・8・6	〃	本田縫殿助(正忠)		本領安堵	摩訶耶寺文書
28	21・9・4	〃	慶雲寺	田原町	寺領安堵	田原近郷聞書
29	21・11・晦	〃	富賀寺大坊	新城市	〃	
30	21・11・晦	〃	富賀寺御僧中		〃　(一三町)、検地本増共寄進、諸役不入	
31	21・11・晦	〃	満性寺	岡崎市	禁制(寺領安堵、不入、諸役免除、陣取、催促使不入)	
32	22・10・21	〃	是正(竜門寺)		紛失状	
33	22・10・21	〃	法蔵寺	岡崎市	寺領安堵(六〇俵)、天文二十年四月六日新寄進判形、奥平監物訴訟認めず	
34	23・10・11	〃	上宮寺	〃	野田西円寺領安堵(公方年貢、不入、諸役免許、竹木)	田原近郷聞書
35	23・10・25	〃	畔田惣五郎	豊橋市	知行宛行、増分申出、百姓前	東観音寺文書
36	23・11・2	〃	鎮誉上人(大樹寺)		禁　制(寺領等不入)	
37	23・11・3	〃	長興寺		寺領安堵	
38	弘治元・1・晦	〃	桜井寺		白山先達職安堵、平居領、検地、津領、不入、諸役免許	
39	元・2・22	〃	船形寺梧桐院		学頭職安堵、百姓被官	
40	元・10・16	〃	戸田伝十郎		所領宛行(月谷郷)	杜本志賀文書
41	元・⑩・7	(〃)	無量寿寺		禁　制	
42	元・11・3	今川義元	東高山長仙寺	田原町	裁許状(新寄進、諸役不入、段銭・棟別免、守護使停止)	
43	2・2・3	〃	戸田伝十郎		軍費献上を賞し、所領宛行(下条郷)	杜本志賀文書
44	2・2・17	〃	大恩寺寂誉上人	御津町	寺領寄進(六町九反、一八・六貫余)、牧野民部丞、新寄進、不入	三川古文書
45	2・2・18	〃	真如院(財賀寺)		牛久保領白山先達職安堵	
46	2・2・27	〃	三　明　寺	豊川市	寺領安堵、寄進(一五反余、八反新寄進、不入)	
47	2・2・28	〃	(隣松寺・常楽寺)	〃	寺領安堵、新寄進(一一・八貫、米七・五石)、牧野民部丞逆心	三川古文書
48	2・2・28	〃	牛久保若一王子	豊川市	神領新寄進(牧野民部丞寄付分五八文)	〃

文書番号	年月日	発給者	受給者	所在地	内容〔備考〕	所在（出典）
49	弘治2・3・1	今川義元	妙厳寺	豊川市	寄進	
50	2・6・21	〃	大仙（泉）寺俊恵蔵主	岡崎市	紛失状、不入、〔六月二十四日付元信安堵状〕	
51	2・10・24	〃	林次郎兵衛		百姓職安堵状	
52	2・10・24	〃	桜井寺		白山先達職安堵、領	
53	2・12・5	〃	菅沼十郎兵衛尉 同　八右衛門尉	新城市	知行宛行、切符、三人扶持	三川古文書
54	3・2・6	〃	桜井寺		白山先達職安堵	
55	3・5・8	〃	永沢寺	豊田市	寺領安堵、増米寄進	
56	3・5・8	〃	〃		禁制	
57	3・7・23	〃	小島源一郎	岡崎市	本領安堵（蓬生分）、陣番、形原与力、諸役なし	
58	3・9・28	〃	西光寺、東山寺	田原町 渥美町	不入、棟別、人足免許	田原近郷聞書
59	3・10・9	〃	三浦左京亮		西尾在城の功を賞し、所領宛行	
60	3・11・15	〃	畔田三郎兵衛	豊橋市	代官職、所領安堵、切符、百姓職	東観音寺文書
61	3・12・13	〃	正　運（宝林寺）	〃	住持職安堵	
62	3・12・14	〃	日蔵院（普門寺）		寺領安堵	杜本志賀文書
63	永禄元・4・12	〃	松平次郎右衛門		感状、知行宛行（寺部一〇〇貫文）	古文書集
64	元・7・18	〃	全久院	豊橋市	寄進、祈願所、禁制、諸役免除	諸州古文書
65	元・8・16	〃	御油次郎兵衛尉		伝馬掟書	
66	元・8・26	〃	崇福寺		寺規を定む	
67	元・8・晦	〃	法光寺	西尾市	寺領安堵、寄進（七貫文）、増分、諸役免許	
68	元・9・4	〃	竜溪院	岡崎市	寺領安堵	諸州古文書
69	元・9・20	〃	伝法寺		寺領末寺安堵、棟別諸役免許	
70	元・10・18	〃	全久院		寄進、諸役免許	参州戸田文書
71	2・2・16	〃	法蔵寺教翁上人	岡崎市	増分寄進	
72	2・5・23	〃	桜井寺		白山先達職安堵	

73　永禄3・3・18　今川義元　小島源一郎　岡崎市　裁許（検地、粟生氏）

＊所在（出典）は受給者に現存しないもののみ記した。○内の数字は閏月をあらわす。

するという二段階の政策が実施されたのである。その場合『三河物語』のいうところは、松平宗家の所領を完全に義元直領とし、松平より家臣への給恩の大部分は否定する政策がとられたことを示すものであろう。この結果、松平宗家領の公方年貢徴収権のすべてと名主得分収取権の大部分は義元に帰し、家臣へ恩給されていた公方年貢徴収権および名主得分権を内容とする「扶持」は否定され、しかもその上に本領地に対する守護役が賦課される体制になったのではなかろうか。

天文十七年義元は宝飯郡伊奈の本田縫殿助康俊に本領安堵を行った（文書3）。

参河国知行分之事

一所伊奈

一所前芝湊并湊役東西南北、傍示如前々

一所渡津　平井村船役

以上

右年来任令為知行之旨、所充行所也、此上於抽忠節者、重而可加扶助者也、仍如件、

天文十七

二月十五日　　義元（花押）

本田縫殿助殿（康俊）

このの ち本田正忠は天文二十年五月七日に「参河国奥郡神戸郷南方名職之事、右如前々公方年貢等令取沙汰、百姓職永可勤之、并船二艘之事、別而云奉公云先判、不準自余、諸役舟別等不可及其沙汰者也」と名職安堵と舟役免許を与えられ（文書24）、さらに二十一年八月六日には「参州奥郡当知行加治之事、右用脚棟別等如年来免許畢、并於神戸之内相拘名職之儀、如前々年貢令納所永可相拘者也」と安堵状をうけ（文書27）、これらを総括して「伊奈本田知行中」と把握されるにいたっている（文書52）。

右の経過からみると義元は、戸田氏討滅後在地の職の重層体系による土地支配体制をそのまま承認しつつ本領安堵と新恩給付を行ったのであり、本田氏の場合、神戸郷における公方年貢上納義務はそのまま存続していた。同郷は文字通り伊勢神領であり、公方年貢収取権者は伊勢神宮であったから公方年貢徴収権は移動しなかったのであろうが、戸田氏が有した諸職はすべて今川所領とされたことであろう。

本田氏のような国人領主と小領主とでは若干状況がことなる。

参州田原忠節以来宛行万疋同陣夫弐人之事

右今度高師郷増分五拾貫申出候処、本増共定納ニ百姓令請納之、並野依増分自来卯年七拾貫言上、是又忠節候条、於高足郷為定所扶助也、惣別為定書置切符之事者雖令停止、是者今度忠節分書置之間、相替于自余別而所申付也、然者無損毛之沙汰、自当年毎年万疋自百姓前可請取者也、仍如件、

天文廿三　十月廿五日　治部大輔（花押）

畔田惣五郎殿

（文書35）

畔田氏は寛正二年（一四六一）に東観音寺本堂を修繕し、高師やその周辺に畔田氏の城址とか館址と称するものもあるので、(14) 同郷居住の小領主で戸田氏被官であったが、吉田落城後は今川に従って本領を安堵されていたのであろう。そうして天文十七年の東三河検地以後に、「仮名目録」第一条に基づいて高師・野依郷の増分を申し出て、名主職は入手できなかったものの年貢増徴の功を認められて代官となり、知行を給されたものであろう。弘治三年の義元宛行状（文書60）では「野依郷御代官同百姓職」とあり、「百貫文陣夫二人、於当郷中新船三艘同網参張」を宛行われている。

このような戸田旧臣に対すると同様の措置が松平家臣にも適用されたかどうかは明らかでないが、僅かながらそれを窺わせる史料はある。

松平竹千代知行大浜上宮神田事

右先年尾州岡崎取合之刻、対広忠令無沙汰之条、彼神田召放、依忠節自去年出置之云々、然相当之神役可支配之、若先禰宜雖企訴訟一切不可許容之者也、仍如件、

天文十九

十一月十九日

治部大輔（花押）

長田喜八郎殿

（文書21）

大浜（碧南市）熊野社の先禰宜は織田方に属して広忠に敵対したので、広忠は所職を没収して長田に給付した。

義元はそれを確認して安堵状を出したのであるが、これからみて松平氏旧領においても基本的には戸田家臣に対すると同様の処置がとられたと考えられよう。なお大浜にこの時期「松平竹千代知行」があることは注目すべきであるが、これが今川領国の全期間を通じて保持されたかどうかは疑わしい。(15) このほか弘治二年に小島源一郎は本領を安堵されて「形原与力」と定められているから（文書57）、義元による本領安堵は松平家臣にたいしても行われたわけである。

この安堵は『松平記』が記す松平家臣団の解体再編と平行して行われたはずであり、

竹千代殿駿府に御座候間、三河衆半分は皆今川殿へ出仕被申、殊に一門の中にても一分を被立し人々、大給和泉守殿・酒井将監殿・同左衛門尉殿・桜井内膳殿などは、皆在府被成候、

とあるように、「一分を被立し人々」と目された有力家臣は単なる人質的存在としてではなく、松平宗家と肩を並べる今川直臣として駿府在番が要求されたのであろう。弘治元年の尾張蟹江城攻めは大給松平の親乗が主将であり、翌年酒井忠次は宇幾賀井（福谷《うきがい》）砦の守将として織田勢と戦い、酒井忠尚は上野城の守将であった（松平記）。また桜井松平の監物家次は永禄元年尾張品野城の主将として織田勢と戦い、(16) 能見松平の次郎右衛門重吉は永禄二年の寺部城鈴木日向守攻撃に初陣の家康の勢にあって奮戦し、「息半助、同被官名倉遂討死」げたので、「年来別而奉行之筋目令言上候之間、於寺部領内百貫文之地令扶助畢」と義元より新恩をうけている（文書63）。右のほか史料的には明らかではないが、形原・竹谷の両松平家も同様の扱いであったようである。(17) このように本領安堵をうけて今川直臣化した松平家臣は、宗家家臣と共に三河諸城におかれた今川氏の城代に統轄されて軍役を勤め、

平時はその支配下におかれたのであろう。

今川義元の三河支配体制の根幹には、吉田・田原・岡崎・西尾等の諸城におかれた城代があった。城代のうち最も早いものは天文十五年十月に陥落した吉田城におかれた天野景泰であろうが、これは軍事的性格の強いもので、翌年九月田原攻めの主将となり、さらに十八年には安城攻めに加わって西進しているから、ここでいう今川権力の執行者としての城代とするには問題がある。ここでいう意味の城代として最初のものは、天文十六年の吉田神社神輿棟札[18]に姿をみせる吉田の雪斎崇孚であろう。雪斎は文書7の太平寺寺領目録の署判者であるから、天文十八年七月頃まで同城にあって三河の軍事行動の総指揮をとり、あわせて検地を開始するなど行政の総責任者であったのであろう。この後天文十九年には城代朝比奈筑前守輝勝、奉行衆として岡部出雲守輝綱、小奉行人として多喜良知・守秀・守貞の名が知られ[19]、さらに、伊東左近将監祐時を経て、小原肥前守鎮実（資良）にいたっている。

田原城の落城直後は不明であるが、天文十七年五月以後永禄八年にいたるまで朝比奈肥後守元智が城代であった。もっとも永禄四年の岡部石見守輝忠文書があるから、一時期交代があったとも考えられるが[20]、また吉田城のように城代―奉行の体制であったかもしれない。

岡崎城代については諸説ある上に発給文書が見当らないので判然としないが、天文二十二年三月十七日付桜井寺宛酒井与四郎清秀と阿部大蔵定吉との書状[21]から糟屋備前守・山田新右衛門尉景隆の二人が知られ、さらに田中次郎右衛門もその任にあった事があり、義元上洛の頃は三浦上野介義保・飯尾肥前守顕茲が在任していたらしい[22]。

ただし岡崎の場合は前出書状にみられるように、奉行は松平家臣であったようである。

右の三城には今川氏の入国より後退にいたる全期間を通じて城代がおかれたらしいが、その他一時的なものとして安城・西条があった。安城城は天文十八年十一月九日開城するが、その後しばらく天野景泰・井伊次郎直盛が在城した。(23)もっともこれは一時的な軍事上の理由らしく、今川氏の政治工作の手が尾張に伸びて国境地帯が安全になると廃止されたらしい。西条城には弘治二年より暫く牧野貞成がおかれていた。

城代の職務はまず治安維持と家臣団や農民の監察であっただろうが、そのほか給人・社寺等からの申立の取次と訴訟の裁断、さらには城付知行地としての「領」の検地と年貢・守護役の徴収、軍需物資や兵糧の調達と備蓄等が考えられよう。このうち申立の取次の例では、天文十七年と推定される朝比奈元智書状に、田原長興寺領について「就今度一乱、大窪長興寺之儀退転候条上様御訴訟有、急度之由尤存候、拙者無如在可致馳走候」とあり、(24)訴訟裁断の例では桜井寺領の山の木材伐採についての桜井寺の訴訟を岡崎城代が裁断したものがある。(25)また弘治三年二月六日付の桜井寺の白山先達職に関する義元安堵状には、牛久保領中の先達職に関する財賀寺と桜井寺の争いについて、「去年十二月二日双方遂裁断之処、桜井寺申様無余儀段、於牛久保朝比奈摂津守、伊東左近将監、長谷川源左衛門尉等聞届付、桜井寺道理上者、於向後財賀寺競望堅所令停止之也」とある（文書54）。伊東は先述のとおり吉田城代であった。

ところで右にみえる「領」とは何か。右の安堵状第二条に、

一　駿遠之衆、参河内白山先達引来在所之内仁就令居住者、随于在所之例可引之、於其時自駿遠居住之者不

可及異儀、其外作手領、牛久保領之内新地本地、平井領、菅沼織部領中、長沢領中、長篠領、伊奈本田知
行中、鳳来寺門前之門谷分引来云々、永不可有相違之事、

とある。また『落穂集』に「岡崎領」という語もみえている。これらの「領」のうち牛久保領は牧野、長篠領は長篠菅沼、作手領は奥平、平井領は設楽の各氏の所領を示すものであろう。これにたいし長沢領は国人領主の所領ではないようである。長沢には永禄四年まで城番がおかれ、糟屋善兵衛が在城していたから、おそらく長沢松平氏の所領を含む城付知行地があって長沢領とよばれたのであろう。このように「領」は今川家臣の所領と共に城代の支配する範囲をも示したものであろう。したがって今川領国三河は、基本的には渥美半島は田原領、先出の各「領」を除く東三河は吉田領、西三河は岡崎領（のち幡豆郡は西条領カ）に大別され、各城代が大名権力の代行者として守護役と公方年貢徴収を行い、その間に今川家臣の所領や今川氏によって安堵された寺社領が散在したのであろう。先出の守護使不入という場合の守護使は、これら城代をさすものといえよう。

もちろん本田氏でみたように、家臣の本領は諸役免許をうけた排他的所領であったが、それは守護公権を源泉とする戦国大名今川氏権力の埒外におかれたものではなく、検地や白山先達職裁断にみられるような大名権力の貫徹する地域であった。このような状況下において松平家臣団の所領に諸役免許が認められなかった場合には、彼らは軍役と共に守護役、およびかつて松平宗家より恩給されていた公方年貢をも同時に負担せねばならず、さらに検地による新増分の軍役と年貢を負担するとなれば、『三河物語』の記すような事態がおこったのは当然といえよう。この点を史料上で確認することは困難であるが、義元による寺社領安堵と検地の実態を検討すること

でさらに明確な姿が浮び上ってくるであろう。

第三節　安堵と寄進

今川義元の社寺への安堵状・寄進状を検討してみると、(1)三河守護としての立場を明確にしていること、(2)戸田・松平ら旧国人領主の寄進を一定度継承容認していること、(3)検地の進展にあわせて増分の新寄進を行っていること、が知られる。このうち(1)はすでにふれたし(3)は次節で検討するので、ここでは(2)を問題とする。

参河国厚見《渥美》郡七根郷内小松原山東観音寺領之事

右寺務等并門前漁船五艘、任先例為守護使不入地、停止郡代奉行人等之綺、可為寺家進退之旨領掌、永不可相違状如件、

天文十七

九月廿一日　　　　治部大輔（花押）

（第16表の文書４）

東観音寺は行基創建はともかく鎌倉時代以来の古刹で、十四世紀末から十五世紀初めの間に再興され、十六世紀初に真言から臨済禅に改宗した。[26] 戸田氏代々の崇敬厚く、初代宗光のくじ占いの伝承[27]があるが、四代宗光は大永六年六月十八日に「小松原東観音寺者自昔不入之地候間、我等子々孫々可為不入之地候[28]」と不入権を承認し、

天文五年に宗光および吉田城主の橘七郎宣成は、三代政光の寄進にまかせて渥美郡赤羽根関の関銭徴収権を同寺造営料に寄進している。(29) 義元の安堵状は大永の宗光不入状をうけたものであることは明らかであるが、赤羽根関の寄進はうけついでいない。これは「駿・遠両国津料、又遠の駄之口の事、停止之上、及異儀輩、可処罪過」（仮名目録二四条）という個別領主の設置した関所を否定して大名権力に吸収する今川氏の政策が三河においても貫徹しており、赤羽根関そのものが否定されたためであろう。(30) すなわち義元は寺社領安堵にあたって、旧来の諸権利は一応承認しつつも、基本政策に相反する部分は容赦なく切り捨てたのであって、三河国人衆や戸田・松平家臣に対しても同様であったはずである。

義元の寺社領安堵は古代以来の旧刹に限らず、戸田氏ゆかりの長興寺・全久院、松平氏の大樹寺・法蔵寺から真宗本願寺派の末道場にまで及んでおり、新征服地三河の支配体制の早期安定を急いだ様子がしられる。

渥美郡野田郷之内、保井西円寺内幷外屋敷在家四、今方道場家五、(在脱カ、下同) 神戸道場家四、田原道場家参之事、

公方年貢如相定可納所、若於令地検増分出来者、本年貢相当之増分者可令扶助候事、

寄進之事、戸田孫四郎一筆令領掌、是又地検之上、寄進分相当増分可扶助之事、

一四ヶ所道場不入之儀、令領掌事、

一棟別免許之事、

一寺中竹木見伐令停止候事、

右条々諸役已下免許領掌、永不可有相違者也、

天文廿三年十月十一日　　治部大輔　在判

上宮寺

（文書34）

これは上宮寺末の野田道場西円寺への安堵・寄進状であるが、「戸田孫四郎一筆」は次の寄進状(31)である。

渥美郡野田保之内　保井道場不入之事

但　定成年貢之事

米四斗五升　料足　弐百五拾文

但此内二升　河合六郎五郎方へワタシ

麦弐斗九升弐合　七升弐合助大夫方へ渡シ

一寄進申事

米　壱斗八升　麦　壱斗八升

並開麦年貢弐斗

右彼道場於子々孫々末代不入之上者、諸役以下厥煩有間敷所如件、

大永七年丁亥極月　日　　戸田孫四郎

宗光　華押

義元寄進状の公方年貢とは河合への二升と助大夫への七升弐合のことで、おそらく西円寺が名主職を有した分であろう。また寄進分は米麦各一斗八升と開麦年貢の二斗が該当する。二通の寄進状を比較すると、義元は戸田

宗光の寄進したものを基本的に受けつぎながらも、今川領国として、支配体制を再編していったことが知られよう。西円寺と三ヵ所の下道場の「外屋敷在家」を義元は不入・棟別免許・竹木伐採停止しているが、このうち不入は戸田氏よりの継続であるのにたいし、後二者は新たに義元より認められたのである。とくに棟別は戸田氏には存在しなかったもので、段銭と共に大名今川氏の支配を示す課役である。段銭は免除されないまでも棟別をふくむ一切の諸役が免除されたわけである。なお「地検」については次節で検討するが、地検増分は本年貢相当分を扶助するとあるので、西円寺の上納する公方年貢分が増分によって補綴され、米四斗五升、麦二斗九升二合がそのまま西円寺の得分となることを予約したわけである。これは義元からの新恩給付にあたり、社寺に限らず今川家臣化した旧戸田・松平家臣にとっても同様の意味を有したはずである。

安堵・寄進と関係してふれておかねばならないのは、義元文書における不入と諸役免許の内容である。「仮名目録追加」に

惣別不入之事は、時に至て申付諸役免許、又悪党に付ての儀也、諸役之判形申掠め、棟別・段銭沙汰せざるは私曲也、棟別・段銭等の事、前々より子細有て、相定所の役也、別而以忠節扶助するにおいては、是非に不及也。(二〇条)

とあるように、不入と諸役免許にはいくつかの段階があった。これは(A)「別而以忠節」棟別・段銭以下すべての課役を免除されるもの、(B)棟別・段銭の双方または一方は賦課されるが、それ以外は免除される一般的な諸役免許、(C)一般的諸役の一部のみ免除、(D)諸役免除のないもの、の四段階が考えられる。なお第16表によって松平・

戸田に関係の深い寺院ほど広汎な諸役免許をうけていたことが知られる。

同時に考えねばならないのは表にみられる多種多様の課役が不入・諸役免許を認められなかった土地、すなわち蔵入地と相当多くの給人所領には賦課されたこと、したがって今川領国段階の三河農民は、それ以前と比較して被収奪部分が相当増加し負担が強化されたことである。もちろんその一部、たとえば、堤・井溝修復や陣夫役は、今川領国化以前にも個別領主より賦課されていたであろう。しかし棟別・段銭に象徴される今川氏による収奪強化は間違いなく存在した。それは今川氏からすれば検地等の政策と相まって、三河を急速に上洛の発進基地化しようとするものであった。しかし農民の側からいえばそれは負担の増大であり、新しく今川給人化した旧松平・戸田家臣にとっては収奪対象の減少であったことは明らかである。ここに検地と相まって大名今川対給人・農民連合という対抗関係が成立する条件が出現するが、圧倒的な軍事力と給人・農民間の不可避の階級的矛盾のため、容易に顕在化しないままに義元上洛を迎えたと考えられる。

第四節　検地と農民支配

今川氏の三河検地についてはすでに断片的に言及してきたが、本節では領国支配体制という観点から、再度検討を加えてみよう。今川氏の検地は氏親の代の大永四年からはじまるが、本格化するのは天文十年以後であり、天文十・十五・十七―二十一・弘治元―二・永禄元年に駿河、天文二十・弘治二―三年に遠江、弘治二―三年に三河とされているが[32]これは不十分で、三河の検地は第三章二節でみたように天文十八年より開始されている。したがって遠江の天文二十年開始説も再検討される必要があろう。

老津太平寺（豊橋市）に天文十八年七月七日付の雪斉崇孚の花押と「如律令」印文のある寺領目録[33]（第16表の文書7）がある。この前年に義元は「参河国渥美郡大津太平寺領并諸公事等事、右依松源派、以臨済寺同門之好、為末寺為新寄進山林田畠門前在家等寺領員数目録別紙加印判、如年来無相違可被収務」と寄進状を出しているから（文書5）、寺領目録はこれをうけて「加印判」えられたものである。太平寺には戸田四代宗光の大永八年の寄進状と天文五年の不入安堵状、五代尭光の天文十三年の不入安堵状があるが、[34]これには田積等は一切記されていない。したがって義元の寄進状が発されてから太平寺より指出が徴せられ、それをもとにこの目録が作成されたのであろう。これが三河の今川検地の最初と考えられ、それは義元寄進状発給の前後からはじまっていたであろうから、田原が落城した天文十六年秋以後にまず東三河からはじまり、領国の西への拡大につれて施行範囲は広がったのであろう。

西三河は東三河より若干遅れて天文十八年から始まり、二十年までに一応完了したようである。大樹寺が天文十九年十月十日に安堵状をうけ（文書17）、法蔵寺が天文二十年四月六日付で新寄進をうけたのも（文書33）、この検地施行によるものであろう。戦国大名の検地はまず何よりも家臣団の軍役負担を確定するためのものであるから天文十七年から二十年にかけて三河全域で施行され、それが以後の軍役負担の基準とされたことはまちがいない。それが駿遠の場合のように長期にわたらなかったらしいのは、三河が新征服地であるため旧勢力の反対を一蹴しうる条件が整っていたからであろう。

こののち弘治二—三年に再検が行われ、(35)義元は増分の新寄進を各地で行っている。弘治三年に篠《ささ》原永源寺（豊田市）に「増米二斗八升余」を安堵し（文書55）、永禄元年には羽塚法光寺（西尾市）に増分三貫文を新寄進し（文書67）、永禄二年には法蔵寺教翁宛寄進状の第一条で次のように言っている（文書71）。

参河国山中法蔵寺領并寺中領増分等之事

一　岡崎散田帳本成六拾俵也、弘治参年十二月地検之増分拾五俵也、并茶園畠屋敷等之増壱貫六百余也、但寺領寺中領中柴、阿弥陀仏供田共之増也、此拾五俵壱貫六百余之増、依訴訟為不入可被寺務旨、永領掌之事、

二度にわたる検地の施行によって、重層的な職の体系によりながらも一応軍役・所領支配の基準としての年貢高掌握が進展したのであるが、同時に注意せねばならないのは今川氏の農民支配体制としての「百姓前」直納体制の成立である。(36)第四章二節で述べたように、大樹寺領においては天文十八、九年検地によって百姓前の確定が行われているが、これは、三河全域に通ずるものであり、天文二十三年の畔田惣五郎宛行状に「然者無損毛之沙汰、自当年毎年万疋、自百姓前可請取者也」とある（文書35）。そうしてこの百姓前は名主職（百姓職）所有者であり、前述のように在地の大名被官、又被官クラスの小武士をその主な構成部分とするが故に、農民支配機構の最末端としての役割を果した。したがって今川氏はこの百姓前＝百姓職所有者の把握と統制には、駿遠におけると同様に細心の注意をはらったことであろう。天文二十年の本田正忠への百姓職安堵や（文書24）、弘治二年の林二郎兵衛にたいする買得百姓職についての訴訟の裁決は(37)（文書51）それを示している。

百姓前の確定によって、職の体系による重層的土地所有関係にどのような変化がおこったかは明らかでない。しかし百姓前の確定による年貢上納責任者の確定によって、名主職（百姓前職）の自由な移動には制限が加えられ、大名の在地掌握力はより強化されたことであろう。と同時に前節でみた今川氏の一国平均課役としての段銭・棟別役その他の諸役の徴収も、この百姓前の確定によってはじめて確実なものになったのである。

第五節　桶狭間前夜

弘治二年から三年にかけての三河再検によって、今川の三河領国化はほぼ完成したと考えられるが、この前後に三河の状況は相当の変化をみせた。第一は広汎な反今川の動き、第二は松平竹千代の元服と初陣にともなう領主権の一定度の回復である。

弘治元年九月、遠州犬居城主天野景泰、二俣城主松井宗信らは三河山間部を転戦し、大給山中の戦いでは多大の損害を蒙っている。(38)この時の対戦相手は誰かは判然としないが、大給松平の親乗と奥平氏(39)ではなかろうか。翌年二月、東条松平の甚太郎忠茂は元服して元信と称した竹千代の名代として名之内城（額田町）の奥平貞友を攻めたが、敗北して忠茂は戦死した。同年五月貞友は今川家臣の秦梨城主粟生将監永信を攻撃したが、永信はよくこれを防いだ。(40)この頃東三河の山家三方衆も義元に叛旗をひるがえしたので、野田城の菅沼定村は同年五月に義元の命をうけて田峯の菅沼定継を討ち、さらに八月には奥平貞能の雨山城を攻撃した。激戦の末定村は戦死したが、城は陥落して奥平氏は降服した。

このような三河山間部での動きに加えて、牛久保牧野一族の民部丞が今川氏に叛いた。弘治二年二月の義元文書には「今度牧野民部丞逆心之使僧寿金」（第16表の文書47）とあり、また「前々牧野民部丞寄附之分五町八反、令新寄進者也」（文書44）、「以上六町九段并代方拾八貫六百余也、右如牧野民部丞時、為新寄進永不可有相違」（文書48）と牛久保・御津等の牧野氏の本領に近い地域における民部丞寄進地の安堵・新寄進を行っているから、民部丞はこの頃に追放され所領は没収されていたらしい。ただしこの民部丞がどういう人物かあまり明らかではない。(41)この頃牛久保には牧野出羽守保成を中心に、右馬允成守・伝三郎成元らがあって、今川方であったことは知られるが、(42)民部丞の名はあらわれない。ただこれと同時期に西尾城にあった牧野新次郎が吉良義昭と共に織田方に通じた事件はあった。

弘治二年卯月の比、吉良殿義安と申て、駿河の藪田村に御座候、御弟義昭を名代として、西尾の城に御座候が、逆心を起し尾州一味被成、東条の城へ義昭御移り、西尾の城へ牛久保の牧野新次郎をよび入置給ふ、岡崎衆東条衆と日々のせり合御座候、（中略）吉良殿御一門荒川甲斐守殿、義昭と少不和に成候と逆心被成、岡崎衆と内通被成、酒井雅楽助を荒川へ引入置、西尾と日々せり合御座候間、牧野新次郎西尾に不叶じと、終に城を岡崎衆に渡し、牛久保へ帰り申候、（松平記）

この記事については諸説あって『岡崎市史』はこれを永禄四年四月としているが、義昭が牧野新次郎と結んで織田氏に通じたのは弘治元年頃とみて、前出の義元文書のいう如く二年春にはそれが公然となり、四月に新次郎は牛久保へ帰ったと解せないであろうか。さらにこの年酒井忠次の守備していた碧海郡福谷砦《うきがい》へも織田勢の攻撃があった。したがって以上の三河各地の反今川の動きは、明らかに織田信長の工作によるものと考えられよう。すでに天文二十三年に義元は尾張へ出兵しており、信長はいずれ西上しようとする義元の前線基地三河の攪乱をはかって、三河各地へ手を伸したのであろう。それがどの程度の効果をあげたか確認はできないが、三河再検もあって義元はしばらく領国整備に力を注ぐことになったのであろう。このような時期に、家康は元服するのである。

天文二十四（弘治元、改元七月）年三月、駿府に在った松平竹千代は元服して次郎三郎元信と名乗った。(43) これより今川と松平の関係は新しい段階にはいる。まず元信の名を記した安堵状の類がみられるようになる。天文二十四年五月松平氏奉行衆は「大工跡職之義不可有相違之由、従元信被仰越候間、各一筆遺候」と、岡崎大工跡職を淵上小法師に安堵している。(44) 元服間もない元信の名による安堵であり、彼自身の意志がどの程度働いたかはともかくこれより松平元信は義元は臣従する有力部将の一員としてその領主権が一応承認されたとみることもできよう。しかしこの点はさらに慎重に検討してみなければならない。元服以後義元戦死にいたるまでの家康文書および奉行衆の文書は管見の範囲では次の一〇通である。

A　天文二十四年五月六日付淵上小法師宛松平氏奉行衆連署大工職安堵状　〔菅生安藤文書〕

B　（弘治二年）六月六日付松井左近宛松蔵元康誓書（写）〔松平家譜〕＊

C　弘治二年六月二十四日付大仙寺俊恵蔵主宛松平次郎三郎元信寄進状　〔大泉寺文書〕＊

D　弘治三年五月三日付高隆寺宛松平次郎三郎元信定書〔高隆寺文書〕＊
E　同三年十一月十一日付浄妙寺宛松平氏奉行衆連署安堵状案文〔浄妙寺文書〕＊
F　同四年三月二十五日付鈴木八右衛門尉宛諸役免許状（写）〔書上古文書〕＊
G　永禄元年七月十七日付大竹善左衛門宛元康社領安堵状（写）〔三川古文書〕＊
H　同二年五月十六日付松次元康定条々〔弘文荘所蔵文書〕＊
I　同二年十一月二十八日付大浜惣寺方宛蔵人佐元康寺領寄進状（写）〔古今消息集〕＊
J　同日付長田与助、同与八郎宛蔵人佐元康社領安堵状〔大浜長田氏文書〕＊
（＊印は『徳川家康文書の研究』所収）

このうちA・Eは奉行奉書である。Bを中村孝也氏は弘治二年とされたが、(45)差出人が松蔵元康とあるから弘治三年五月十五日の改名以後のもので、(46)しかも官途名蔵人佐からみてHよりも後のものである。(47)おそらく永禄二年のものであろう。したがって家康文書はCが最初ということになるが、別稿で明らかにしたように(48)Cは従祖母於久（清康妹）によって家康の名で出されたものであり、Dも同じ性質のものと推定される。Fは後作の疑いが大きくGは真偽未決である。(49)かくて確実な家康文書の最初は、所領の一部還付後のHということになろう。

家康への所領還付は永禄元年の初陣の後であった。この年二月家康は織田方の挙母など碧海郡北部・加茂郡南部の諸城を攻撃した。義元はこれを賞して山中三〇〇貫の地を還付した。「今川殿大に感じ、御大刀を被下、山中三〇〇貫の知行返給る。譜代衆寄合、今一戦して岡崎本領を申給はらんとかせぐ」（松平記）というが、この三

○○貫の地は岡崎東方の山中郷をさし、松平旧領の一部分であったが、前出『三河物語』のいう「山中二千石」との関係は明らかでない。なお、この時還付された分に大浜の所領も含まれていたことはI・Jより知られる。所領還付後にHが発されていることは重要な意味をもつ。Hは内容的には今川分国法たる「仮名目録・同追加」と密接な関連を有するが、[50]また戦国大名今川、有力家臣松平、その家臣の三者の関係を示すものとして重要である。第四条に次のようにある。

一　万事各令分別事、元康縦雖相紛、達而一烈(列)可申、其上不承引者、関(関口刑部親永)刑・朝(朝比奈丹後守)丹へ其理可申事(下略)

家臣の分別は元康へ言上し、元康がまぎらかしても「達而一列」して申すべきで、さらに不承引ならば今川家臣の関口親永・朝比奈丹後守へ申し出よというのは、義元との関係でどのような意味をもつのであろうか。今川氏は駿相国境の葛山氏、信遠国境の天野氏等の家臣化した有力国人には、一定の自立的な領主権の行使を容認しつつ家臣団にくり込んでいったといわれる。[51]松平の場合もこの二氏と同様とはいえないにしても、一部所領の還付後は類似の方向への可能性はあったのではなかろうか。もっともそれはあくまでも戦国大名今川氏の領国支配の枠内のことであり、常に上級領主としての大名を意識せねばならないものであった。おそらく旧領還付を機会に元康は、関口・朝比奈を奏者とした義元直臣として扱われることとなってこの条文が作成されたのであろう。関口は元康の舅であった。すでに元康は弘治二年に義元の姪にあたる関口刑部少輔親永の女を室とし、永禄二年三月には嫡子竹千代(後の信康)が生れている。婚姻によって元康が今川一族の末につらなったことで、松平氏は今川家臣としてより強力な紐帯に結ばれたわけである。

元康を今川一族に組み込み、三河再検を完了し、三河の反今川勢力を各個撃破した義元は、ほぼ上洛の準備を完了した。永禄二年に義元は駿遠二国の支配を子氏真にゆだね、同年三月二十日には上洛をみこした軍令一二条を発している。(52) 天文年間以来問題であった北条・武田との関係は、天文二十三年のいわゆる善徳寺城会盟で一応落着していた。

永禄三年五月八日、義元は三河守に、氏真は治部大輔に任ぜられた。形骸化していたとはいえ、国守補任によって、義元は名実共に三河の最高支配者となったのである。これは西上の四日前であり、義元はその口宣案を入手したかどうか明らかではないが、その申請にあたって、想起したものは何であったか。足利宗家が絶えれば吉良、それも駄目なら今川という伝承をもとにした強烈な幕府再興の意欲と、鎌倉末期に上総・三河両国守護でやがて幕府を創建した足利治部大輔尊氏の故事にならったと考えられる上総介→治部大輔→三河守という官途にみられる意識、それが義元上洛の心底に渦巻いていたのであろう。しかし桶狭間合戦が松平元康とその家臣団の運命の一大転機となったことは、歴史の皮肉というべきものであろう。

註

（1）日本思想大系21『中世政治社会思想』上、二〇六頁。
（2）勝俣鎮夫「今川仮名目録」解題、同前書五〇七頁。
（3）東観音寺文書、天文四年九月付野々山助八郎光家書状（『豊橋市史』第五巻、二九三―四頁）。
（4）この酒井左衛門尉は将監忠尚とされているが（『岡崎市史』別巻上、一三二頁）、忠尚・忠次らの祖父である忠親とする説もある（桑田忠親『酒井忠次公伝』三―四頁）。

（5） 小豆坂合戦については一度説・二度説があり、また年月にも諸説ある。ここでは『岡崎市史』別巻上に従う。詳細は同書第二章第三節参照。

（6） 天野安芸守の実名を景貫とするものが多いが、この時期の天野氏惣領は安芸守景泰である。なお『佐久間町史』上巻、三三八―四八頁参照。

（7） 『田原町史』上は、小豆坂の戦い以来戸田宗家の堯光は今川氏に見切りをつけており、その一因は知多半島南部の戸田氏領が織田方の水野氏に侵略されているのを防止しようとしたためとするが（五六二頁）、確証はない。

（8） この件は第四節参照。

（9） 『岡崎市史』別巻上、二三三―四頁。

（10） 北島正元『江戸幕府の権力構造』一一頁。

（11） 『落穂集』（人物往来社版）

（12） 本来「守護不入」の設定は室町将軍によって行われるものであったが、義元段階の今川氏はこれを戦国大名の権限としていたことは「仮名目録追加」二〇条より知られてるところである。なお第三節参照。

（13） 「旧規」としての戸田宗光不入状がある。

（14） 大口喜六『国史上より見たる豊橋地方』二六九―七一頁。

（15） 大浜は松平六代信忠の隠棲地であるから松平氏との因縁浅からぬ地であり、松平伝承でも初代親氏逗留の地とされるから、松平宗家所領の存在はおかしくない。ただし永禄二年十一月二十八日に家康は長田喜八郎・同与助に「大浜郷両熊野領、元康代仁雖落置之、只今令寄進畢、縦百姓等雖令買得、為新寄進返付上、於末代不可有相違」と所領を返付し（『徳川家康文書の研究』拾遺集、一頁）、同日付の大浜惣寺方宛寄進状にも同じ文言がみられるから（同前書上、三二頁）、こののち義元によって長田の知行は否定されたらしい。

（16） 『岡崎市史』別巻上、二八二頁。『松平記』は品野攻めの主将を藤井松平の勘四郎信一とする。

（17） 永禄四年に形原の左近将監家広、竹谷の玄蕃允清善が家康に帰属した時、吉田城に入れ置いた人質は処刑されている（松平記）。これは両家も宗家ときり離されて今川直臣化していたことを示すものであろう。

（18） 『愛知県史』別巻、四二〇頁。

(19) 豊橋神明社棟札、大口前掲書二六五頁。
(20) 『田原町史』上、五八六―八頁。
(21) 桜井寺文書（『岡崎市史』別巻上、二三四―五頁写真）。
(22) 同前、二三〇―一頁。
(23) 天野文書、（天文十八年）十二月七日付天野安芸守宛義元書状（『静岡県史料』第四輯、八二五頁）。
(24) 「田原近郷聞書」（『豊橋市史』第五巻、一一三頁）。
(25) 註（21）に同じ。
(26) 『豊橋寺院誌』四八九―九〇頁。
(27) 『田原町史』上、四九五頁。
(28) 東観音寺文書、大永六年六月十八日付戸田宗光打渡状（『豊橋市史』第五巻、二九二―三頁）。
(29) 同前、天文五年六月十五日付戸田宗光・橘七郎宣成寄進状。（同前書、二九四―五頁）。
(30) もっとも津料に関しては桜井寺宛に「於門前年来相定津領（ママ）毎年取来之上者不可有相違事」とした例があるから（第16表の文書38）、完全否定とは断言できない。
(31) 『田原町史』上、五四七頁。
(32) 北島正元『江戸幕府の権力構造』九一頁。
(33) 太平寺文書、天文十八年七月七日付「三川劦渥美郡太平寺領之目録」（『豊橋市史』第五巻、三〇二―四頁）。
(34) 太平寺文書、大永八年八月十日付戸田宗光寄進状（『豊橋市史』第五巻、二九三頁）。天文五年二月二十三日付宗光安堵状（同二九四頁）、天文十三年十二月十六日付戸田堯光安堵状（同二九七頁）。
(35) 高柳光寿氏は「豊臣秀吉の検地」（戦前版『岩波講座日本歴史』、のち『高柳光寿史学論文集』所収）において、今川の三河検地を弘治二―三年とされた。その典拠は不明であるが、以下述べるようにこれは再検である。
(36) 北島正元前掲書一〇四―九頁。ただし北島氏は弘治二―三年検地で考えられるが、天文検地で成立したことは前述のとおりである。
(37) 弘治二年十月二十四日に林二郎兵衛は赤根村右衛門次郎分田地の百姓職について義元の裁許状をうけた（文書51）。それによれば二郎兵衛は一五貫文で地頭保田より百姓職を買得したが、それが違乱されたので裁許を請うたのである。二郎兵衛は天文十九年に「八幡惣社領之内屋敷三間分家数之事、右棟別并人足酒役諸商売以下免許之」との義元判物（文書22）をうけた御油宿の特権商人で、同二十三年と永禄元年には御油宿の伝馬に関する五カ条の判物（文書65）をうけているから、今川氏の所用を勤める特権商人であると同時に宿役人として、今川氏の交通機構の一翼につらなっていた。なおこの五カ条判物は三河と駿遠をむすぶ交通路を重視した今川氏の交通路政策が窺われて興味深いものである。

（38）永禄三年十二月二日付松井八郎宛氏真条々（「土佐国蠧簡集残編」三所収）。秋本太二「犬居天野氏について」（『地方史静岡』一）。天野文書、（弘治二年）二月十九日付天野小四郎宛義元感状（『静岡県史料』第四輯、八三六頁）。

（39）『松平記』巻五の「三河岡崎・遠州浜松に至迄正月二日国衆御礼次第」に「大給松平和泉守　是は座上なるべきに二度迄岡崎へ逆心して駿河方に成」とあって、大給宛の逆心を伝えるが詳細はわからない。しかし「駿河方云々」を別とすれば、註（38）の氏真条々の「大給山中」とも合い、また註（40）にみられるように奥平と松平とが共同行動をとっていることとも符合しよう。

（40）『岡崎市史』別巻上はこの戦闘を「奥平中津家譜」「武徳編年集成」によって同年二月とするが（二六二頁）、ここでは「武家雲箋」「三川古文書」所収の義元感状によって五月としておく。

去月廿四日当城江敵相働候処、尽粉骨数多手負仕出、奥平市兵衛・松平彦左衛門、其外五人被討捕之段感悦之至候、弥可抽忠功者也、仍如件、

弘治二年六月三日　　義元

粟生将監殿

（41）寛政の牧野右馬允貞成譜には民部丞の官途をも記す。あるいは民部丞＝新次郎＝右馬允か（『寛政重修諸家譜』第六、二六六頁）。

（42）天文二十二年御津大運寺阿弥陀堂棟札（大口喜六『国史上よりみたる豊橋地方』二四二―三頁）。

（43）竹千代元服については近世以来弘治元年説と二年説がある。ここでは『岡崎市史』別巻上の考証に従っておく（二五八―九頁）。

（44）菅生安藤氏文書、天文二十四年五月六日付淵上小法師宛松平氏奉行衆連署大工職安堵状（『岡崎市史』別巻上、二三二―三写真）。

（45）中村孝也『徳川家康文書の研究』下巻之二、一三二頁。

（46）元康への改名の年月については諸説あるが、ここでは『岡崎市史』別巻上、二六七―七一頁の考証によってこのようにしておく。

(47) 元康が蔵人佐の官途名を称する年月は不明であるが、Hではまだ官途を称していない。
(48) 中村孝也『徳川家康文書の研究』上巻、三〇頁。
(49) 拙稿「最初の家康文書」(『日本歴史』三一七)。
(50) 煎本増夫「永禄初年における松平氏宗家の家臣団について」(『駿台史学』一三)。
(51) 小和田哲男「戦国大名今川氏の家臣団構成」(『歴史教育』一五―八)、『佐久間町史』上巻、第五章。
(52) 『岡崎市史』別巻上、三一一―二頁。なお煎本氏の指摘されるように、H文書との関係も考えねばならない。
〔補注〕　本稿成稿後『豊橋市史』第五巻(史料編一)が刊行された。同書には16表所収以外の今川義元文書が相当数収載されているが、組版進行中のため追加することを断念した。しかし、それによっても所論には変化はない。

第五章　三河本願寺教団と門徒領国

第一節　三河教団の成立と展開

三河における真宗教団の成立と展開に関しては、早く日下無倫氏の研究がある。(1) これは三河原始教団の成立より三河一向一揆におよぶもので、その所論は現在においても一定の意味を有する。しかし氏は一向一揆研究を主たる目的とされなかったので、一揆の前提としての真宗教団発展の検証という視角はなく、したがって教団の構造的把握はなされていない。一向一揆研究の前提としての真宗教団研究の深化をはかられたのは笠原一男氏であった。氏は三河における真宗本願寺派教団と同専修寺派、禅宗、浄土宗教団の発展状況を比較検討して、本願寺派が農民を主たる基盤としたのにたいし、専修寺以下は在地武士を基盤としたとされた。また上宮寺・勝鬘寺・本証寺のいわゆる三河三ヵ寺の史料によって、一揆前後の本願寺派教団の状況を総括的に明らかにされた。(2) なお近来織田顕信氏は、従来不問に付されてきた三ヵ寺末寺所蔵の真宗史料を広汎に収集され、上宮寺・勝鬘寺とその末寺に関する精細な論稿(3)を発表されている。また井上鋭夫氏は北陸真宗教団との関連から三河原始真宗についていくつかの論及をされている。(4)

右のごとき研究史の現状において三河真宗教団の展開をあらためて検討するにあたっては、中世の真宗寺院は何派によらず在地領主層との密接な関係によって存立しえたという井上氏の指摘をまずふまえておかねばならない。その上で第一に三河原始真宗の発展を当時の社会構造と関連させて把握すること、第二には十六世紀中葉の西三河には「門徒領国」あるいは「一揆」支配が成立していたのではないかという疑問から出発して、教団の構造的把握を行うことが必要であろう。しかし本稿では主として第二の点に中心をおいて検討をすすめることとする。(5)

十五世紀中葉までの三河真宗教団は、妙源寺を筆頭に本証寺・上宮寺・勝鬘寺・願照寺等を中心として専修寺系としてまとまっており、三河のみならず尾張・美濃から越前にまで教線を伸ばしていた。本願寺との関係はさほど深くなく、本願寺と専修寺との仲介的役割を果したこともあったが、覚如没後はその関係も弱まったらしく、北陸にみられる綽・巧・存三代の本願寺との関係を示す本尊聖教類は現在のところ発見されていない。「野寺・和田寺(勝鬘寺)・佐崎」は専修寺末であった(6)(高田ノ上人代々ノ聞書)。それが十五世紀後半になると、強大な三河本願寺教団として史料にあらわれる。

十五世紀における本願寺と三河との関係を示す最初の史料は、寛正二年(一四六一)九月二日付で蓮如より上宮寺如光に下付された十字名号である。これは「三河国志貴庄佐々木上宮寺安置本尊也」と裏書にあるように、明らかに同寺本尊として下付されたもので、上宮寺が専修寺末を離れて本願寺へ帰した時点のものと考えられる。(7)そうしてこの蓮如と如光の関係を基軸に、三河真宗教団は急激に本願寺に組織されていく。この年十月に蓮如は願照寺の安城の御影の修復を行わせている（同裏書）。これは親鸞二百回忌にあたってのことであるが、この時期の本願寺と三河教団の関係を示すものである。

如光は開基蓮願より六代目にあたる。西端（碧南市）の油ヶ淵より出現したという化生譚はともかく、西端から鷲塚周辺に幡居していた杉浦氏の出生で、上宮寺如全の養子になったのであろう。(8) 如光と蓮如の関係の起点は不明であるが、如光は「大ガク《学》ショウ《匠》」といわれ、寛正六年一月の大谷破却の際に上洛して、山門への礼銭は「三川ヨリ上セ、アシニフマセ申スヘク候」（本福寺由来記）(9) と申し出ている。こののち応仁二年（一四六八）に蓮如を三河に迎えて本願寺派教線の進展に力をつくし、同年十一月一日に五十余歳で没した。

蓮如の三河滞在は短期間であったらしいが、文明初年までには三ヵ寺とその門徒は本願寺派に転じたと考えられる。本証寺に応仁二年の蓮如の花押のある六字名号があるが、これは如光宛十字名号と同様の意味を持つものであろう。勝鬘寺の場合は事情がもう少し明らかである。

和田寺ニ久ク住持絶ヘテ無シレ之。真恵ノ得ニ御意ヲ一、本願寺ノソシ《庶子》ニ和田寺ヲ持セ給フ。本願寺ノユカリナルニヨリ、終ニ本願寺ヘ成リテ今ニ如シレ此。(10)

これは専修寺の所伝であるが、「反故裏書」(11) によれば、越前大町門徒は文明年間にいたるまで三河勝鬘寺を本寺としていたが、大町専修寺の住持が還俗してしまった。後住は本寺である勝鬘寺に委任するというので、吉崎に在った蓮如が勝鬘寺高珍を呼んで協議の結果、高珍の女婿で蓮如の甥にあたる蓮慶（西光寺永存三男、母は蓮如の妹如祐）を専修寺住持とした。おそらくその際に蓮慶の子を勝鬘寺住持とすることが約束されたのであろう。これに

第17表　如光弟子帳登載寺院

上宮寺末寺帳 所在	本末	道場(住持)名	該当地	本尊裏書	天正19末寺帳	別本如光弟子帳(末寺鏡)
佐々木		恵見	岡崎市		浄教坊	
		珠賢			徳蔵坊	
		道観				
大友		順性	〃	明応年中法	玉専寺	矢作恵順聟
西畠		恵久(恵薫)	碧南市	応仁2・5・20六字(願主恵薫) 長享3・4・7法(同) 延徳3・3・18蓮如真影(同)	隠居所	鷹取慶玉イトコ、如光隠居所唯願寺、宮口浄覚寺分寺(天正19あり)
					祐明坊	西瑞浄西(杉浦三郎左衛門子)、宣如より寺号免
					康順寺	〃祐賢(浄西子)、同前
鷹取		専修坊	〃	明応5・7・28蓮如真影(渓玉)	専修坊	専修坊
大浜	手次	四郎左衛門	〃		智慶	
吉浜	〃	道満	〃	明応4・3・1法(了全)	正歓	
坂崎		修理亮	幸田町			修理亮了全、実如より本尊、つぶれ
		法蔵坊			法善寺	法善寺
		浄光				
長沢	手次	図書助	音羽町		□西	
古井		行専	安城市	永正12・5・4法(教誓)	専心	
大浜		妙専	碧南市		順慶	孫二人、専西、順西
					館林願成寺	順西→ふろの下願成→館林願成寺→播磨姫路
矢作		新兵衛尉	岡崎市	文明18・3・18法(浄覚)	岡崎西照寺	新兵衛尉法名恵順、秀了今ハ岡崎西照寺
					渡智慶	渡村誓秀(智慶兄)、文禄2浜松安養坊→神田受教寺、願正寺
					矢作秀了	
					筒針正誓	
大平		専秀	〃	永正9・7・23法	西蔵坊	専秀子矢村祐賢二代了玄→江戸神田浄福寺、了伝→駿河→神田常正寺

			〃	
			〃	
磯部	手次	太郎左衛門	〃	
山中		了専	〃	
若林		道正	豊田市	
高村		向専	〃	
牛田		三井　四郎左衛門	知立市	
長瀬		三良五良	岡崎市	
鷲田		舟津　弾正	幸田町	
尾崎		道善	岡崎市	
村高		兆従	〃	明応2・12・□法(善□)
鷹落	手次	良賢	西尾市	
池田			豊田市	
竹見		(三ヵ所)	〃	
鷲沢			〃	
大島	末		足助町	
小峯	〃		豊田市	
祖母居屋敷	〃		?	
広瀬	〃		豊田市	
高橋竹尾	〃	笠屋右衛門五郎	〃	
足助岩崎	〃		足助町	
コイタハ			豊田市	

欠了伝	
江戸　常福寺	
祐源・	
教願	今ハ教願
西教坊	法順竹村西蓮寺
横須賀林正寺	祐順遠州横須賀林正寺
了正	了正
合歓木正願寺	合歓木正願寺
浅井　了順	浅井了順
たかうち	
専正坊	専正坊
てらやき空了	てらやき重了
道了	道了
掛川　専教坊	了源法名専教房、今ハ遠州懸川了源寺
祐専	
明覚坊	明了

上宮寺末寺帳

所在	本末	道場(住持)名	該当地	本尊裏書	天正19末寺帳	別本如光弟子帳(末寺鏡)
アカツノ一シキ	末		?			
ミウチタイラ	〃		藤岡村			
ヒカシトツラ	〃		〃			
ミツクリ	〃		〃			
中山	〃		?			
河口	〃		藤岡村			
左桐			?			
松峰	直	次郎右衛門	豊田市		道欽	
ホウノツ			?			
本瀬			小原村			
ノカイ			?			
サウシキ			小原村			
アカハネ			〃			
オカサキ			岡崎市	永正15・4・15法(祐念)	専福寺 駿河祐欽	専福寺 駿府専長寺
大門		道幸	〃			
河崎		藤三良	〃			
務女		彦右衛門	豊田市			
俊賀利		良金	〃			
江田		四良左衛門	岡崎市		東円坊	東円坊
田代		清右衛門	下山村		長円寺 歌石 正西 大沼 祐願	田代長円寺、歌いせ了西二ヵ寺成申候、ホツキウ、オホノマ

細河	直		岡崎市		祐専寺	長伝祐専寺
竹尾		藤左衛門	豊田市		重正	重正
下河口			藤岡村			
井谷			刈谷市		赤坂 了心	天正16・8赤坂移転、正法寺
新堀		平田 誓順	岡崎市			祐哲俊賀利良金マコ
奥郡野田		兵衛次良	田原町		西円寺 神戸 念西 田原 教願	法名清仁、今ハ西円寺、末勘部、田原、ハセ慶□

よって専修寺系の勝鬘寺と大町専修寺は一挙に本願寺系となったのである。勝鬘寺の末寺道場の方便法身像は文明十年よりはじまっていることは[12]、同寺の本願寺帰属がそれ以前に完了したことを示している。

ところで、著名な文明十六年十一月一日付の「如光弟子帳」によれば、如光の「弟子」は三河に六四、尾張・美濃・伊勢に四一の計一〇五であった。弟子帳は如光十七回忌にあたって作成されたものであるが、注目されるのは、この百余の弟子の大部分は、いまだ道場本尊としての、方便法身の阿弥陀絵像を下付されていないことである。第17表は弟子帳登載者のうち、方便法身像や蓮如御影等の下付をうけたことのわかるものをあげたものである。文明末年に如光弟子と記されながら、方便法身像の大部分が実如の代であるということは、すでに指摘されているように、絵像本尊下付以前に本願寺との関係は成立していたことを示す。と同時に注意せねばならないのは、西畠（端）恵久（恵薫）が応仁二年に六字名号、長享三年に絵像本尊、延徳三年に蓮如真影を下付されているように名号は門徒化の証拠で道場本尊としての絵像とは区別されたものと考えられる点である。三河のごとき、旧来からの真宗教団組織が大坊主（中本寺）単位で本願寺派に組み込まれる際、大坊主配下の「弟子」と本願寺との関係を確認し、かつ非本願寺的阿弥陀信仰の礼拝対象物に置きかえるために多量に制作されたのが蓮如の名号であったのであろう。もちろんそれは蓮如から直接下付されるものではなく、手次ぎの大坊主の仲介によるものでありその限りでは本願寺との関係は間接的であり、蓮如が直接把握しえたのは大坊主層までであった。したがって名号授与者は依然として大坊主の「弟子」あるいは門弟でしかなかったし、本願寺の発展なるものも大坊主層を本願寺中心に組織したというのが実態であったろう。それが本願寺―大坊主―道場（下坊主）として、より強く把握される段階が実如による絵像下付であり、その裏書は、道場坊主が大坊主を媒介としつつも最終的には本願寺、すなわち弥陀の代官へつらなることを確認する安堵状としての意味を有したといえるのである(13)。

第18・19表は本証寺と勝鬘寺末寺の絵像・真影裏書を集成したものである。第17表とあわせ考えると勝鬘寺末寺には本・上両寺と比較して蓮如下付のものが圧倒的に多い。もちろん両寺分はこれを全体的に把握できる史料がないために、現存するものを中心に集成したのにたいし、勝鬘寺の分は享保年間の記録によるから約二五〇年間に亡失したもの、調査洩れの分を考慮せねばならない。しかしこれでみるかぎりでは、勝鬘寺の方が道場化がより早く進行したといえ、それは本願寺帰属は他の二寺より若干遅いにしても、その血縁に早くつらなったことが関係していると推定される。

三ヵ寺の本願寺末寺化以降、西三河を中心に門徒・道場が増加していったが、十六世紀中葉における三河の道場数を「御坊勤番月割記(14)」で示したのが第20表である。三ヵ寺が圧倒的であるが、これにつぐものとして浄妙寺以下の四寺があった。この四寺は三ヵ寺とあわせて七ヵ寺と称されたが、その背景には上記の道場支配があった。ここにいたる過程を勝鬘寺の場合でみると、(15)第19表で知られるように蓮如時代は一一（最初は文明十年二月）、実如の代に一四（うち尾張二）、証如の代に一一（同四）、顕如・教如代の天正十一年までに九（同六）の計四五（うち尾張一二）の末寺・道場が確認される。さらに慶長年間に教如より顕如真影を下付された尾張四、遠江一、三河七（先行下付ある五を除く）をあわせると、三河四〇、尾張一六、遠江一となる。三河の数は第20表の数に近く、しかも六割以上は蓮如・実如の代に道場化していたことが知られる。この傾向は他の二寺も、さらに浄妙寺下でも明応三年の本尊裏書(16)があるように、全体に共通するといえよう。ただし第20表で上宮寺末の少ないのは、『天文日記』十三年十一月六日条に「上宮寺門徒之内号直参不通衆有之間、此人数本宗寺へ出頭」とあるように、本宗寺直末化した部分は元来上宮寺末であったものが多いためであろう。

第18表　本証寺末寺方便法身像

本証寺末寺名	年月日	法主	所在	願主
小川蓮泉寺	明応2・□・6	（実如）	幡豆郡志貴庄	
中島浄光寺	6・4・28	〃	碧海郡碧海庄中嶋□	教粱
桜井円光寺	6・12・4	実如	幡豆郡志貴庄桜井郷	順智
姫小川誓願寺	□	（〃）	〃　比□郷	
西尾明法寺	文亀元・4・11	実如	〃　安城郷	正順
東端念空寺	永正元・6・2	〃	〃　東端	了西
寺領松韻寺	2・2・28	〃	〃　□□郷	
上条浄玄寺	12・□・5	〃	碧海郡志貴庄	
福釜西岸寺		證如		
藤井安西寺		教如	碧海郡藤井村惣道場	正西

　このような大坊主・下坊主を基盤に一家衆寺院本宗寺が額田郡土呂に建立されたが、そのはじまりは諸書の伝えるように応仁二年の蓮如下向の際であろう。「本宗寺祖師聖師（ママ）無図之御影、其外ニ御絵伝四幅共本願寺八代目蓮如上人御年六十御裏、文明七未年二

第19表　勝鬘寺下道場本尊真影一覧

御堂番次第	所在	寺号	本尊真影下付者 蓮	実	証	顕	教	真影	針崎末之覚
ヤツハシ誓順	知立市八橋	浄教寺	○						○
	岡崎市井田町	泉竜寺	○						○
タカムラ善西	豊田市竹元町	光恩寺	○						○
キヤウシ永珎	西尾市	浄徳寺	○						○
オカヤマ正祐	岡崎市	正覚寺	○						○
オカサキ善明	〃矢作町	勝蓮寺	◎					蓮如	○
ミツギ順智		円立寺・教円寺	○						○
	東加茂郡旭町池島	超仁寺	△						○
ニシヲ浄賢	西尾市須田町	浄賢寺	△						○
ムツクリ了恩	幸田町六栗	明善寺	△						○
	吉良町荻原	教蓮寺	△						
		（西伊文西念）		○					
	名古屋市中島	覚円寺		○					
イツミタ了徳	刈谷市泉田	順慶寺		○					○
コマタチ祐順	岡崎市駒立町	本光寺		○					○
	大府市横根	正願寺		○					○
オクトノ空願	岡崎市奥殿町	西光寺		○		◎		証如	○
マチ教祐	西尾市西ノ町	正念寺		○					○
	豊田市駒場町	徳念寺		○					○
タイタ祐専	〃松平町代田	信光寺		○					○
	犬山市橋瓜	正久寺		○					
	足助町田振	楽円寺		△					○

月九日額田郡土呂トアリ」（土呂山畠今昔実録）[17]という所伝からみて、この頃に建物や荘厳が一応整ったようである。初代住職は実如らしいが下向せず、永正末年に実如の子実円が入寺するまでは七ヵ寺が勤番していたと思われる。寺号も実円入寺の際に付せられたのかもしれない。「土呂山畠今昔実録」は大対屋・小対屋の地名があり、三ヵ寺や浄妙寺・慈光寺の旧跡ありと記すから、末寺の掛所や他屋、さらに一般民家も建てられ寺内町が形成されていたのであろう。[18]

本宗寺がいわゆる本願寺の地方代官として、末寺統制に大きな役割を果すようになるのは大永年間以後であろう。大永五年病中の実如は一家衆五人に「御一宗

ナクリ 善順	岡崎市稲熊町	法泉寺		△					○
	〃 土井町	誓法寺		△					
	豊川市牛久保町	浄福寺		△					○
	一宮市・名古屋市	宝光寺			○				
タキワキ 誓教	豊田市松平町滝脇	専光寺			○				○
	〃 山路町	芳友寺			○				○
	一宮市今伊勢町	蓮西寺			○				
	碧南市棚尾町	安専寺			△				○
トロ 祐正	岡崎市福岡町	浄専寺			△				○
シモワタ 教珎	〃 下和田町	常楽寺			△				○
サカサウ 寿誓	〃 坂左右町	西運寺			△				○
	豊橋市花園町	正琳寺			△	◎		証如	
	名古屋市熱田区	長円寺			△				
	〃 中野	〃			△				
	岡崎市六名町	弘願寺				◎		証如	○
	〃 滝町	〃				◎		〃	
	名古屋市西区下小田井	西方寺					◎	〃	○
オホハマ 念心	碧海郡大浜	〃					◎	〃	
	名古屋市中川区富田	浄賢寺					◎	〃	
	名古屋市	法蔵寺					◎	〃	
	（尾　関）	善徳寺					◎	〃	
	名古屋市中川区富田	宝泉寺					◎	〃	
	蟹江町	徳円寺					◎	〃	

○印＝年月日明らかなもの　△印＝年月日不明　◎印＝真影

針崎末之覚は貞享二年成立

ノ御掟ノ儀此人数申合奉ルヘキムネ」遺言した（異本反故裏書）。加賀の光教寺顕誓（蓮如四男蓮誓の子）、松岡寺蓮綱（蓮如三男）、本泉寺蓮悟（蓮如七男）、近松顕証寺蓮淳（蓮如六男、伊勢長島願証寺兼帯）とならんで実円もその一人であった。実円は兄の播磨本徳寺実玄が永正十二年に十九歳で没した後をうけて本宗・本徳両寺を兼帯したが、「大阪の貴坊、参川ノ本宗寺、伊勢ノ願証寺ノホカハ大略末寺退転ニオヨ」ぶ状況下でも、弘治元年五十八歳で没す

第20表　三河道場一覧

本宗寺直末	13
本証寺末	50
勝鬘寺末	55
上宮寺末	25
浄妙寺末	6
慈光寺末	2
無量寿寺末	2
願照寺末	2
計	155

るまで三河教団を統率していった。

十六世紀前半までの三河教団は、本宗寺を頂点に七ヵ寺を中本山とする体制を確立していたが、この時期は一般に一家衆対大坊主の対立が激化した時期でもあった。三河においても上宮寺末の本宗寺直参化はその例であるが、他方本願寺の側からは、大坊主を積極的に本願寺の血脈にとり込む行動がすすめられる。勝鬘寺はすでに文明年間に蓮如の孫剣寿の入寺が定められていたが、剣寿は明応四年五月八日に実如より了顕の法名を下付され、その子了勝は永正十一年九月二十八日に実如より法名をうけ、さらにその子満千代は天文十年三月十二日に石山本願寺で得度し(天文日記)、四月九日に証如より了順の法名をうけている。(19)上宮寺は如光没後娘如慶があとをついで本願寺に重視されていたが、(20)その後蓮如の一族と伝える幸寿丸如舜が入り、(21)彼が大永六年八月十六日に没したあとは勝鬘寺了勝の弟勝祐がついだ。(22)如舜と蓮如の関係は不明であるが、勝祐入寺によって上宮寺も本願寺の血脈の末端につらなったわけである。

本証寺は空円が文亀三年に没して源正(玄勝)がついだが、彼は天文十四年九月以前に没し、(23)幼少の子あい松(玄海)がついだらしいが、その継職にあたって問題がおこったらしい。天文十八年の門徒連判状に「けんせう(源正)ゆいこんのごとく、上さまへ御れい御心ざし申候ほとに、めでたく思ひまいらせ候事にて候、あい松御とりもち候ハん御もんとしゆハ、はんを御すへ候て給候へく候」とあい松支持の連判を行っているから、後嗣をめぐる問題があったことが推察される。あるいは幼少を理由とした本願寺一族入寺の計画があったのかもしれない。あい松は継職して玄海となるが、永禄五年四月六日に加賀で戦死し、堅田慈敬寺実誓(蓮如の孫)の二男空誓が継いだことによって、本証寺もやはり本願寺の血の道に包摂されるにいたった。

ところで『天文日記』や『私心記』にあらわれる本宗寺以外の三河坊主衆を整理するといくつかの事が明らか(24)になる。まず同じく三ヵ寺といっても、天文年間には勝・上二寺と本証寺では教団内の地位が異なり、本証寺は自身が御堂当番を勤仕しているのにたいし、勝・上二寺はすべて下坊主が勤めている。ということは「末の一家衆」として本願寺の血縁につらなった二寺と、そうではない大坊主とは明らかに区別されていたのである。また七ヵ寺中の三ヵ寺を除いた部分は寺号を有し、直参として独立して御堂当番を勤めていた。勝・上二寺の下道場で当番を勤めたのは犬山心光坊・鷹取専修坊・野田誓忍等の末道場を従えた小本寺的有力末坊主であったことが知られる。

天文年間の三河教団は、蓮如・実如直系の一門本宗寺を頂点に、本願寺の傍系血縁にとりこまれた勝・上二寺、および本証寺以下の大坊主を直参、あるいは本宗寺与力として掌握した体制が確立していた。もちろん内部では本宗寺と、地方大坊主的傾向を強く保持した勝・上二寺をはじめとする大坊主衆の道場・門徒の帰属をめぐる熾烈な対立があり、道場の増加傾向にあらわれる教線の伸展や、その担い手であった名主的末坊主衆の発言力増大によって、対立はより激しくなっていた。しかし本願寺門主証如の唯一人の父方の叔父実円の在世中は、対立はさほど表面化しなかったであろう。それどころか、本願寺の意向に最も忠実な地方教団であったことは「反故裏書」の記すとおりであったと思われる。

第二節　西三河教団と門徒領国

三河本願寺教団の発展期は、松平氏とくに安城家の発展期でもあった。しかし両者の交渉を示す史料は現存しない。これは松平氏が浄土宗信者であったことにもよろうが、本領寺派教線の伸展した地域通有の在地支配者との軋轢・対立は三河には一切存在しなかったからであろうか。もし存在しなかったとすれば、先述のように松平氏は守護公権を継承したわけではなく、西三河の在地領主連合の盟主にすぎなかったこと、および在地領主連合の構成員が早く門徒化しており、松平氏はその関係に介入する余地も必要もなかったこと、したがって門徒化した農民・在地領主と松平氏との間には一国行政権の行使や一国平均課役をめぐっての矛盾が顕在化する条件に乏しかったといえよう。と同時に、実如に後事を托された五人の一人本宗寺実円の存在もみのがせない。

しかし実円は、「反故裏書」のいうごとく実如の三ヵ条の遺言を堅く守り続けたのであろうか。

態一筆取向候、仍今度於波佐谷被遂一戦、被得大利候、寔忠節悦入候、殊更長々在陣、辛労痛入候、弥馳走可頼入候、穴賢々々、

（享禄四年）十月五日　　証如（花押）

三河坊主衆中へ
其外加州へ下国衆中へ(25)

これは享禄四年の加賀大小一揆の乱に三河門徒が参加したことを示し、「本願寺ヨリ下間人数率下」(白山宮荘厳講中旧録)「本宗寺実円・下間源七頼盛、その外同名諸傍輩はせ下り」(今古独語)とある状況のものである。この時実円に率いられて加賀に出陣して大一揆=本願寺方として戦った「其外加州へ下国衆」とはどのような部分であろうか。戦力として有効なものは坊主衆ではないし、耕作農民が参加しうる可能性は少ないから、これは名主層以上の武士門徒であることは明らかであり、それ故に七月以降十月あるいはそれ以上の長期滞陣が可能であったのである。

この実円に率いられて加賀へ赴いた門徒武士の存在形態を考える手掛りは天文十八年の本証寺門徒連判状である。この四月七日付連判状は、前述のように本証寺あい松を支持する目的で作成された。ところが従来署判者の上に記された在地名をそのまま所領の地とし、また当時の西三河の政治情勢とまったく切り離して理解されてきたので、この点を検討して史料としての限界を確認せねばならない。まず署判者の一覧表(第21表)をあげ、次に当時の西三河の状況を明らかにしておこう。

天文十八年三月六日松平広忠は岩松八弥に刺殺された。時に僅か二十四歳。嗣子竹千代(家康)は天文十六年以来織田信秀の許に抑留されていたので、松平氏の織田氏帰属を憂えた今川義元は、ただちに雪斉崇孚を将とした軍勢を送って岡崎城を接収し、さらに織田方の安城城を攻撃させた。三月十九日、今川・松平勢は山崎砦を抜いて安城城にせまり激戦を展開したが、これを落すことはできずに引きあげた。それより約二〇日後の連判であるから、そこに記された各人の所在は臨戦体制下におけるものと考えねばならず、すべて本貫地または所領地とす

第21表　本証寺連判状署判者一覧

地名	姓名
	石河右近将監忠成
小河	石河四郎三郎信成
わたり	鳥居弥平次信茂
小河	石河助三郎安成
〃	石河助次郎久信
岡崎	石河伴三郎勝宗
〃	石河与十郎忠戸
〃	石河与八郎広成
〃	石河助十郎忠次
木戸	石河伝六郎元成
〃	石河三郎四郎長成
小河	石河清三郎久成
岡崎	松崎宗三正次
〃	浅井甚平信吉
〃	阿部孫大夫政次
〃	石河孫助吉成
和泉	都築又兵衛尉勝重
木戸	石河平四郎康忠
渡	鳥居源七郎入道忠資
岡崎	羽根田新左衛門張繁
〃	大岡宗六郎久次
〃	内藤橘兵衛信成
〃	榊原与三左衛門広康
岡崎	波倉八郎左衛門家次
木戸	石川式部丞信実
安城	酒井小四郎信家
野寺	本多伴七郎信光
〃	石川甚六家重
安城	本多一郎兵衛尉
熊村	三浦源左衛門尉家長
刈谷	小島弥六家忠
高棚	神谷九郎右衛門尉家忠
〃	神谷三郎左衛門尉忠直
〃	神谷与助家定＊
〃	神谷孫右衛門尉家次
〃	神谷次郎左衛門尉直次
〃	神谷宗三郎吉忠
〃	石河善六久次
吉浜	神谷六郎左衛門尉直政
〃	神谷与八郎直清
小川	石川与右衛門尉信光
小島	伊奈六郎四郎安元
〃	伊奈又一郎安家
〃	河村弥左衛門尉安政
中島	大嶽彦一郎安次
小島	河村藤左衛門尉安忠
小島	三浦藤十郎信家
〃	河村弥七郎忠元
〃	市石彦左衛門尉吉定
〃	市石彦七安長
〃	市石彦助安久
〃	間瀬木弥六郎清□
中島	越山平三郎家次
須美	浅井弥右衛門尉信忠＊
山中	杉浦宗三清正
浅井	石川拾郎左衛門尉忠重
渡	鳥居次郎右衛門尉親重
〃	鳥居橘次郎信家
一色	鈴木弥右衛門尉貞重
平口	鈴木又八重世
〃	鈴木新三重忠
味浜	船越伝右衛門尉政秀
〃	船越小右衛門尉親常
市子	榊原主計助久重
〃	榊原宗八郎正信
八面	和田右京亮家久
〃	石川拾郎左衛門尉重広
〃	石河甚十郎家次
〃	石河宗左衛門尉久末
八面	石河宗七郎重園
〃	和田源十郎家定
〃	和田与五郎重久
〃	成田新一郎久正
志篭谷	牧甚一郎正次
〃	牧善四郎吉次
八面	石川甚助正秀
山崎	石川道金正家
〃	石河与四郎家次
高落	石河清助信直
寄住	朝岡孫一郎直清
〃	本多新左衛門尉秀家
〃	本多新一郎秀貞
〃	阿知和宗左衛門尉定親
〃	平賀将監勝家
〃	阿知和宗四郎定家
今川	石河甚八郎利久
菱池	石河源一郎＊
深池	小野田右衛門尉＊
菱池	石河与次家秀
山崎	伊奈橘三郎安次
榎津	石川弥七郎忠教
岡崎	浅井八郎右衛門尉久次

地名	姓名
木戸	石川伴七郎家次
ふくち	石川藤六郎信久
小河	都築平六家重
ふくち	小野彦三則久
〃	小野四郎左衛門尉則忠
小河	神谷一右衛門尉利直
〃	石川与左衛門尉家秀
〃	篤蔵主
〃	安原平十郎正秀
〃	矢田源次守定
味崎	中根善次郎範久
〃	牧主計助＊
〃	中根善三郎範定
〃	中根善七郎範重
〃	牧弥四郎吉重
〃	牧与七郎＊
〃	井上藤四郎光家
〃	牧弥八郎重久
町	林八郎左衛門尉素則
〃	林与三太郎吉次
〃	林与三左衛門尉吉次
〃	林兵衛次郎吉重
〃	杉崎弥十郎道家

＊印　花押なし。

ることはできないであろう。それとともに連判状の作成手続きを考えねばならない。この連判状作成は筆頭署名者である石河右近将監忠成（安芸守清兼）の意志が強くはたらいているようであるが、それが一〇九名（外に花押のない者二、花押と実名のない者四）の署判を得るまでには、どのような手順がとられたのであろうか。

連判状は様式・筆跡および「はんを御すへ候て給候へく候」とあるように、発起人が初めから姓と官途または通称を一筆で連記し、当該者が各自実名と花押を書したものとみられる。もっとも一部には実名まで一筆で記されたとみられる部分もあるが、これは同姓毎のまとまりをなしている。この連判状の署名の順番で署判者の在地を地図でたしかめると、第22表のごとく本証寺のある野寺または石川一族の本領小川・木戸を中心に放射状に広がっていることが明

第22表　連判者方角別分布

群	順序
1	小河①—渡1—小河②—岡崎④
2	木戸②—小河①—岡崎④
3	和泉1—木戸①—渡1—岡崎5
4	木戸①—安城1
5	野寺②—安城1—熊1—刈谷1
6	高棚⑦—吉浜2
7	小川①—小島3—中島1—小島7—中島1—須美1—山中1
8	浅井①—渡2
9	一色1—平口2—味浜2—市子2—八面⑧—志篭谷2—八面1
10	山崎②—鷹落①—寄住6—今川①—菱池①—深池1—菱池①
11	山崎1—榎津①—岡崎1
12	木戸①—ふくち①—小川①—ふくち2
13	小川⑤—味崎8—まち5

○印石川氏居住地、但し人数には関係なし。

らかになる。これは連判状署判者が一堂に会して成立したものではないことを示すものである。

このうち4・5群は一つとみてもよく、6群は方向からみて5群の継続とみることも不可能ではない。また山中からの帰途に浅井から渡へまわったとみて7・8群をつなげて考えることもできよう。このような署判者の分布は連判状の成立過程の反映であろう。すなわち忠成（清兼）を筆頭とする石川一族が中心となって、本証寺において連判状作成を計画した。まず忠成が署判し、ついで方角が同じ門徒が書き出され、使者によって連判状が運ばれ、一群の署判が済むと忠成か誰か中心人物の手許に返され、次群の門徒名が記されてまた署判が続けられたのであろう。これは地名の連なり方や花押署判のない者が数名あること、また13群が他と若干書式を異にすることなどから考えられるところである。そうしてこの背景には一定の地縁的組織が存在したことを窺わせる。それが「方角之儀」(26)であるかどうかはまだ断定できないが、その点を念頭において署判者の在地を検討してみよう。

連判状署判者を居住地別にまとめてみると第23表のとおりで、碧海郡南部から幡豆郡西部にかけての地域を中心に計三二ヵ所におよぶ。このうち岡崎・山中・高落・浅井・中島・小島・須美を除いた二五ヵ所が矢作川（当時）の西岸に分布する。その中では多数の姓氏が集中している岡崎・八面・小川・寄住・小島および安城・刈谷・まち・山崎等が特に注意する必要がある。まず岡崎はいうまでもなく松平宗家の本城の地で、ここを居地とする九氏一四名は松平被官として常住または在番したと考えられる。(27)五名の石川氏は小川付近の出身であろうし、浅井は須美（幸田町）の浅井一族、大岡は大岡（安城市）、阿部は小針（岡崎市）出身で、当時岡崎の組屋敷的な施設にあったのであろう。同様な国人領主の城下として水野下野守信元の居城刈谷がある。天文十三年に家督をつ

第23表　連判者在地別分布

在地	人数	姓氏別	本証寺末寺
野寺	2	本多，石川	
安城	2	酒井，本多	明法寺
小川	10	石川6，都築，安原，矢田，篤蔵主	蓮泉寺
木戸	5	石川5	長因寺
山崎	3	石川2，伊奈	
渡	4	鳥居4	
岡崎	14	石川5，浅井2，松崎，阿部，羽根田，大岡，内藤，榊原，波倉	興蓮寺 万徳寺
小島	10	伊奈2，河村3，市石3，三浦，間瀬木	安楽寺
中島	2	大嶽，越山	
高落	1	石川	
浅井	1	石川	宿縁寺
須美	1	浅井	
山中	1	杉浦	
熊	1	三浦	安養寺
刈谷	1	小島	西勝寺
高棚	7	神谷6，石川	空臨寺
吉浜	2	神谷2	寿覚寺
一色	1	鈴木	安休寺
平口	2	鈴木2	浄念寺
市子	2	榊原2	願梅寺
八面	9	石川5，和田3，成田	瑞玄寺
志竜谷	2	牧2	蓮正寺
今川	1	石川	
菱池	2	石川2	能行寺
深池	1	小野田	
寄住	6	本多2，阿知和2，朝岡，平賀	浄顕寺
榎津	1	石川	
ふくち	3	小野2，石川	
味浜	2	船越	養林寺
町(西ノ町)	5	林4，杉崎	唯法寺・聖運寺
味崎	8	牧4，中根3，井上	願正寺
泉	1	都築	本竜寺

いだ信元は、従来の今川氏との関係を断って織田信秀と結び、今川・松平勢力と対立していた。その城下居住の小島安忠や北方に近接する熊の三浦家長らはおそらく水野被官であろう。高棚・吉浜の神谷一族は信元の家老と伝えられ、(28)明らかに水野被官であった。本証寺門徒は相対立する双方に存在したのであるが、これは同寺の末寺道場が当時の今川・織田両勢力の抗争地域に多かったから必然的ともいえよう。

類似の例は八面である。八面城には当時吉良一族の荒川義広があって今川義元に属し、織田方の西条（西尾）の吉良氏と対立していた。したがって八面を所在とする石川氏らは荒川被官とも、あるいは松平被官で三月の安城攻め以後に西条に対する番兵として八面にあったとも解されるが、石川氏が多いから後者である可能性が大きかろう。この年九月に今川勢と織田・吉良方が西尾・荒川山（八面山）付近で戦っており、それ以前より今川方の西条包囲作戦も考えられるからである。このようにみると、八面以外でも今川・菱池の石川、寄住の朝岡・本多・阿知和、味崎の中根・牧ら同族が松平被官であることが明らかな部分は、連判状の所在地を本領としたのではなくて西条包囲陣の一員として動員されていたものということになるが確証はない。もしそうではなかったのであれば、志籠谷・八面を除いた幡豆郡一帯の諸氏は吉良被官ということになり、やはり今川・松平対織田・吉良の対抗で本証寺門徒は二分していたことになる。なお「まち」とは「西ノ町」で、西条城の出城があった市場地域のことであろう。(29)林・杉崎の帰趨は不明であるが、やはり二様の考え方がありうる。

右のごとき軍事情勢からみると小島・山崎の位置も理解しうる。小島は伊奈氏の居城であったが、清康に屈服して松平被官となった。小島の地は岡崎から土呂を経て八面・西条にいたる途中にあり、当時の矢作川の渡河点である。したがってここを所在とする諸氏のうち伊奈以外は八面の後詰として動員された部分で、本領はさほど遠くはないが他にあったと考えられよう。同様の軍事拠点は山崎である。山崎は天文十二年以来広忠に敵対して織田信秀に通じた広忠の叔父蔵人信孝が新たに砦をきずいた所である。信孝は十七年四月十五日の耳取縄手の戦で敗死し、砦は十八年三月の安城攻撃の直前に攻め落されているから、ここの石川・伊奈は同砦の守兵の一員である。また安城は織田の西三河経略の前線基地で、三月の今川・松平軍の猛攻を耐えぬいた戦塵醒めやらぬ時である。ここに一族が松平被官である酒井・本多の名があることは、信孝に従った被官の一部がそのまま同城に入ったと考えられよう。

以上本証寺連判状を当時の西三河の状勢の中で検討してきたが、その結果次の事がいえよう。石川忠成（清兼）を中心とする本証寺の門徒は今川・松平と織田・吉良・水野の対決の段階においても独自の結合関係を維持していた。おそらくその起源は十五世紀後半にまで遡ることができよう。本宗寺実円に率いられて加賀に赴いた三河門徒の中核は、このような宗教の紐帯で結ばれた地域的領主連合であり、道場坊主の多くもこのような階層の出身であった。

この宗教的領主連合の成立や構造は明らかではないし、またいわゆる国人連合としての国一揆といえるかどうか確定的ではない。しかし本願寺派の伸展以後のものであるのは当然であるし、その中心に石川氏があったことは第24表にみるごとく、全署判者中の三分の一が石川一族であることで知られよう。寛政の石川忠輔（忠成父）譜に松平親忠に仕え、父親康の命でしばしば小川に赴いて伯父康長と相はかり、野寺其外の地侍を麾下として、親忠を安城に入れたという。(30) これは石川氏が小川周辺の小領主と連合あるいは被官関係を有しており、その連合があげて安城松平氏に帰属したことを示すものであろう。そうして忠輔・忠成父子はその連合の中核としての地位によって、松平氏を盟主とする国人連合内で上位の位置をしめることになったのであろう。この際石川一族を中核とする小領主連合は門徒としての同行同朋意識で裏うちされていたのであるが、天文十八年の段階では、松平氏に帰属したため宗教的小領主連合の本来の姿は相当改変されていたと思われ、その一端が本証寺連判状にあらわれたとみるべきであろう。三河においては、右の小領主連合が真宗大坊主と共同して加賀のような郡単位の公権的支配を行った徴表はみあたらない。ただし先述のように石川氏が一色氏の守護代であったとすれば若干様子は異なるかもしれない。それにしても一色氏没落後は守護公権の担い手たりえないから、十六世紀にいたっては松平氏の掌握した統治権に包括されていたと解すべきであろう。

第24表　連判者姓別分布

姓	村落数	人数
石川	13	33
神谷	2	8
牧	2	6
本多	3	4
林	1	4
鳥居	1	4
浅井	2	3
伊奈	2	3
榊原	2	3
鈴木	2	3
中根	1	3
和田	1	3
河村	1	3
市石	1	3
都築	2	2
三浦	2	2
小野	1	2
阿知和	1	2
船越	1	2
1名のみの姓		21
計		115

このような小領主の宗教的紐帯による連合は本証寺に限定されるものではない。上宮寺は本多・林・太田・安藤等が門徒と伝えられ、近世初頭にいたっても旗本・御家人や親藩・譜代大名の家臣に多数の門徒を有している。(31) 何よりも永禄一向一揆の際に三ヵ寺へ立て籠った武士門徒こそ、本証寺連判状に名をつらねる者と同様の存在であ

ったとせねばなるまい。そうして石川忠成のごとく、その中心には松平の上級家臣となった国人領主が存在し、その最底辺にはいまだ農業経営から分離していない小名主層が組織されていたことであろう。[32] このような武士門徒と多数の農民門徒を組織した三ヵ寺の上に一家衆寺院としての本宗寺が存在したが、同寺もまた直属の武士門徒を有したことは一向一揆の折の籠城衆から知られるところである。

このような三河教団や小領主層の門徒とその連合と松平氏との関係はどのようであったか。それを考える手掛りは本宗寺と三ヵ寺にみられる「不入」権にある。

其比、土ろ・鍼崎・野寺・佐崎トテ敵味方不入之処ナレバ、鍼崎之勝万寺え妻子ケンゾク供ヲ入ケレバカナハズ。勝万寺殿も大久保衆之子供立、一人も出サセ給ふナトテ、人ヲ付て寺内寄外え出サセ給ハズシテ置給ふ。(三河物語)

これは天文十二年に松平信孝が宗家広忠に叛旗をひるがえしたとき、与力の大久保一族が広忠に味方した事を怒って、「菟角に憎事カナ。何供シテ、大久保一名之子供成供、トラマエテハリ付・クシ指にモシテ、無念ヲハレン」(三河物語)として上和田を攻撃した際のことであった。勝鬘寺の寺内は戦時においても不入の地として松平一族や被官に承認されており、寺内に避難した非戦闘員に信孝も手出しをすることができなかったのである。これは検断権の不入ともいうべきものであるが、同時に寺内は諸役免除地であったはずである。

勝鬘寺の寺内不入はどのようにして成立したか明らかでないが、その状況が知りうるものがある。

六名天神居屋敷之分諸不入ニ末代寄進至候、此旨別儀不可有者也、仍為後日如件、

天文六年三月十二日　　　岡崎与十郎
　　　　　　　　　　　　　信孝（花押）
和田浄珠院(33)参

上和田てんはく導場（ママ）之事、不入進置候之条、於末代諸役等不可有之者也、仍如件、

天文十五丙午四月五日　　　岡三
　　　　　　　　　　　　　広忠（花押）
浄妙寺(34)参

浄珠院は浄土宗で、中興教然良頓（信光子）より四代目の利空全鋭が広忠・信孝の帰依をうけて八町歩の地を六名天神崎で寄進されたという(35)。浄妙寺は土呂本宗寺の役寺で、松平信忠の女宝幢院（清康妹・広忠叔母）が同寺順超室である所縁によって、赤渋の寺地が川欠になったため天白に寺地を寄付されたと伝える(36)。寺伝はともかく、両寺ともに新地建立にあたって寺地を寄進され、寺内への不入と諸役免除を認められたわけである。鎌倉末以来の三ヵ寺はともかく、十五世紀後半創建の本宗寺はおそらく松平氏によって、不入・諸役免除が認めらたのであろう。また浄妙寺文書で知られるように不入は検断権のみならず諸役免除をともなっていたとみてよかろう。これにたいし、次の例は若干ことなる。

永代申定候下地之事(37)
合田壱町弐段平田五ヶ分之内 石米六斛成

右件之下地者、従岡田与次方致買取候事実也、明眼寺御太子為仏供田永代不可有相違候、為新寄進不入ニ中合候間、依国之忩劇如何様之儀出来候共、同名親類違乱煩之儀不可有之者也、仍為末代証状如件、

松三
広忠（花押）

天文十三年甲辰弐月二日

明眼寺参

右は妙源寺の新規買得地を不入とすることを認めたものである。この買得地の内容は明示されていないが、段別五斗の石米から考えて名主職であることはほぼ間違いあるまい。それを「為新寄進不入」地とするということは、岡田与次から妙源寺へ移動した名主職への不入、すなわち公方年貢徴収のための検断権および公方年貢徴収権そのものを寄進したものと解される。これは、広忠が「平田五ヶ分」の公方年貢徴収権者であった場合のことである。浄珠院・浄妙寺の場合も同様であろうが、両寺の場合は名主職得分のない山林か未墾地であったのであろう。かくて寺内も寺領もともに「一職」地となるわけであるが、この場合は当然、諸役免除ともなるはずである。

前出の三例は松平氏によって「上なしの不入」が成立した例であるが、三河三ヵ寺の場合その開始の状況は明らかではないにしても、十六世紀中葉においてはこれと同様のものであったろう。それはさらに今川領国下へ引きつがれていく。

第四章三節でみたように、上宮寺末の渥美郡野田西円寺（清仁道場）は、同寺と末道場三ヵ所の不入・本領安堵・

在家の棟別免除を認める義元の判物を天文二十三年十月十一日付で給された。同寺はこれ以前に戸田氏より不入を認められ寄進をうけているが、義元によって旧来の諸特権をそのまま引き続き保証されたのである。ただしこの場合は検断権の不入のみであったから、旧来からの公方年貢上納義務はそのまま継続した。また同郡新美西光寺と馬伏東山寺は、義元より弘治三年九月二十八日に「寺内諸役已下可為不入」「棟別並堤井溝等人足、門前共永免許」を認められているが、(38)両寺も本願寺派で西円寺末であったと推定される。

注目すべきことは、西円寺宛寄進状の宛所が上宮寺である点である。義元は西円寺の本寺である上宮寺に安堵・寄進を行ったのであり、おそらく戸田氏時代にすでにそうであったものを踏襲したと考えられるから、上宮寺はすでに戸田氏より特権を保証されていたことになる。このような末寺道場の不入・諸役免許は「小垣江屋蔵屋敷之事、明眼寺為寺中、永代奉寄進候、不入ニ申合候間諸役并陣取狼藉之儀不可有」と水野藤九郎守忠が妙源寺へ寄進したごとく、(39)道場主や外護者・檀那の寄進が端緒であり、上級領主のある場合にはその保証によって確立するのであろう。新しく三河の支配者となった今川義元も、領国の早期安定のために、旧来の諸特権をそのまま保証していったのである。もちろん寺領に関しては前章にのべた検地を行い、また「仮名目録追加」にみられる「不入」の原則にたってのことであるが。

末寺道場に安堵がなされて本寺になかったとは考えられない。三河諸寺は永禄一揆後の破却・追放のためにそれ以前の文書を大部分失っており、前掲史料の本書も現存しないが、東三河以上に本願寺教団勢力の強大な西三河においては、松平家臣団との密接な関係も顧慮してより有利な形で安堵・寄進が行われたであろう。勝鬘寺等で知られる不入特権も他の大坊主寺院の場合も同様に当然保証されたと推定される。そうして今川領国下においては松平時代同様に保証されていたと考えられる。

第六章第二節で述べるように、この「不入」の問題は三河一向一揆の発端として重要な意味を有している。その理由を検討してみよう。天正十三年十月に三河三ヵ寺の還住を許した家康は寺内の不入と「家来卅間」の諸役免許を認めた。これは慶長検地の際もそのまま認められ、勝鬘寺の場合は「勝満《(ママ)》寺御寺内並家来卅間分屋敷分大形積五拾石之事、(中略)寺中竹木茶園家来人足役等諸役可為不入者也」と伊奈忠次黒印状をうけ[40]、後朱印地となった。延宝二年の寺内は南北二町半程、東西一町半程で[41]、寛政二年九月現在の坪数は七七三二坪余となっている[42]。このような広大な寺内が不入・諸役免除地であることによって四ヵ寺は寺内に関しては領主として臨みうるのであり、妙源寺の如く寺領への不入をも認められていれば、寺領農民に対しては「一職」領主と同等の位置にあることになる。と同時にこれによって高利貸的金融活動を営み、在地の生産行動に深く介入することが可能となる。

妙源寺の高利貸的活動を示す史料が若干ある。永正十四年神谷家光は仁木郷の山一所を「借銭ニむけ置[43]」、小栗忠親は天文六年に別所下の田二石の所を「祠堂銭拾貫借用候処廿貫余に罷成候、依難返弁為新寄進永々寄進[44]」をし、さらに同十二年に「祠堂銭拾貫文借用申候処実正也、過分ニ罷成候処御指置忝候、然者桑子御太子堂へ件之下地永代不入ニ奉寄進」として別郷下三反、石米一石八斗目のところを寄進している[45]。また平岩重元は同九年に七反の田畠で名主得分四石一斗と四〇〇文を「右此下地者弐貫文之御取かへ候間、我々一代之間進置候、(中略)

もし子ニて候者本銭を進御わひ事申候ハヽ可被下候」としている。(46)これらは明らかに高利貸的活動によって貸金回収不能の場合にとられた措置であるが、貸金が返済されて土地の移動がみられなかった場合は数多くあったであろう。このほか第三章で検討した色成年貢の一時払いたる礼銭も、寄進とはいっても一種の高利貸的金融活動の一環ととらえることができる。何よりも一二通の売券が妙源寺にあることが、貨幣集積から土地集積におよぶ当時の寺院のあり方を示すものであり、大樹寺とても同様の史料が散見される。永正十八年板倉安広は五貫文の借銭に貝吹の「田弐反所当八斗成むけ申」し、「さ候間何時ニも本物たて申候ハヽ、下地之儀少も御いらんなく渡可有候、然共本銭候とも拾年のうちニハ上け申ましく候」と証文を記し、一〇年間の大樹寺の収入八石を保証している。(47)また天文二年に上田源助と宗太郎清房は「小針左京進年貢目、嶋田平三殿より永代買徳仕候、就其百貫文御取替忝候、然者為其相当清金名田末代進之候」(48)と、土地買得のため百貫文を借用した利子分として、清金名八反三石七斗と五筆一石八斗、屋敷六〇〇文、山畠一枚を寄進している。(49)また道閑は天文五年に如来寺領で土地を寄進したが、「但彼年貢分ハ百貫文借銭を申候、此儀をもちて返弁申候、其以後者造栄《ママ》分として寄進申所」(50)であった。

このような高利貸的活動は本宗寺や三ヵ寺においても同様であったと推測される。永禄一揆の最中に家康が本多広孝や松平伊忠・直勝に勝鬘寺・本宗寺や上宮寺からの借銭にたいして徳政令を発していることが、これを裏づける。(51)そうしてこのような金融活動は松平氏から小領主層および門徒農民までを対象とし、広汎に行われていたことであろう。借銭や土地売却の理由は全く不明であるが、基本的には再生産活動を継続する上で重要な役割を果したのであろう。それは寺内への不入特権の存在によって、一切の領主的賦課から守られていたのである。

寺内不入の意義はこれにとどまらない。寺内町的集落の成立、領主としての寺院と寺領農民の問題、さらには寺院の領主化の問題がある。四ヵ寺の寺内町化の徴表は乏しく、僅かに前述のように本宗寺に存在したと推定されるが、永禄一揆の発端となった商人鳥居浄心が本証寺の寺内にあったとする説から、本証寺にも存在した可能性が推測される程度である。しかし四ヵ寺は人々の群集する機会も多く、不入の寺内は商業活動には絶好の場所である。したがって畿内におけるがごとき寺内町的発展はなかったとしても、その萠芽的形態は予想してもよいであろう。天正元年家康は上林越前に「土呂八町新市之事、永可相計之」と判物を給し[52]、翌年には「土呂郷中鍛冶番匠諸職人門次人足等、用次第可申付」との判物を出している[53]。すでに本宗寺は退去したものの、寺内は新市に発展しうる条件を備えていたのである。これから考えて他の三ヵ寺、特に土呂から遠く大浜や西条への交通路に近い上・本両寺には寺内町的発展の条件は存在したとみられる。しかも一旦商業活動がはじまれば、門徒小領主や農民と結合して西三河の生産・流通組織の不可欠の一環たりえたと考えられる。それに諸寺の金融活動が呼応するであろうことは論をまたない。本願寺教団が西三河の流通機構を掌握したというとすれば[54]、それはこの寺内の存在を前提にしてはじめて可能となろう。

不入の寺内は在地領主の本領にあたるものといえようが、その寺内住民と寺との関係、また寺領の不入が実現している場合には寺領農民との関係はどのようになろうか。寺内住民に対して寺は明らかに領主権を行使する立場にたつし、寺領農民に対しても同様である。ただし寺領は広い範囲に散在していたし、当時の職の重層的体系のもとでは多様な職と複雑な入り組み状況を呈していた。公方年貢上納義務のない名主職＝一職地を根幹としつつも、加地子収取のみの名主職、名主職、作職があった。したがってその耕作者・年貢納入責任者も、高済寺領で知られるごとく散り懸り的であった。高済寺領の与六のごとく耕作地の大部分が寺領である者もあり、その反対も当然存在した。ただこれら寺領農民は、寺領不入に包括されるかぎり、在地領主や戦国大名の賦課を免れることが可能であった。したがって部分的な寺領耕作農民が全的な寺領農民となって在地領主や戦国大名からの収奪を免れようとし、あるいは一般農民の寺領農民化の欲求も当然存在したであろう。ここに門徒領国＝仏法領形成への最基底の動きをみることはできないであろうか。

以上みてきたような不入の寺内と寺領のあり方は、実は当時の在地領主層の本領と新恩地のあり方と全く同質であったといえよう。所詮寺社領の存在形態は各時期の領主的土地所有のあり方と同質であるのが常であり、それ以外の新しい関係を独自に生出しうるものではなかった。したがって寺内・寺領への不入と同質の不入が在地領主層の本領には成立していたはずであり、寺内・寺領不入はその象徴ともいえるものであった。この事が永禄一揆の際に武士門徒が寺内不入侵害を発端として一揆に立ち上ることにつらなるのであろう。もっとも四ヵ寺の領主としての地位は、西三河の在地領主とすべて同じではない。上宮寺の例でみられるように、四ヵ寺は宗教を媒介としていることによって、上級領主の枠をこえた遠隔地に所領を有していたのである。その点では荘園制的関係を基軸にした十四世紀までの都市貴族的領主層と同じにもみえるが、その所領は各地の在地領主あるいは戦国大名によって寄進・安堵されていたから、やはりまったく異質で、十六世紀的ではあるが特異なものといえよう。

それにしても、三河の場合、在地領主層の宗教を紐帯とする連合の存在は明白であるが、長享一揆前後の加賀のごとき「一揆」支配は検証しえず、国人大坊主連合による公権的支配の存在を確定することはできなかった。その点で三河には門徒領国は成立していないといえそうであるが、本証寺連判状にあらわれる組織は、一応松平氏の支配体制には組みこまれてはいるものの、その弱体化の時期には、重層的な土地所有体制の保証者としての役割をはたしていたとみるべきであろう。

それは守護公権的諸権限掌握者の不存在、またはその弱体な地域において、自らの階級的利益を擁護するために在地領主層によって創出された特異な体制であった。「不入」保証者の弱体化にもかかわらず、諸寺院の不入が維持されえたのはこの故であった。上級領主が弱体化した時点では、堀氏にみられるごとき小領主層は、地方大坊主を頂点とする宗教的秩序に身をおくことが、その支配を全うする最良の道であったといえよう。この宗教的連合は今川領国下でも存在を続けたはずである。上宮寺にたいする義元の安堵状は、この連合の存在をぬきにしてはありえなかったとみることができる。この宗教的在地領主連合が、同行同朋意識によって、六名郷にみられる惣的結合下の門徒農民と共同戦線を結成した場合、その戦闘力は他地域の一揆と同様に強力であったことは永禄六年にいたって立証されるのである。

註

(1) 日下無倫「三河国における真宗教団の発展」上・中・下(『大谷学報』一七―二・三・四〈昭和一一〉)。

(2) 笠原一男『日本における農民戦争』第二篇、『中世における真宗教団の形成』第四・五章、『一向一揆の研究』第一四章。

(3) 織田顕信「上宮寺如光とその周辺」(『真宗研究』一〇)、「三河三ヶ寺門徒団の基礎的研究――勝鬘寺末寺を中心として――」(『同朋大学論叢』二四・二五合併号。

(4) 井上鋭夫『一向一揆の研究』第二章二・三節、第三章一・三節、第四章一節。

(5) 門徒領国と「一揆」体制についてはさしあたり拙稿「中世後期の農民闘争と一向一揆」(『歴史の理論と教育』二三）参照。

(6) 専修寺八代定順（一三八九―一四五七）の書状が安城市東端西蓮寺に現存するなど（『安城市史』資料編七二―九八頁）、同派の盛行を示す史料は比較的残存している。

(7) 笠原氏は応永年間に上宮寺順如が本願寺存如より法名の「如」字を与えられて以後本願寺末となったとしているが（『一向一揆の研究』五六四頁）、これは寺伝によったものである。一般に本尊下付の時点が寺院道場の成立や本願寺との本末関係の成立を示すものではないが、裏書および改派という点からみて、上宮寺はこの直前に本願寺末になったとすべきであろう。

(8) 織田顕信「上宮寺如光とその周辺」、『明治村史』上、一一一―七頁。

(9) 笠原一男『真宗における異端の系譜』三〇三頁

(10) 「高田ノ上人代々ノ聞書」(井上『一向一揆の研究』史料編所収、七三七頁)。

(11) 『真宗聖教全書』三、九八四―五頁。

(12) 織田顕信「三河三ヶ寺門徒団の基礎的研究」(『同朋大学論叢』二四・二五合併号)、勝鬘寺所蔵「末寺触下絵讃之控」(享保二年)。

(13) 蓮如が御文で激しい大坊主批判を行っているのは、道場坊主の直接把握をめざしたものといえるが、その段階ではやはり大坊主層の組織化が中心政策であった。この方向をさらに進めると、いわゆる道場の直参化政策となる。

(14) 「蓮如上人御隠棲実記」(『真宗全書』続九所収) 所引。本宗寺実円（弘治元年没）の代のものとされ、鷲塚本宗寺に所蔵されていたが現在は所在不明。

(15) 「絵讃之控」(享保二年)。なお織田顕信『同朋大学論叢』二四・二五合併号所収論文所引の「御堂番次第」によれば、勝鬘寺末は五七である。同書は岡崎市美合本宗寺に所蔵されていたが、昭和四十三年の火災で焼失した。

(16) 岡崎市牧御堂永空寺所蔵方便法身尊像裏書は「明応三年甲寅六月廿八日浄妙寺下参河国碧海郡碧海庄真薦堂」となっている。

（17）岡崎市土呂八幡宮所蔵写本。原本は明和五年の成立らしいが所在不明。

（18）大永四年六月九日に柴屋軒宗長は駿河下向の途次「土羅一向堂」に一日逗留しているが（宗長手記）、特に様子は記していない。

（19）勝鬘寺所蔵法名下付状三通（『岡崎市史』第七巻、五四一―二頁）。

（20）如光没後の上宮寺は次のような影像類を下付されている。

1　蓮如・如光連座真影　応仁二年十一月一日願主釈尼如順（如光妻）。

2　親鸞御影　文明十四年十二月二十三日　願主尼妙光

3　親鸞絵伝　文明十八年十一月二十日　願主尼如慶

4　法然真影　延徳元年十月十日　願主妙慶

5　教行信証延書廿帖　延徳元年十月二十八日

（21）幸寿丸入寺に関する実如書状が上宮寺にある。

（包紙上書）
「佐々木(ママ)門徒中へ　実如」

角為由言、幸寿丸跡定度之由申候間、坊主相定候、各此分可被心得候也、穴賢々々、

十二月八日　実如（花押）

佐々木門徒中へ

（22）上宮寺蔵「太子山上宮寺伝」。

（23）本証寺の所伝は源正死去は享禄二年五月七日と伝えるが、天文十四年五月七日没ではないか。『私心記』天文十四年九月七日条に、

三川野寺御斉被申候、親死去候故也、座敷へ土呂殿・予親子マデ也

とある。また『天文日記』十五年五月七日条に

就当番之儀、本証寺歓楽云々代賢忍ネコチ樽持参

とあり、日付からみて一周忌にあたるので、当番を勤めなかったのではなかろうか。

（24）三河坊主衆（本宗寺を除く）をまとめると次の表になる。

年月日	坊主・門徒	記事
5・2・1	勝鬘寺	年始礼書状
21	上宮寺・養蔵主	本宗寺と共に上る、証如対面
28	佐々木（上宮寺）	土呂の子得度に列席
11・11	石川神次郎	三河より帰る
6・1・1	勝鬘寺	証如対面
2	〃	歌そめ出席
9	〃	証如より年頭返礼
13	〃	点心相伴
28	野寺	証如対面
29	勝鬘寺	非時相伴（私）
2・15	〃	下向あいさつ
8・12	上宮寺	上洛あいさつ、証如対面
19	佐々木	証如五〇〇疋下す（私）
9・2	〃	暇乞い、証如対面
7・1・17	本証寺	当番
2・2	〃	斉相伴
10・21	参州慈光寺	当番
8・⑥・10	本証寺	〃
10・2・7	佐々木	能見物
3・10	勝万寺満千代	上洛あいさつ
12	〃	得度
15	上宮寺	花見
7・13	上宮寺下心光坊	当番
8・3	本証寺	斉相伴
19	〃	報土寺との本末争論裁断

年月日	坊主・門徒	記事
10・28	無量寿寺	斉勤仕、三州よりはじめて
11・2・26	黒崎了道其外直参又勝万寺下	当番
4・6	本証寺	当番
6・20	願照寺	当番
9・18	勝万寺下照蓮寺	〃（矢作勝蓮寺）
12・3・8	上宮寺	花見
10・28	大進（上宮寺勝祐弟）	上洛、斉頭参河
12・16	上宮寺下専修坊	当番
17	上宮寺	上洛あいさつ
13・1・1	〃	証如対面
6・24	本証寺	当番
8・16	参州慈光寺	〃
10・28	一人本証寺下	斉相伴
11・6	佐々木上宮寺勝祐	本宗寺と末寺争い、出仕停止
14・9・7	三川野寺	斉、親死去の故（私）
15・5・7	本証寺	当番、歓楽のため代ネコチ賢忍
10・28	頭人一人自参州	斉相伴
16・10・28	頭人一人上宮寺下坊主	〃
18・1・21	本証寺代上野祐心	当番
2・22	勝万寺下上和田了□	〃
5・21	上宮寺下西端祐賢	〃
10・28	斉頭人参州	「遠駿人数立之、令錯乱難調」
20・10・28	大進上宮寺弟	斉頭人、此□ヶ年錯乱により不勤
12・23	勝万寺下竹谷円西	当番

30	参河番匠	銭・布遣す
21・1・29	上宮寺下犬山順智	当番、心光坊弟
10・28		頭料三河より納入すべきも料足用に立たず当分引替で勤める
22・9・15	上宮寺下野田誓忍	当番
10・26		斉三州より、頭人一人も上らず
24・6・25	上宮寺	斉相伴（私）

○内の数字は閏月をあらわす。（私）＝「私心記」

（25）福井県諦聴寺文書（『加能古文書』五二〇頁）。
（26）藤木久志「戦国の動乱」（『講座日本史』三所収）。
（27）岡崎とある内藤橘兵衛尉信成は、天文十四年二月十九日に大樹寺へ古井法泉寺の年貢を毎年二貫文を水損等なく納入する事を誓っている（大樹寺文書「地」）。彼は姫小川内藤氏の一族で、おそらく本領は姫小川近辺にあったのであろう。
（28）『寛政重修諸家譜』第一六、二三三頁。
（29）『西尾町史』上、一三八頁。
（30）『寛政重修諸家譜』第三、二頁。
（31）「上宮寺旦方次第覚」、同書は慶長十五年、寛永元年の記録をもとに編さんされたもので直参として太田・安藤・杉浦・神谷・大岡・新見・岡田・金田・左橋・小野・中川・加藤・近藤・大草・斎藤・井上・天野・本多・鈴木・古野・柴田・夏目・成瀬・竹尾・鱸・三宅・浅井・長坂・山田・三浦・高野・内藤・都築・伊藤・細井・大岡・河村・久永・大河原・下浦・酒井・林・兵藤・高田・石野・山本・五十嵐・石原・堀・松平・酒井・内藤等九〇氏があげられ、親藩・譜代大名家臣も同姓者が多い。
（32）第三章第三節にみえる大樹寺領百姓の太田は地理的にみて上宮寺門徒の太田一族であろう。
（33）浄珠院文書（『岡崎市史』第一巻、三〇六―七頁写真）。
（34）浄妙寺文書。
（35）『六ツ美村誌』五一三―八頁。
（36）「天白浄妙寺系図」。

(37) 妙源寺文書。
(38) 「田原近郷聞書」(『豊橋市史』第五巻、一三一頁)。
(39) 妙源寺文書。
(40) 慶長六年二月七日付伊奈忠次黒印状(『岡崎市史』第七巻、五三四頁)。
(41) 『岡崎市史』第七巻、五三六頁。
(42) 同前、五三八頁。
(43) 永正十四年卯月神谷孫五郎家光売券。
(44) 妙源寺文書、天文六年十二月付明眼寺宛小栗三郎五郎忠親寄進状。
(45) 同前、天文十二年十二月二十日付明眼寺宛小栗三郎五郎忠親・平岩惣衛門貞政連署寄進状。
(46) 同前、天文九年極月五日付桑子殿様宛平岩甚三郎重元証状。
(47) 大樹寺文書「天」、永正十八年二月二十一日付大樹寺宛板倉兵庫助家広借用証文。
(48) 同前、天文二年二月十四日付天蓮社秀誉上人宛上田源助・宗太郎清房連署寄進状。
(49) 同前、天文二年二月十四日付天蓮社上人宛上田源助・宗太郎清房連署坪付。
(50) 同前「先」、天文五年十月付大樹寺宛道閑寄進状。
(51) 第六章三節参照。
(52) 「譜牒余録」三十六(『徳川家康文書の研究』上巻、二〇〇頁)。
(53) 同前、(同前書、二一〇頁)。
(54) 煎本増夫「三河一向一揆の再検討」(『史学雑誌』七八―八)。

第六章　三河一向一揆と徳川領国

第一節　三河一向一揆の史料

これまでの三河一向一揆研究において、一揆の経過を知る史料として用いられてきたのは、まず大久保忠教の『三河物語』であり『松平記』であった。十七世紀前半に成立した両書では不明確な点を補うものとして、「三州一向宗乱記」等の近世後期の実録物というべきものが使用されてきた。これは結局のところ、同時代史料が皆無というべき状況のしからしむるところであるが、そのために三河一揆研究に多くのあいまいさを残してきた。一揆の発端は野寺本証寺とする説と佐々木上宮寺とする説にわかれ、さらには両者を併記する書もあるというのはその一例である。そのためまず必要なことは、三河一揆に関する諸史料を比較検討し、成立年代が早くかつ記事の比較的正当なものを確定し、それによって一揆の経過を一応確定することである。従来はこの点を等閑視して議論が進められてきたきらいがある。

三河一向一揆の当事者が一揆に関して述べたものは、私見の範囲では、佐々木上宮寺所蔵の次の書状一通である。

右之理ハ、家康先年一城ニ罷成候事、別之子細ニあらす候、御存知之師匠を見はなしかね、をんふち（扶持）を承候普代之もの共、別儀を仕候て、剰家康国を望候、其上馬頭原ニて鑓を被取申候ても、師弟之間無別之候、ケ様成たのもしき御流儀候間被仰付候ハヽ、定悦覚材木届可申候、以上、
御折帋拝見申候、随而京都之材木一向宗ニ届候へと被仰付候由承候、何様にも在御談合可有御届候、拙者式異見ハ罷成間敷候、尚以従石日被仰越候者、早々御届可勲候、又何も被仰付候て置之候ハんと被存、師弟之事候間定門徒中ハ別条有ましく候、師弟之間を自余より申付候事有ましく候、恐惶謹言、

本作左
重次（花押）

二月廿日
七ケ寺

右は天正十六年（一五八八）におこった京都における家康屋敷建築用の材木運搬の一件に関する本多作左衛門重次の書状（折紙）である。その詳細は本稿では省略するが、右文書の追書の部分は、一揆終結より二五年を経たとはいえ、上宮寺門徒でありながら一揆に加わらずに家康方となった重次が、関係者として残した唯一の見解として重要な意味をもとう。もちろん天正十六年という時点と、材木一件という当該時点での政治的対立の存在を考えたうえでの理解が必要であるが。

本多重次書状についで重要なものは、一揆中に発給された九点の家康文書である。しかしこれも断片的すぎて一揆の全容を知るには不充分である。そこでどうしても近世において徳川（松平）氏の歴史を記述した書籍にみら

れる一揆関係記事にたよらざるをえなくなってくる。このような書籍としてはまず十七世紀前半に成立した『三河物語』『松平記』『官本三河記』『武徳大成記』『家忠日記増補』などがあげられる。このうち『三河物語』は第一章で述べたように徳川氏神話の出発点ともいうべきものであり、したがって全体的内容には相当注意せねばならない。しかし三河一揆の前後になると信頼度は相当高くなる。筆者の大久保忠教は永禄三年（一五六〇）生れであるから一揆当時は三歳の幼児にすぎず、したがって記述された内容は父やその兄弟、あるいは兄や従兄等からの伝聞を素材として構成されたと推定される。よってその確度は相当たかく、信憑性は大きい。『松平記』は筆者不明であるが、島原の乱直後頃の成立と推定され、部分的には先行する記録をとりいれたところもみられるが、(1)全体として信頼度はたかいものである。

右の二書は三河一揆を直接対象としたものではないが、その成立年代が比較的早く、記述の素材は直接体験の一次的伝聞によると考えられるから、一揆の全貌を把握する基礎史料といえよう。いまこれをその成立状況から三河一揆に関する一次史料と称しておく。これにたいし『官本三河記』以下は十七世紀中葉までに成立したものではあっても、その記事の多くが先行する諸書より採取されているから編纂物というべきものであり、三河一揆に関しては第二次史料というべきであろう。

三河一向一揆自体を記述した書籍は十七世紀後半より出現する。その嚆矢といえるものが「永録《(ママ)》一揆由来」である。岡崎市勝鬘寺所蔵の同書の全文は紹介したことがあるが、(2)天和三年（一六八三）書写の奥書があり、三河一揆のみを記述した諸書のうち、私見のかぎりでは最も早く成立し、しかも著者がほぼ確定できる唯一のものである。著者と推定される東泉坊教山は菅生満性寺寺中東泉坊の七代目住職で恵空教山と称し、享保十九年（一七三四）に八十四歳で没しているから、慶安四年（一六五一）生れで同書書写の時点では三十三歳であった。教山は元文五年（一七四〇）成立の『三河国二葉松』の「加毫之連名」六人中の一員であり、同書成立にあたっての協力者の一人であった。文化年中に成立した「東泉坊旧記」(3)には「御当家旧記等悉考諸大名御簱本数多御目見仕御書翰等于今什物所持仕候」とあるから、若年より郷土史や徳川氏の歴史に興味を有して著作活動を行ったのであろう。「三川古文書」（岩瀬文庫所蔵）中の東泉坊古案の筆録者も教山ではなかろうか。

「永録一揆由来」は本文僅か五五行、約一二〇〇字の小篇である。野寺本証寺境内の商人鳥井浄心と岡崎の侍衆との間の小紛争が発端となって一揆がおこり、真宗専修寺派が家康に味方したこと、小豆坂での戦いを記し、さらに石川家成母宛に一向宗赦免状が出されたとしてその全文をのせている。発端に関する記述が約半分を占めているのが特徴で、本証寺発端説をとる諸書中最も古いものである。おそらく十七世紀中葉の岡崎付近での伝承が素材となったのであろう。なお家康の一向宗赦免状の全文を末尾に記する形式も同書に始まったといえよう。

これ以後の三河一揆に関する編纂物を第三次史料と称することにする。

「永録一揆由来」に次いで成立年代の古いものは元禄十五年（一七〇三）写本のある「三河記異考拾遺録」(4)（以下「拾遺録」と略称）である。同書は題名のとおり「三河記」のうち一向一揆に関する部分の拾遺・追補であるが、「三河記」諸本中のどれをもとにしたかは不明である。別題を「参河記拾遺録」「三河三ケ寺物語」とも称するが、著者や成立年代は確定していないにもかかわらずこの書の意義は大きい。というのは『三河物語』『松平記』「永録一揆由来」等をもとに、三河の寺院や各地の所伝を付加して三河一向一揆の全容をほぼ概括した最初のものであり、一般に流布している「三州一向宗乱記」の原型となったものである。

「三州一向宗乱記」（以下「宗乱記」と略称）は「拾遺録」に増補を加えたものである。同書には黒川氏所蔵本(5)、東大史料編纂所本、東大総合図書館本(6)などがあるが、年記のあるものは、文化四年に三河国岩津の中村左仲（寓岩）蔵書を鍋田三善が写し、さらに二写の後明治九年に「槐尚軒」蔵書となった東大総合図書館本しかない。したがってその成立は十九世紀初頭までしか遡りえないものである。内容的には「拾遺録」に若干の付加をし文章表現

第25表　諸書目次一覧

	三河記異考拾遺録	三河国門徒兵乱記	参州一向宗乱記
1	第一　（永禄年中）三河国一揆蜂起濫觴之事	宗門（三州）一揆蜂起監（ママ）觴之事	一　一揆蜂起濫觴の事
2	第二　岡崎宗徒叛逆之事	岡崎宗徒叛逆之事	一　岡崎の宗徒叛逆之事
3	第三　立退岡崎所々篭城逆臣之事	（出奔岡崎楯篭諸所逆心之事）	一　出奔岡崎楯篭所々逆臣事
4	第四　祐欽（金）善秀曖之事	祐歓喜（善）秀扱之事	一　祐歓・善秀扱の事
5	第五　励忠勤城主弁勇士之事	励忠懃城主（諸将）弁勇士之事	一　励忠節諸将弁勇士之事
6	第六　凶徒（於）所々闘之事	宗（凶）徒於所々闘之叓	一　岡崎方与一揆所々闘之事
7	第七　一揆（御退治）静謐之事「弁一向宗罪科免許」之事	一揆（御退治）静謐之叓	一　一揆降参、静謐之事
8	「附逆臣等宥免」	（宗徒罪科御宥免之叓）	

（　）内は目次にあって本文題目にはないか、又は変わっている部分。

を相当改めた程度で、基本的な諸点の変更はない。(7)

「宗乱記」と題名こそことなるが、内容はほとんど同じで語句に僅かの差異のあるのが「三州本願寺一揆記」「三州本願寺門徒一揆」(8)「三河国門徒兵乱記」である。ともに序も跋もなく成立年代は不明であるが、「兵乱記」は裏表紙に「伊賀村持主織田仙吉」「安城村山本太郎助」とあるから、この順に移動してのち現蔵の安城市立図書館に入ったものであろう。

「拾遺録」「宗乱記」「兵乱記」は第25表のような目次と各節の題目をたてている。これでみるかぎり「拾遺録」→「兵乱記」→「宗乱記」と整備されていった一系統を認めることができよう。

「拾遺録」系統とまったく異なるのが「三河一揆巻」「三州土呂一揆濫觴記」(9)「参州本願寺一揆書」(10)の系統である。この三書は題名こそ異なるが内容はまったく同一で、その差異は転写の際の誤り程度である。内容的には、「拾遺録」系統と同じ点が多いが、形式上は節ごとの題目を欠き、「一……」形式で、また「伝云」「或説ニ云」は一切ない。しかし本証寺発端説をとっているから、「拾遺録」系統と完全に別個のものとは考えられない。この系統は「拾遺録」が「兵乱記」「宗乱記」に発展する間に成立して、

第26表　諸書成立年代表

		著編者	成立年代	備考
1	三河物語	大久保忠教	寛永2 (1625)	久曾神昇「三河物語の成立年代考」による
2	永録《ママ》一揆由来	東泉坊教山	天和3 (1683) 以前	
3	三河一揆巻			
4	三河記異考拾遺録			
	野村本		宝暦3 (1753) 以前	
	内閣文庫本		元禄15 (1702) 〃	
5	三州一向宗乱記		文化4 (1807) 〃	
1	松平記		慶長年間 (1596〜1615)	流布本は寛永末成立か
2	家忠日記増補	松平	寛文5 (1665)	
	上宮寺雑録	上宮寺乗槃	享和3 (1803)	

第27表　諸書異同一覧

三州一向宗乱記	三河記異考拾遺録 閣本	三河記異考拾遺録 野村本	三州本願寺一揆書	家忠日記増補	松平記	三河物語
一　一揆蜂起濫觴の事						
1　義元討死後、家康西三河平定、一揆おこる	◎	◎	⊗	×	×	×
伝曰、本願寺派と高田派	◎	◎	×	×	×	×
2　一揆の原因						
本證寺内鳥井浄心と岡崎若侍の争い	◎	◎	○	×	×	×
伝①　本証寺の悪党を酒井雅楽助検断	◎	◎	×	×	×	◎
伝②　酒井雅楽助上宮寺検断	◎	×	×	×	×	×
伝③　菅沼藤十郎、上宮寺の米を徴発	◎	◎	×	△	△	×
伝④　土呂本宗寺での紛争	◎	×	×	×	×	×
伝⑤　上宮寺松平三蔵に荷担	◎	×	×	×	×	×
伝⑥　同前	◎	×	×	×	×	×
3　諸寺評定	◎	◎	◎	⊗	⊗	×
一　岡崎の宗徒叛逆の事						
1　吉良義章……伝曰	◎	△	○	⊗	⊗	△
2　荒川義等……伝曰	◎	◎	○	⊗	⊗	△
3　松平七郎昌久	◎	◎	○	⊗	⊗	△
4　松平監物家次……伝曰	◎	◎	○	⊗	⊗	△
5　松平三蔵信次	◎	○	○	⊗	⊗	×
6　酒井将監忠賀(忠尚)	◎	○	○	⊗	⊗	△
7　忠賀に従う人物一一名	◎	◎	○	⊗	⊗	◎
伝曰、鳥居金五郎	◎	×	○	⊗	⊗	×
8　夏目次郎左衛門	◎	⊗	△	◎	△	×
9　石川修理広成、本多弥三郎一揆の大将	◎	⊗	×	×	×	×

三州一向宗乱記	三河記異考拾遺録 閣本	三河記異考拾遺録 野村本	三州本願寺一揆書	家忠日記増補	松平記	三河物語
一　出奔岡崎楯篭諸々逆臣の事						
1　野寺本証寺九名外百余	◎	◎	○ 8名	△ (1・2で20名)	△ (1・2で19名)	○ 8名
2　佐々木上宮寺一三名外二百余	◎	◎	○ 9名	△	△	○ 13名
3　土呂善秀寺三八名外百余	◎ 39名	◎ 36名	○ 19名	○ 32名	◎ 35名	◎ 37名
4　針崎勝鬘寺三三名外百余	◎ 36名	○ 24名	○ 10名	◎ 32名	◎ 34名	◎ 38名
5　すべて一万余	◎	◎	○	×	×	×
一　祐歓善秀扱の事				×	×	×
1　一向宗の風俗	◎	×	◎			
2　家康二人に調停を依頼	◎	△	△			
3　上宮寺和談不調	◎	◎	△			
4　本宗寺　〃	◎	◎	◎			
5　両僧立退	◎	◎	◎			
伝曰、両僧のその後	◎	×	×			
一　励忠節諸将幷勇士事						
1　松平三家	◎	◎	○	○	○	○
2　本多豊後守広孝	◎	◎	⊗	⊗	⊗	⊗
3　酒井忠次・忠域	◎	◎	×	×	×	×
4　松平庶家六名	◎	◎	⊗ 3名	⊗ 2名	⊗ 2名	⊗ 2名
5　刈谷水野家より加勢一二四人	○	◎	⊗	×	×	×
6　小栗五名	◎	⊗ 5名	⊗ 4名	⊗ 2名	⊗ 3名	⊗ 3名
7　鳥居一家四名	◎	×	×	⊗ 2名	⊗	⊗
8　大久保党二七名	◎	⊗ 13名	⊗ 21名	⊗ 17名	⊗ 20名	⊗ 22名
大久保一四　筒井二　宇津二		6・1・1	13・1・1	14・0・0	13・1・0	12・1・1

杉浦四　松平二　市川一		2・2・1	2・2・1	0・2・1	2・2・1	2・2・1
田中一　秦野一		0・0	1・0	0・0	1・0	1・1
9 嶋田二名	◎	×	×	×	×	×
10 中根九名	◎	⊗	⊗ 10名	⊗ 9名	⊗ 8名	⊗ 9名
11 高田派妙源寺　都築・安藤・長坂・高木・神谷・本多	◎	◎	×	×	×	×
12 その他石川伯耆守以下七七名	◎	△ 23名	◎ 79名	○ 64名	◎ 75名	◎ 81名
13 岡崎より諸所への道程	◎	◎	○	×	○	○
14 東三河諸士を味方とす	◎	◎	△	×	×	×
一 岡崎方と一揆諸所闘の事						
1 戸田三郎右衛門尉、上宮寺夜討	◎	◎	◎	○	△	△
伝曰、三郎右衛門の出自	◎	△	×	×	×	×
2 永禄六年十一月二十五日土呂針崎一揆、上和田砦を攻む	◎	◎	×	×	×	×
3 酒井将監勢岡崎を攻めて敗北	◎	◎	◎	×	×	×
4 永禄七年正月十一日上和田の戦い	◎	◎	◎	○	△	○
伝曰、土屋長吉家康をかばって死す	◎	◎	×	△	×	×
5 正月十二日の戦い	◎	◎	◎	○	○	○
伝曰、蜂谷半之丞、家康を見て退く	◎	△	×	×	×	〔○〕
6 正月十三日針崎の戦い	◎	◎	◎	○	△	○
伝曰、蜂谷半之丞伏勢を知らす	◎	◎	×	〔○〕	〔○〕	〔○〕
7 同日家康伏勢にあい苦戦、満性寺へ入る	◎	◎	◎	×	×	×
伝曰、八橋浄教寺	◎	×	×	×	×	×
8 正月十四日深津・青山、上宮寺へ忍び入り打取られる	◎	◎	◎	○	×	×
9 十五日佐々木の戦い	◎	◎	◎	△	×	×
伝曰、松平三蔵西国落	◎	×	×	×	△	×
伝曰、三蔵息	◎	×	×	×	△	×

三州一向宗乱記	三河記異考拾遺録 閣本	三河記異考拾遺録 野村本	三州本願寺一揆書	家忠日記増補	松平記	三河物語
10 この時家康敗走して妙源寺に入る、黒本尊所望	◎	◎	×	×	×	×
11 佐々木一揆筒針砦を攻む	◎	◎	×	×	×	×
12 佐々木一揆も加わり上和田を攻む、家康苦戦	◎	◎	×	×	×	△
13 馬頭原合戦（十五日）	◎	◎	◎	△		△
伝曰、発地藤三郎	◎	◎	◎	×	×	×
14 一揆敗北（十五日）	◎	◎	◎	×	△	×
伝曰、家康の行動	◎	◎	×	×	×	×
伝曰、芦谷善大夫	◎	◎	×	×	×	×
15 水野忠重の活躍（十五日）	◎	×	×	×	△	△
伝曰、矢作勝蓮寺の強弓	◎	×	×	×	×	×
伝曰、水野信元の戦略	◎	×	×	×	×	△
16 正月二十五日深溝伊忠、夏目の六栗城乗取を注進	◎	◎	◎	×	○	○
17 二月三日針崎物見勢、伏兵のため敗北	◎	◎	◎	◎	◎	×
18 二月八日西尾城兵糧入れ	◎	◎	◎	×	×	×
19 野寺一揆との戦い、円光寺自害	◎	◎	◎	×	×	×
一　一揆降参、静謐の事						
1 織田信長和睦をすすむ	◎	◎	◎	×	×	×
2 吉田、蜂谷ら和睦申入れ	◎	◎	◎	○	△	△
3 光西寺評議——三条件	◎	◎	◎	○	×	×
4 大久保浄玄諫言	◎	◎	◎	○	△	△
5 二月二十八日上和田浄珠院で誓紙	◎（日ナシ）	◎（同）	◎（同）	○（同）	△（同）	△（同）
6 石川家成本宗寺入	◎	◎	◎	○	△	△
7 一揆退散、帰参と追放	◎	◎	◎	△	△	△
伝曰、信長使は滝川	◎	×	×	×	×	×

伝曰、光西寺で誓紙差出す	◎	×	×	×	×	×
或説、吉良義昭・荒川義広西国へ落行	◎	×	×	◎	◎	◎
伝曰、右の説虚説、六角堂で死す	◎	×	×	×	×	×
又、荒川は吉良で病死	◎	×	×	×	×	×
伝曰、酒井忠尚猿投で死す	◎	×	×	×	×	×
又、忠尚討死	◎	×	×	×	×	×
又、隣松寺の所伝	◎	×	×	×	×	×
8 真宗寺院破却、門徒断絶	◎	◎	◎	×	△	○
9 天正十一年再興	◎	◎	◎	×	×	×
赦免状	◎	◎	◎	×	×	×
光顔寺什物	◎	◎	○	×	×	×

◎同文か、語句の少異　△内容の一部あり　○内容同じなれど表現が異なる　⊗全く異なる　×なし
〔　〕は独立した項をなしていない場合

後両書にとりこまれた。たとえば第25表4の祐欽善秀扱之事の節の冒頭は、「拾遺録」では「今度凶徒ニ与スル御家ノ旧臣等思寄ラヌ軍ヲシテ若討死セハ不便ニ思召」した家康が、和睦の扱いを二人の僧に命じたと書きだしている。ところが「兵乱記」以下は次のように記す。

去ば、一向宗の風俗は、手の舞、足の踏事も、皆是報仏応化の妙用にして、自力にあらず、しからしむるは不可思議光如来御はからひ也と解して、墳墓を築く事をせず、其寺を先祖の廟堂として、雑行雑修の心を打捨て、一心一向に、身命を阿弥陀如来に抛の宗門也。(11)

この後に「拾遺録」の前出部分が続くが、右の引用部分は「一揆巻」系統とまったく同文である。したがって

「兵乱記」「宗乱記」成立以前に「一揆巻」系諸本が成立していたことはまず間違いない。以上の考察から、三河一揆に関する諸書を成立年代で区分すると第26表のようになる。

それでは三河一向一揆に関する諸書の内容の関連性はどうなっているか。第27表は「三州一向宗乱記」の記事がどの書にあり、どの年代まで遡りうるかを知るためのものである。これまで指摘してきたことを含めて、次の諸点があげられよう。

(1)『三河物語』と『松平記』は相互に関係なく、参照された形跡はみあたらない。

(2)『家忠日記増補』は深溝松平の所伝や文書等独自の資料を用い、『三河物語』は参照していない。また「一揆巻」「拾遺録」系はともに『家忠日記増補』を参照していない。

(3)「一揆巻」系は「拾遺録」の成立にあたって参照されている。

(4)「一揆書」が発展して「拾遺録」になったが、「拾遺録」の最初の様式は書写年代の新しい野村本であり、それが増補されて内閣文庫本となった。「宗乱記」は閣本「拾遺録」に若干の追補を行ったものといえる。

右の四点を確認したうえで、次に三河一揆の事実経過を検討する。その際まず諸書の異同を論じて事実の確認をし、その上で研究史上の論点にせまることにする。従来この点が充分でなかったといえるからである。

第二節　三河一向一揆の原因

一　発端に関する諸説

永禄六年（一五六三）秋におこって約半年続いた三河一向一揆の発端に関しては、上宮寺における菅沼定顕の行動よりおこるとする説が一般に行われている。(12) それは『松平記』の次の部分によっている。

一　永禄五年の秋の末三河の住人菅沼藤十郎取手を致し、兵粮の為に佐々木の上宮寺へ行て、もみをほして置たるを取て城へ帰る。此寺は三河国の三ヶ寺の院家の其一也。残て二ヶ寺野寺針崎の御坊連寄合て談合しけるは、此寺は当国の本地にて、開山上人より以来久敷不入の地也。か様の甲乙人のらうぜきすべき所に非ず。已来の為尤戒べしとて、菅沼が所へ行、土民共を催し菅沼が内の者共を打ふせ、雑穀あまた取返して帰る。菅沼大に怒、喧嘩を起しけれども不叶。此由酒井雅楽助に申。酒井聞て使を以て断申ければ、其使を切ける間、家康是も聞召、酒井雅楽助を検断に被仰付、寺中の狼藉のもの共いましめ給ひ、彼寺の坊主の檀那并末寺・末山・土民百姓一味して一揆を起し、駿河衆の所々に残りし衆へ触送り逆心を催し、先三ヶ所の寺を城にかまへ、家康譜代衆も此宗旨の檀徒は一味し、家康へ逆心をなす。

右と同趣旨の記事が『家忠日記増補』にもあるが、右の見解は『武徳大成記』の或説、「拾遺録」の発端の伝1、「宗乱記」の伝3とつながっていく。もっとも「拾遺録」は菅沼藤十郎に関する疑問をあげてこれを否定している。上宮寺発端説を否定すると野寺本証寺発端説となる。これには二系統あり、一つは『三河物語』系、他は「永録一揆由来」系のものである。『三河物語』は次のように記す。

漸シタル処に、永禄五年壬戌に野寺之寺内に徒者ゝ有ケルヲ坂井雅楽之助押コみてケンダンシケレバ、永禄六年癸亥正月に、各々、門徒衆寄合て、土ロ・鍼崎・野寺・佐ゞ起に取コモリて、一騎ヲ迮て御敵ト成。

これは『武徳大成記』をへて「拾遺録」伝1、「宗乱記」伝1にいたる。これにたいし前節であげた「永録一揆由来」の鳥居浄心一件が「拾遺録」「宗乱記」の本文となる。

このような一揆の発端に関する記述の差異はすでに第二次史料の段階で注意をひいていた。『官本三河記』は『松平記』系の記事を永禄五年秋とし、『三河物語』系を同六年十月のこととして二つの事件を継起的に理解している。『武徳大成記』は『三河物語』系を本文とし、或説として『松平記』系をあげている。記述の差異は時代が降るにつれて、整頓が加えられ、ついに「宗乱記」にいたって第27表のようにまとめられ、その結果「永録一揆由来」系の発端説が本文とされるにいたったのであるが、その理由がどこにあったかは考えておかねばなるまい。『松平記』系は菅沼藤十郎の兵粮徴発、坊主門徒の抵抗、酒井雅楽助の検断を記す。しかし「拾遺録」がすでに指摘し、煎本増夫氏が詳細に検討して確認されたように[13]、菅沼藤十郎の実在に関する疑問が大きかったであろう。それでなくても菅沼が上宮寺より兵粮を徴発する理由も権限も不明確のままであり、常識的に考えても理解に苦しむところである。これに反して本証寺発端説、とくに「永録一揆由来」系の説は『三河物語』よりも具体的で、かつ上宮寺説ほどの無理はない。したがって撰択の結果ここに落ちついたものであろう。しかし近世初頭に成立した第一次史料の所伝は否定しがたく、ために「伝曰」という形で異説として残されてきたのであろう。なお『三河物語』と「永禄一揆由来」の記す事件は、年代に若干のずれはあるが、おそらく同一の事件ではないかと考えられる。

もっともここで考えねばならないのは、一揆関係諸書はすべて家康の幕府開創後の成立であり。したがって家康や大名幕臣に関する記述には一定の配慮がはたらいて記述に限界が生ずることはなかったかどうかである。その点からみて上宮寺発端説はいまだすてがたいものがある。享和三年（一八〇三）に上宮寺乗槃が記した「雑録」に次のような記事がある。

一　永録《ママ》五年ノ十月家康公岡崎に御在城ましまし、軍用として八木数千俵、当山并勝鬘寺、本証寺江使者を以仰付られけり。此時当院へハ右御用之旨菅沼藤十郎を以仰付なり。依之三浦六郎右衛門、当院ハ上宮太子御建立以来代々守護不入之霊場にして、武門ゟ軍用之儀仰せこされける事無之、しかるに今軍用之儀御申聞之儀当山の御掟不案内たるへし、能に此旨可被申達と返答ニ及ひける。（句読点筆者）

こののち双方が立腹して口論になったところへ門徒の安藤太郎左衛門が来合せて、安藤と菅沼の争論となって安藤が菅沼を斬殺した。また「はり崎野寺にても右兵粮御用之儀彼是ニおよひしに依而、家康公を始老臣ニ至まて憤りけり。終ニハ一戦及ふ」ことになったとしている。この記述が事実とすれば上宮寺発端説は相当理解しやすくなるが、他の傍証史料は現在は皆無である。また「拾遺録」以来指摘されている菅沼藤十郎の問題もある。なによりも一揆以来二〇〇年の経過は、上宮寺における寺伝の保持やその表現にも微妙な影響を及ぼしていると

みなければならない。(14)

以上みてきたように発端に関する諸書の統一的理解は現在のところ不可能であるが、一応整理すると次のようになる。

一　発端の場所

A　本証寺　a　三河物語

　　　　　　b　永録一揆由来、三河記異考拾遺録→三州一向宗乱記、三河本願寺一揆書

B　上宮寺　　松平記、上宮寺雑録

二　事件と人物

家康家臣の行動

a　菅沼藤十郎の兵粮徴発——松平記、上宮寺雑録

b　酒井政親の検断——三河物語

c　鳥居浄心一件——永録一揆由来、拾遺録→宗乱記、一揆書

右の状況では一揆関係諸書から一揆の発端を確認することは不可能に近い。ただし今後の研究の手がかりは皆無ともいえない。それは『三河物語』も『松平記』もともに一揆の発端を永禄五年秋としている点である。これは現在では永禄六年が定説となっているが、もっとも成立年代の早い二書がこのように記していることには一定の意味があるのではなかろうか。今後の検討を必要とするところであろう。

二　「不入」をめぐって

一揆の発端に諸説あることから、これまでの研究史においては必ずしも史料にとらわれず、当時の家康をめぐる政治的状況から一揆の原因を考えている。すなわち、永禄三年五月十九日に今川義元が桶狭間で敗死して以後松平家康は独立した小大名として三河一国の領国化をめざして活動するが、その行動が本願寺派教団と矛盾を深めた結果、小事件を契機として松平対門徒一揆の対決となったとする。その際上宮寺説をとるか本証寺説をとるかで見解の相異があり、また発端は偶発的であったが、そこから一揆にいたる過程で家康に誘発されたとみるかどうかも議論のわかれるところである。

誘発説は次のようにいう。三河一向一揆は家康家臣と一向衆門徒との些細な紛争がきっかけで、むしろ家康方から一揆を誘発せしめる状況のもとで一揆に展開したものである。一揆を誘発せざるをえなかった理由は、東進をめざした家康は永禄六年において西三河平野部の生産物収奪の強化が当面する課題であったことによる。この収奪強化は単に貢租などの課役の収奪強化のみならず、西三河全域の領域経済機構の掌握が重要であり、他方その流通機構を生活の基盤としていた本願寺教団との間に決定的な対立をもたらすものであった。「信長記」や「本願寺一揆記」によれば西三河における物資流通の主導権は本願寺教団にあり、教団ブロックに居住する在地領主層は教団組織につながっている方が在地支配に得策と考えたにちがいなく、家康はそれを遮断し、西三河における流通機構の完全な支配下におくことを対今川戦を目前にして決断していた。ところが本願寺派寺院・門徒は状況判断を誤って今川氏の保護から離れた松平宗家の力を過小評価し、あくまでも本願寺教団の自治的結合を守ることが自己の立場を有利にすると考え、松平宗家側の誘発にのって一揆を勃発せしめたとするのである。[15]誘発説は、「誘発」という観点に関しては一定の有効性を有するが、その前提となる流通機構掌握の問題が具体的に把握されていないため説得力に欠けるものである。[16]したがって現段階では今後深めらるべき一視点ということになろう。

それでは一揆はどのようにしておこったのか。一揆発端の場所や関係人物の差異を除外して史料を検討してみると共通部分を発見する。

> 此寺(上宮寺)ハ当国の本地にて、開山聖人より以来久敷不入の地也。か様の甲乙人のろうぜきすべき所にあらず、(中略)家康是を聞召、酒井雅楽助を検断に被仰付、寺中の狼籍(ママ)のもの共いましめ給ひ(下略)(松平記、傍点筆者)
>
> 古より今に至まで難有古跡大地とあれハ、守護不入にして何事も他所の支配をうけざる故野寺本証寺中を借り(下略)(「永禄一揆由来」、傍点筆者)

右の二つの表現は以後の両系統の諸書において、若干の語句の差異はあっても一貫して現れるところである。また『三河物語』は、本証寺内の「徒者」を酒井雅楽助が「押コみてケンダン(検断)」したことを発端としている。すなわち家康やその家臣が本証寺・上宮寺の不入特権を侵害して兵糧を奪取し、あるいは検断権を寺内に行使したことをもって一揆の発端としているのである。したがって諸書にみるかぎり一揆勃発の原因は、場所や人物の差異は別としても、三ヵ寺の不入特権侵害にあったことになろう。

この点はすでに指摘されたところであり、坂本勝成氏は、松平氏は一円支配の確立期に大名権力による不入の否定を進めようとし、その結果一向一揆がおこったとされている。(17)前出史料からみてこの指摘は正当であり、また第五章第二節で詳述したように、広忠の時代に三ヵ寺は松平氏から不入特権を承認されていた。家康の代になった天文十八年三月以後桶狭間合戦までの家康文書にも「不入」のあらわれるものがある。弘治二年六月二十四日に岡崎大仙寺俊恵蔵主に宛てた松平次郎三郎元信署名の寺領寄進状並に禁制には、(18)「祠堂徳政免許之事」(三条)「棟別・門別・追立夫之事」(四条)と共に「諸役不入之事」(五条)とある。ただしこの文書の三日前に今川義元がほぼ同内容の寄進状を発しており、(19)したがって家康独自のものとはいいがたい。次に弘治三年五月三日岡崎高隆寺に下した定書の(20)第六条に「一諸役不入之事、然上者、坊中家来之者、縦雖有重科、為其坊可有成敗事」とあり同年十一月十一日付の浄妙寺宛松平氏奉行連署安堵状写(21)には「広忠・元信末代諸不入ニ御寄進之うへは、いつかたよりも中事有間敷候」とある。(22)

これらの「不入」は広忠の代までと同じく第一に検断権不入であり、第二に諸役の不課であったことは明らかである。しかし指摘しておかねばならないのは、家康が人質として駿府在留中の天文二十二年二月に「仮名目録追加」が出され、これに有名な「守護不入」否認の論理が示されている。この点は次項で問題とするが、一向一揆勃発の時点で、家康は何故不入特権を侵害するような行動に出たと推定されるか、それが正しいかどうかの確認がまず必要である。また誘発の観点もそこで再度問題となろう。したがってまず義元敗死以後の家康の動向と西三河の政治的状況を問題にせねばならない。

三　家康の自立と矛盾の激化

永禄三年五月十九日駿遠参三ヵ国の太守今川三河守義元は尾張桶狭間の露と消えた。家康は知多郡大高城に在ったが急遽三河へ帰り、二十三日に岡崎城に入った。これ以後今川より自立した家康の活動がはじまる。まず加茂郡広瀬城の三宅氏を追い、ついで刈谷の水野信元と戦う。しかし翌四年二月家康はこれまでの今川氏との関係を絶って織田信長と結ぶ。これによって今川の部将となっていた形原・竹谷の両松平氏をはじめ今川家臣団に編制されていた諸将が帰属し、以後家康は西三河の今川勢力と激突、碧海郡中島城の板倉重定、宝飯郡長沢城の糟屋善兵衛を追い、幡豆郡東条の吉良義昭を降服させ、さらに東三河へも触手をのばし、菅沼・設楽・西郷等東三河の諸氏を誘降した。西三河南部の重要地点西条（西尾）城には酒井正親を入れている。永禄五年正月、家康は尾張清洲城で織田信長と会見。これによって三尾同盟は確固たるものとなり、以後家康は積極的に東三河経略をすすめる。同年六月より翌年三月まで宝飯郡内各所で今川氏真軍と対戦して勝利をおさめ、牛久保城主牧野成定を誘降。かくて永禄六年夏には吉田・田原の二城だけが今川方として残されていた。(23)

右のごとき家康の岡崎復帰以来の行動をもとに、従来は一向一揆勃発の原因を主として戦国大名としての征戦のための収奪強化、あるいは流通機構把握の必要性などから説明してきた。しかしここでは別の視点から考えてみよう。

家康の岡崎復帰の時点で、西三河の支配体制は旧松平支配下とは画然とした差異を示していた。その第一は二度にわたる今川検地によって確立された百姓前直納体制であり、家康はこれをそのまま受けついだと考えられる。家康による三河検地は永禄七年が最初といわれ[24]、その後は天正十七年までおこなわれない。永禄七年検地説の根拠は、同年六月に家康が本多広孝に渥美郡梶砦守備の功として七二〇貫文を宛行った文書に「田原惣地検地雖有之、於進置地ハ可為免除者也[25]」とあるところである。これだけでは検地施行の有無はたしかめられないが、これまでのところ検地施行を示す史料は発見されていない。したがって三河検地は天正十七年のみと考えられるが、他方家康はすでに永禄五年八月六日に松平康忠へ宝飯郡小坂井・八幡等二二ヵ所合計一八一〇貫文の知行を宛行っている[26]。この地域はこの時点で完全に家康支配下に入っていたとは思われないが、にもかかわらず郷や前給人領単位の貫高で知行宛行がなされていることは、家康が今川領国下の土地支配体制を検地関係書類と共に引き継いだことを示すものである。またそれ以後天正十七年まで検地を必要としなかったということは、すでに今川検地により知行下付に最低必要な土地支配体制があり、それを継承したからということになる。もっともこの継承によって、検地施行によって引きおこされた松平家臣団や農民層の苦悩をもそのまま受けつぐことになったのであるが。

家康の継承した第二のものは、「今川仮名目録」「同追加」を頂点とする法制であったと思われる。これには確証はないが、三河が今川領国化した段階では当然「仮名目録」の規定が三河にも適用されていたわけであり、広忠段階まで、独自の成文法をもたなかった松平氏とその家臣団にとって、初めて体験した法の下での支配であった。それが家康復帰によって新しいものに変化した形跡はなく、また一度有効性をもった法をかえるには他の法をもってせねばならぬのに、代替法令は検証されていない。ということは、家康は今川家法を分国法の基準としたのであり、それはまた百姓前直納体制を継承したことと表裏の関係であったといえる。なお家康はすでに永禄二年五月十六日に岡崎の家臣にたいし、七ヵ条の定条々(27)を発している。これは「仮名目録」との関係は不明であるが、すでに述べたように義元の了解と今川分国法の大枠の中でのみ意味を有した筈である。したがって家康は、「不入」に関する「仮名目録追加」二〇条を承知していたのであり、家康が積極的に「不入」否定をすすめようとする時にはもっとも有効な論理となった筈である。

家康の今川領国支配体制継承のもう一つの例は枡である。家康が五ヵ国領有時代を通じて基準枡としたのは三河の枡ではなく、今川氏の基準枡であった下方枡である。(28)これは検地や分国法と同一に論ぜられない点もあるが今川検地によって三河のほぼ全域に下方枡による年貢収納体制が形成されておれば、それの継承は百姓前直納体制と密着した政策と考えねばなるまい。

今川領国体制の継承は、家康の領国支配体制の確立を容易にしたことであろうが、同時に今川支配下に蓄積されていた諸矛盾をそのまま受けつぐことでもあった。

その第一は検地と百姓前直納体制をめぐる矛盾である。第四章でみたように、これによって松平家臣の公方年貢徴収権は否定され、場合によっては名主得分収納すら否定された。さらに検地増分打出しによる軍役負担の増大は家臣とその支配下農民の負担をより大きくするものであった。今川義元の戦死と家康の岡崎復帰はこれを旧体制に逆戻りさせる絶好の機会とみえたことであろう。しかし家康はこれを行わなかった。三河統一の進展にともなう今川方諸氏の所領分配などによって、家臣の一部分は旧領回復が可能であったろうが、下級家臣、特に農民の不満はまったく解消されなかったはずである。

第二は家臣団内部の矛盾である。今川義元は吉田・田原・岡崎等の諸城に直参家臣を配置して領単位の支配体制を形成した。これは後の支城在番制として家康に引きつがれていくが、その一方で松平家臣団の解体再編も行っている。したがって、今川部将とされた「一分を被立し人々」の松平一族（形原・竹谷・大給・桜井・藤井）や酒井忠尚等を家康中心にいかに再編成するかは重要な課題であった。『徳川家康文書の研究』所収文書によれば、家康は永禄四年以後しきりに深溝・長沢・東条の松平に所領安堵や新恩給与を行っている。深溝の伊忠は永禄四年に善明堤で吉良義昭勢と戦って討死した大炊助好景の子、長沢の康忠は桶狭間で戦死した政忠の子、東条の亀千代は弘治二年の日近合戦に家康名代として出陣して討死した甚太郎義春（清康弟）の子で、その補佐役の松井忠次は義春の妹婿で永禄四年の吉良義昭攻めに殊功があったなどの事情はあるが、同時に庶家掌握の強化と考えねばなるまい。おそらく他の庶家や有力家臣に対しても同様の措置がとられたらしく、本多広孝などはその例であろうが、それがすべての庶家・家臣を満足させたかどうか問題である。そうして、この家臣団再編成が対今川断交という外交政策の転換と関連するときは、家臣団内部に大きな波紋をおこしたと考えられる。一向一揆に加わった酒井忠尚や桜井松平の家次などはこの面から考える必要があろう。

第三には本願寺派寺院と家康との矛盾である。義元が発給した西三河諸社寺への所領安堵・寄進状は、岡崎に復帰した家康によってほぼ承認され、新しく家康より安堵状が出された。山中法蔵寺は松平一族と縁故の深かった浄土宗寺院で天文二十二年十月に義元より寺領安堵状を与えられたが、家康より永禄三年七月九日に「一守護不入之事」以下五ヵ条の禁制と寺領安堵と新寄進、諸役免除の定書をうけている。本願寺派七ヵ寺の一の平坂無量寿寺は天文十八年九月十日と十二日に「軍勢甲乙人濫妨狼藉」停止の今川部将連署の制札をうけていたが、永禄五年四月十八日に「平坂寺内不入之事」として喧嘩口論・押買狼藉・竹木不可伐取の三条について、「右為諸不入地之間、背此旨輩にをひてハ急度可有成敗」との家康の禁制が下されている。

右の例は義元と家康の文書がともに現存するものに限ったが、文書はなくとも同様の事態が広く西三河にみられたはずである。いわゆる三ヵ寺、四ヵ寺の場合も文書は現存しなくとも、無量寿寺の例からみて、従来の「不入」特権の承認がおこなわれていたわけである。したがって永禄六年秋にいたって、真宗寺院の不入特権の否定が政策として打出されたのであれば、論理的には「仮名目録追加」二〇条によるものであっても、本宗寺以下の真宗教団の利害と相反するものであり、対立の激化は不可避であった。

以上みてきたように、家康の三河領国支配の骨格は今川領国より継承したものであり、その基本方針の上で家康は領国の非今川化をはかったのであった。それは一〇年にわたる今川領国西三河の支配秩序に一定の変改を行うものであった。このことが三河一向一揆勃発の主要な原因となったのではなかろうか。岡崎帰城後の家康の政策は、今川領国下で呻吟してきた松平家臣、とくに下級家臣と農民の不満を解消するものではなかった。それに加えて対今川断交と三尾同盟締結という外交政策の転換は、譜代上層家臣や庶家の一部分にとっては家臣団内部の地位（序列）の変更をもたらし、上層家臣の結合に亀裂が生じた。その解決をはかることなく西三河掃蕩、東三河進出が強行されたため、家臣団の軍役負担は過重となり、それを転嫁された農民の不満は激化した。折しも上宮寺あるいは本証寺において「不入」特権侵害事件がおこって家康と本願寺教団の対立は激化し、家康の政策に不満を有する門徒の農民と家康家臣はついに不入権擁護を旗印として一揆をおこすにいたったのではなかろうか。

三河教団の側には、家康が既得権を侵害しないかぎり自ら事を構える必要はなかったといってよい。長く三河教団に君臨した土呂本宗寺実円は永禄三年に没し、その後嗣証幸は播磨本徳寺に常住していたから、この時期一家衆本宗寺の統率力は低下していたことは事実であろう。しかしそれが教団が一揆に立ち上る理由にはならない。したがって一揆の発端は諸書が記す寺内の「不入」特権侵害事件にもとめることが正当であろう。その処理の政治的見通し、家康と教団の論理のずれを見落してはならないが、基本的には家康の政策に対する広汎な不満が結集されて一揆蜂起にいたったとみるべきである。その意味で、三河一向一揆は永禄六年段階における松平領国の基本的矛盾の激化によっておこった純然たる階級闘争であった。

四　調停工作について

「不入」侵害事件より一揆蜂起にいたる間に、家康は専福寺祐欽とその娘婿の渡村善秀に命じて調停工作を行わせたという（拾遺録・一揆書・宗乱記）。ただし「内閣文庫本拾遺録」は正秀・明秀・秀了・祐欽・渡村善秀が調停にあたったとし、節の末尾に五人の一揆後の動向を記している。(34)『三河物語』等の第一次史料にはみられない所伝は事実であろうか。近世において家康を美化するため、悪いのはすべて門徒方とする意図で作為された疑いはないだろうか。以下若干検討してみよう。

調停工作にあたった僧として諸書に姿をみせる祐欽について、「別本如光弟子帳」(35)は次のように記す。

オカサキ一箇所　尾張殿法名恵順ニハヲイ也、祐欽ヲイヲ養子、祐信ト申、是モ子ナキ故ヘ、タハラノダ清仁四男竹千代養子イタシ祐円号専福寺ト申候、祐欽ハ駿府ヘ参、上宮寺ヲ立建、今ハ教長寺ト申候。

「別本如光弟子帳」は文明十六年作成の「如光弟子帳」の末寺道場の変遷を正保年中に記録したものであるから、その祐欽に関する記事はまず信用できるし(36)、祐欽の駿府移転は天正十九年正月の「上宮寺末寺帳」に「駿河　一祐欽」とあることから証される。右にみえる恵順は「別本弟子帳」の「矢作一箇所、新兵衛尉法名恵順(後略)」にあたる。野田清仁は渥美郡野田田原町　西円寺住持で、「別本弟子帳」には

奥郡《オクノコホリ》野田《ノタ》　一箇所　兵衛次郎法名清仁《正順》今ハ西円寺

とあり、一九六頁に記した西円寺であるから、天文二十二年には寺号を称していた。そこからの養子について専福寺由緒(37)は祐欽の女に西円寺二男祐尊を配して祐信と改名したとし、さらにその弟の系に祐円をかけている。由緒の方に混乱があるのであろう。

この祐欽が家康の命をうけて調停工作にあたったことを示す史料はない。しかし天正八年には他寺にさきがけて岡崎帰参を許されたという「拾遺録」等の記事をうらづけるように、天正九年五月十八日付蓮如、同七月二十三日に証如の絵像を顕如から下付されていること(38)、家康に従って駿府へ移っていることにみられる家康との親近性などからみて、調停工作に関係したことは事実と認めてよいであろう。

渡村善秀は渡村の道場が「如光弟子帳」にはみえないから、それ以後に創建されたものである。「別本弟子帳」には次のようにある。

渡村《ハタリムラ》　善秀　岡崎祐欽ニハメイム子也、文禄二年ニ遠州浜松下葉ニテ安養坊、今ハ江戸神田受教寺ト申候、弟智慶死候後無住持成申候、後ニ受教寺を弟子ニゆつり、同山手へ参、安養寺となす、今ハ願正寺と申候、

天正十九年末寺帳には「武蔵江戸　一受教寺　安養坊」とあり、若干年代のずれは認められるが「拾遺録」等の「伝曰」の記事は事実である。ただし調停工作については知りえない。

「閑本拾遺録」のみが伝える三人のうち、(39)「別本弟子帳」にみえるのは秀了である。前出の「矢作新兵衛尉法名恵順」の後略部分には、「秀了今ハ岡崎、順保子無キ故、佐々木尊祐六男其折養子イタシ佐京ト申、今西照寺申候」とある。天正十九年末寺帳には、

おかさき一西照寺　わたり智慶、やはき秀了、つつはり正誓

とあるから、秀了は元来は西照寺下坊主でのち本寺をついだことになる。(40)寺伝に若干の差異はあるが、正了は慶長十六年に六十五歳で没したというから、一揆の頃生存はまちがいない。なお「わたり智慶」は善秀の弟であるから、善秀も西照寺下道場であったかもしれない。正秀と明秀には同時代史料はない。正秀の子孫は興蓮寺になったという。同寺は和田慶円末裔の亀井戸万徳寺が寛永二年に退転したのを尾張荷上光蓮寺の祐秉が再興したもので、その三代目に西照寺祐寿の男円了が入寺している。(41)「閑本拾遺録」は正秀が親鸞の十字名号を本尊として一揆後一字を再興したといい、これを万徳寺と称したが、子細あって興蓮寺になったという。この二寺の関係は甚だ不明確である。明秀のあとは覚恩寺になったと「閑本拾遺録」は伝えるが、(42)これも矢作勝蓮寺の由緒とからん

で判然としない。覚恩寺に現存する慶長十一年の教如真影裏書には「本願寺釈教如　慶長十一丙午年二月十一日三州額田郡岡崎郷随専坊常住物也、　願主蓮智同教心」とあって、矢作にあった蓮如の弟子随専坊の子孫と伝えるが詳細は不明である。[43]

以上調停工作関係者を検討してきたが、これは上宮寺系の所伝をもとに記述されたものらしく、特に家康を擁護する立場に立ってはいないようである。ただ「閣本拾遺録」の筆者は上宮寺系の所伝を摂取できる立場にあったことは推定しえても、「野村本拾遺録」や「宗乱記」が五人説をとらずに祐欽・善秀の二人が調停工作関係者とした理由は明らかではない。

調停に関する所伝のくい違いはあっても、調停の事実は存在したと判断してよいであろう。家康にとっても三河領国化を促進するためには、この段階で自ら本願寺教団と敵対することを求めなかったとみられ、調停工作は存在したといえよう。しかし工作は失敗し一揆は蜂起する。失敗の理由は詳らかでないが、門徒側が家康の力を過少評価して誘発にのったとみることはまずできそうにない。

第三節　一揆の構成

一向一揆がおこると家康家臣団は二分し「家康譜代衆も皆此宗旨の檀徒は一味し、家康へ逆心をなす」状態となった（松平記）。この一揆方家臣の大部分は永禄三年の丸根城攻めに本人または同族が参加しており、しかも寄親級の領主的基盤をもつ在地領主層ではなく、その統制下にあった有力譜代の庶家層もしくは天文・永禄段階において武士化した同族団をもたない寄子級の在地武士であった。また天文十八年の本証寺門徒連判状に名をつらねた武士門徒でさえも一族がまとまって家康方に加わったり、あるいは一揆方・家康方に分れており、ここに一揆敗北の「起因」があった。それはこの地域のもつ領主制の構造的特質、すなわち「郷主」あるいは「相給郷主」としての存在形態が、三河領国化を推進する松平宗家の軍事体制に比較的容易に編成されやすい要素をそれ自体にもっていたのであり、それは松平氏のような大名領主の進出にあって、その権力に寄生しなければ自らの階級的地位――農民支配――を保持することができない在地情勢があったためといわれている(44)。

一揆方家臣の階層内の地位はこれで明らかになったが、なぜ庶家層や「武士化したばかりの上層名主層」が松平宗家に完全に従属している寄親級の上級家士層に反発し、在地の農民的要求を代弁せざるをえない立場にいたったのかは明確ではなく、「農民的要求」の内容も明らかではない。それは三河一向一揆を松平家臣団の分裂を中心にとらえたためであるが、具体的には庶家層・上層名主層をふくむ松平家臣の存在形態をすべて「郷主」概念で理解しようとしたこと、および前段階としての今川領国以来蓄積されてきた矛盾に関心がむけられなかったことによるのであろう。そこでこれまでの分析をふまえ、諸書の異同に注意しつつ家康家臣団の分裂状況を検討してみよう。

松平庶家で、一揆に加わったとされているのは大草の七郎、佐々木にあった松平三蔵、桜井の家次の三人がある。しかし諸書の記述は一致していない。『三河物語』は家次・昌久の一揆加担を伝え、三蔵は家康方とする(45)。

『松平記』は家次と三蔵は一揆方とするが、三蔵に関する記述には若干混乱がみられ、昌久については触れていない(46)。そうしてこの三人が揃って一揆方とされるのは「一揆書」以後である。そこでまず三蔵の件から検討してみよう。

松平三蔵は三左衛門忠倫の弟で、直勝とも忠就とも信次ともあるが、以下では『寛政重修諸家譜』にしたがって直勝とする。いずれかの松平庶家の分家であろう。兄忠倫は松平信孝と共に広忠に敵対して織田信秀と通じたが、天文十六年十月に筧平三郎に暗殺された。兄の死後直勝は僅かの所領を有して宗家に従っていたらしいが、永禄五年八月には長沢松平の源七康忠の寄子として百貫文の知行をうけ(47)、六年六月には加茂郡大野砦の守備を申付けられ、佐々木郷以下の兄の旧領を安堵されているから(48)、この時一方の部将にとりたてられ旧領を回復したのである。そうして一揆勃発後に次の文書(49)を与えられている。

一　中納言、今度別条仕、上宮寺江罷成候ニ付、彼跡職如来寺分之内ニ有之、其方江進置候事、
一　於上宮寺落着者、雖不及申候、彼寺内之儀、其方可為計事、
一　於敵方寺内、其方借用之米銭等、縦雖無事罷成候、不可有御返弁候事、
右之条々永不可相違者也、依如件、
永禄七年甲子
二月三日　御名乗御判
松平三蔵殿

直勝は一揆方になった中納言なる人物の所領を与えられ、寺内の処分権と借用米銭の返済不要を認められた。二月三日といえば一揆は落着していないが家康有利の見通しが強くなった時である。その折に右の文書を給されているところからみて、直勝が一揆方でないことは明らかである。にもかかわらず、直勝は一揆方とされ、「宗乱記」にいたっては直勝の行動が一揆の発端であるとする説を記すにいたったのは何故であろうか。[50]

右の文書について「浅草文庫本古文書」は「松平三蔵忠就拝領、内藤治左衛門正守書上、東照宮御判物」と記している。内藤政守は天明五年八月に二十一歳で家を継ぎ翌年小姓組番士となった七百石の旗本であるが、その祖直政は「内藤左馬助政長が養弟。実は松平三蔵直勝が長男、母は内藤弥次右衛門家長が女」で、直勝が家康の勘気をうけて三河を退去した後幼年の直政は外祖父家長に養育され、のち政長の養弟となって内藤姓を称したという、したがって直勝退去の折に家康の文書が残されたわけである。この文書によって直勝が一揆方でなかったことは確実である。それが一揆方とされたのは、直勝が真宗門徒でかつ佐々木に所領を有したこと、一揆の際に一族と推測される「中納言」なる人物が一揆方であったこと、一揆の後に直勝は家康の勘気にふれることがあって三河を退去したこと、さらに直勝か中納言のどちらかが加藤佐助になったことなどによって、二人の行動が一人の行動のごとく伝承され、「御庫本三河記」において「一揆御赦免ノ後、三州ヲ去テ、所々漂泊シテ加藤主計頭カ家ニ来テ、加藤佐助ト号ス」となり、さらに発展して「宗乱記」にいたったのではなかろうか。[51] [52] [53] [54]

『松平記』は松平三蔵と大草松平を混同しているが、大草の松平七郎が一揆方であったことはまずまちがいないが、その七郎が大草三代（或は四代）昌久かどうかは確定していない。『三河物語』は松平七郎とのみ記し、それが昌久とされるのは「拾遺録」以後のことである。『寛政重修諸家譜』の大草松平系図には錯乱・誤記と思われるものが多い。(55) おそらく大草松平には複数の系統があり、その一系の七郎が一揆に加わったということではなかろうか。

桜井松平に関する同時代史料は乏しいが、松平監物家次は永禄元年の尾張品野攻めの主将であるから(松平記)、寄親的部将として今川直臣化していたのであろう。『三河物語』等は一揆方とはしても具体的行動は記していない。『寛政重修諸家譜』では永禄六年七月二十九日没としているので一揆には参加していないことになる。しかし「松平監物殿も早カウサンにて御寛給えバ」(三河物語)、「松平監物も不叶、降人に成」(松平記)と降参を記しているので、家譜の方に作為ありとすべきである。

以上一揆にくみした松平一族をみてみたが、上宮寺門徒という佐々木松平は別としても大草と桜井の二家は浄土宗信者であったから、宗教的要因よりとすることはできない。とすれば他に一揆加担の理由を求めねばならないが明確なものをあげることはできない。桜井の場合は先々代信定以来の宗家打倒の志向の現れとか、桜井の所領所職は碧海郡中心で家臣や支配下農民の大部分が本願寺門徒であったためとかも考えられようが、それを確定できる史料も見当らない。となると、やはり家康の自立にともなう庶家の再編成や外交方針の転換等にともなう矛盾対立を想定してよいのではなかろうか。

家康の上層家臣や国人領主層の場合はどうであろうか。両者の存在基盤はほぼ同一であるが、清康以来家康までの三代に家老・奉行衆・寄親的部将としてあらわれる部分を上層家臣ととらえ、酒井・石川・内藤・本多・鳥居がこれに属する。後者は吉良義昭・荒川義等・夏目吉信ら永禄一揆直前の段階で家康に臣従した伝統的国人領主層である。これら伝統的国人は家康の武力の前に屈しはしたものの、隙あれば自立をはかっていたと思われるから、一揆蜂起はその絶好の機会とみたことであろう。

しかし酒井以下の諸氏はそうではない。酒井一族は本願寺門徒ではないから、(56)将監忠尚の一揆加担は宗教的要因からではない。忠尚は「一ノヲト名にて有ケレバ上様歟将監殿歟ト云程之居勢」(三河物語)であったが、彼は対今川断交反対の中心人物であったから、外交政策の転換にともなう家臣団内部の権力闘争に敗北して家臣団内部の序列の低下を不満としていたのが、一揆方に加わった要因であろうと推測される。

これにたいし、明らかに門徒であって一族が二分したのは石川・本多・内藤・鳥居の諸氏がある。石川氏は本証寺門徒団の中核であったが、一族の惣領で家康家臣団の長老であり、かつ天文十八年本証寺連判状の筆頭署名者である安芸守清兼の一揆時の動向は不明である。(57)しかしその子家成、孫数正および一族の又四郎重政、与三郎吉久、五郎右衛門忠吉、忠兵衛某らが家康方であった。清兼三男家成は「一族等彼門徒たるにより、おほく一揆に与すといえども、家成は宗旨をあらためて岡崎へ参りて、しばく軍忠をはげます。これにより一族等も志をあらため御麾下に至るもの多し。この時、東三河は今川に属せしかば、家成山中の砦を守りて敵と対陣す」(寛政重修諸家譜)(58)とあるが、諸書は家成の土呂本宗寺破却を伝えるのみで一揆中の行動を記していない。しかし大樹寺塔頭善揚院は家成の創建にかかるところをみても、家成がこの折に改宗して浄土宗に転じたことは疑いない。数正については諸書は単に家康方と記するのみである。重政は父重康と別れて家康方となり、永禄七年二月に斥候に出て針崎近辺で負傷している。吉久は一揆の際に山中八幡宮の神主但馬、榊原隼之助忠政とともに山中の一揆をふせいだというが[59]、山中での一揆は伝えられていないから山中砦の家成の指揮下で一揆と戦ったということであろう。忠吉は永禄七年正月の上和田合戦に活躍し[60]、忠兵衛某は十一月二十五日の上和田の戦、一月の馬頭原合戦に参加したという[61]。

これにたいし一揆に加わった石川一族のうち本宗寺籠城者は第28表のごとくである。それを系図で示すと石川氏の分裂状況がより明らかになる。ただし本証寺に籠った石川党の構成員はよくわからないが、天文十八年連判状署名の石川一族三三人の内何人かはこの石川党という表現の中に含まれていたはずである。

石川一族の分裂状況をみると、家康に従った家成・数正はともに家康家臣の上層に位置していたことにみられるように、家康との親近性を指摘することができよう。家成は天文三年生れであるから当時三十歳、若くして没した兄二人にかわって、この頃に父清兼の石川惣領としての地位を継いでいたらしく、永禄元年の寺部城攻めの先鋒となり、同三年の尾張棒山攻めに酒井忠次と共に指揮をとり、その後の石瀬合戦・長沢城攻めの際の先鋒となるなど、つねに松平軍団の一手の長として活動している[62]。数正は家康の駿府人質生活に従い、永禄四年の三尾和睦の使者をつとめている[63]。これにたいし一揆に加わった石川一族は多く忠輔―清兼―家成系ではない部分で、数的には一揆方が多かったと推定される。おそらく石川庶家の大部分が一揆に加わったため近世において幕府直臣化した部分が少なく、そのため天文十八年連判状の末裔が明らかにならないのであろう。

石川一族にみられる、家康に近接した部分が改宗して家康と行動をともにしたという点は他氏の場合はどうであろうか。本多氏も本願寺門徒で、佐々木・野寺に本多党、土呂に甚七郎・九三郎、上野に弥八郎正信、針崎に喜蔵・三弥正重が籠城した(三河物語)。本多党の内実は不明であるが、本証寺連判状に野寺の本多伴七郎信光、安城の一郎兵衛尉、寄住の新左衛門秀家・新一郎秀貞がみえるから、彼らが本多党の中核であろう。その他の一揆方は正信・正重以外は詳細はわからない。正信・正重兄弟は一揆敗北後追放され、のち帰参して徳川幕府草創期

第28表　石川一族の分裂

	氏名	典拠	記事
本宗寺	石川半三郎正俊	A B C D E	降服交渉の代表(A B D)、三方原合戦討死(K)
	源左衛門一勝	A B C D E	〃
	十郎左衛門知綱	A B C D E	正月十一日針崎で戦う(B)、同上で討死(D)
	新七郎親綱	A B D E	馬頭原で討死(B D)
	新九郎正綱	A B C D E	〃(A)、馬頭原で戦う(B D)
	太八郎正忠	A B C D E	
	四郎左衛門重康	E	針崎で討死(E)
	善五左衛門	B C D	降服交渉の代表(B D)
	右衛門八	A B C D	
	勝十郎	A B C D	
本証寺	石川党	A D	

典拠　A＝三河物語　B＝松平記　C＝家忠日記増補　D＝三河記異考拾遺録
E＝蓮泉寺系図、浄土真宗と三河石川　K＝寛政重修諸家譜
石川半三郎以外の実名比定はEによる。

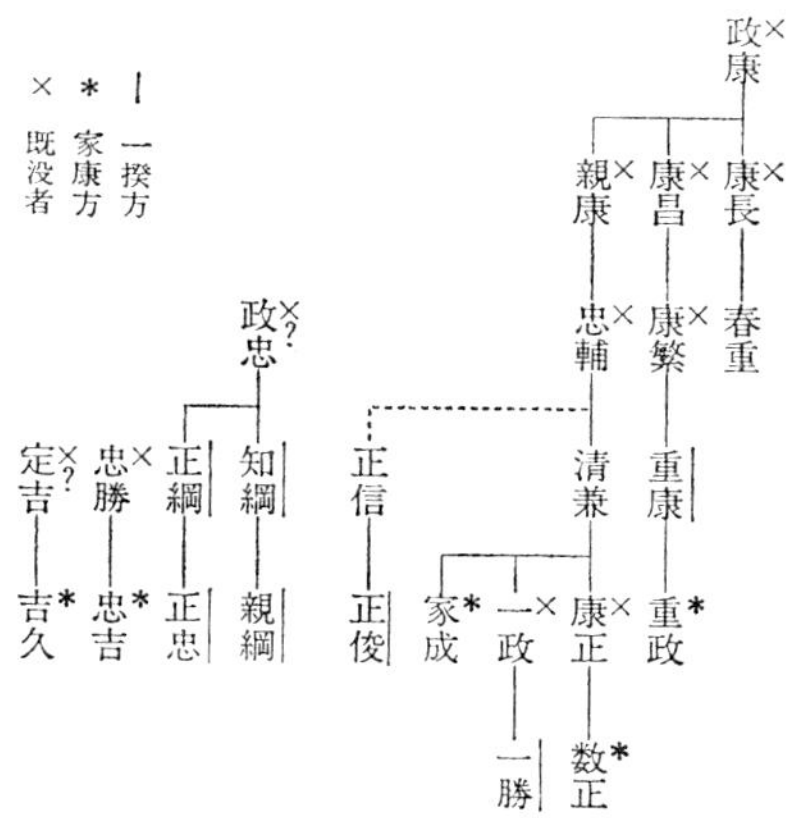

に活躍したことで著名であるが、ともに上宮寺門徒と伝える。上宮寺の所伝によれば、岡崎城主中務大輔家（忠勝系）は自ら本多嫡流と称するが、豊後守家（広孝系）では佐渡守家（正信系）こそ嫡流といい、中務大輔家も豊後守家もともに次男筋と伝えるという。[64]とすると酒井忠尚与力であった嫡流よりも庶家の方が家康に近く、そのため正信・正重を中心とする本多一族はあげて一揆方となったともいえ、また嫡流であるが故に一揆張本の正信・正重が後に帰参を許されたということになるかもしれない。

本多一族で家康方であった豊後守広孝・作左衛門重次・平八郎忠勝・肥後守忠真等に共通しているのは、ともに門徒であったが宗旨を改めて家康方になったという家伝をもつことである。広孝は当時土井にあったが、「一向門徒の賊蜂起して吉良義昭もふたたび逆意を企つ。これによりて広孝其形勢をうかがひ言上せしかば、御自筆の御書をたまふ。ときに三河国土呂、羽根、針崎、若松、大草、浦郡（部）、八面、佐々木、野寺、桜井等の諸邑みな一揆に与す。土井城は其あひだに挟りて朝夕賊徒と相たたかふ。この時人質として嫡子康重を岡崎にたてまつりしかば東照宮の御感を蒙る」[65]という。広孝の祖父清重、父信重はともに上宮寺末坂崎円行寺に葬られており、[66]歴代真宗門徒であったのがこの時浄土宗に改めたことは明らかである。同様に本多重次も「六年一向門徒一揆のとき、重次其宗旨たりといへども、これをあらためて誓書をたてまつり、ひそかに一揆等が居所にしのび入、火をはなちて其徒あまたうち取」[67]ったとあり、上宮寺門徒と伝える。[68]忠勝は祖父忠豊・父忠高以来の門徒であったが、家康の命で浄土宗に改宗し、[69]七年に佐々木一揆と戦ったという。[70]本多家は忠豊・忠高の菩提寺として真宗浄専寺をたて、忠勝菩提寺の西岸寺とともに近世本多家の転封にしたがっているから、この所伝はまちがいない。忠真も

「一向専修の門徒一揆のとき、岡崎に住して忠戦をはげま」し、三方ヶ原合戦で戦死して大樹寺に葬られている(71)から忠勝と同じく改宗したわけである。

この時期の本多一族においては特に豊後守広孝の活動がめざましい。広孝は松平広忠に仕えて諱を与えられたが、永禄四年酒井正親と共に東条城の吉良義昭を攻めて大功あり、同年六月二十七日に義昭家臣で討死した富永伴五郎とその同心衆跡職を「彼地誰人雖有申様一切不可有許容、寺社領ニ至迄其方可為計事」と恩給され(72)、一揆最中の十二月にも所領の宛行をうけるとともに、「本知之内永代売借米銭、今度敵方ニ成者、借儀為何儀ニ而、忠節又者無事候共、被官人至迄、一切納所ナク可被取候事(73)」と松平三蔵の場合と同じく個別的徳政令の適用をうけている。広孝は松平軍団の一方の長であったし、忠勝は十三歳より家康に従って戦場に赴いていたなどの点が意味を有し、したがって本多一族も石川と同様に、改宗して家康に従ったのは一族中の上層で家康に親しい部分ということになる。

鳥居一族の場合も同様の傾向がみられる。鳥居氏の本拠は碧海郡渡(岡崎市渡町)で、本証寺連判状には弥平次信吉、源七郎入道忠資、次郎右衛門尉親家、橘次郎信家の四人が渡居住とみえている。それが一揆の際は伊賀守忠吉・又五郎・鶴之介・才一郎が家康方、忠吉二男四郎左衛門忠広・又右衛門重正・金四郎・金五郎が一揆方であった(三河物語・松平記)。忠吉は今川支配下の岡崎にあって家康の衣服食料をまかない、また家康帰城に備えて米穀資財を貯えていた話で有名であるが、「六年一向専修の門徒逆きたてまつりしとき、忠吉・鶴之助某・才市郎某・久五郎某とゝもに岡崎城に候して屢賊兵と戦」い、没後は道目記(西尾市)不退院に葬られたが(74)、同寺は忠吉の創建した浄土宗の寺であった。鳥居一族の場合も家康に昵近した部分が家康に従ったと考えられる。もっとも忠吉の子元忠の動向は諸書に記されていない。とくに『寛政重修諸家譜』は帰参しても一揆方であったことを記さない例が多いから、元忠も弟忠広と共に一揆方であった可能性はなくはない。しかし元忠は駿府在留中の家康に近侍したというから、家康方とすることも成り立ちうるし、あるいは進退に苦しんで中立的立場をとっていたかもしれない。

以上石川以下三氏の例によって、本願寺門徒武士の一族中にあっては早くから家康に昵近したもの、あるいは家康家臣団の上層にあったものが家康方であり、他の一族は多く一揆に加わったということができる。ただし一揆参加者の姓名は必ずしも完全に記録されているわけではなく、何よりもその後の徳川氏の伸長過程においては家康方であった部分が重用されているから、実態が完全に明らかになったとはいえないが大勢はつかむことができよう。では家康に昵近した上層家臣が、何故一族を離れ信仰を棄てたのか。これは主従の親密さからのみ考えることは正しくないであろう。本多忠勝の例のように、家康の改宗命令があったことは考えられるし、『藩翰譜』にもこれを裏付ける記事がある(75)。しかし一片の命令のみで父子兄弟や一族の分裂が可能であったかといえば、他にも決断にあたって考慮された要素は多かったはずである。その中でも特に家康自立後の諸政策を、準拠となった今川領国支配の継承との関係で考えなければ、門徒武士の一族分裂は正当に理解できないであろう。

それでは第三章四・五節において明らかにしたような存在である小領主的家康家臣が何故一揆方に多く加わったのであろうか。それは一揆の時点の松平領国における基本的矛盾のあり方によるものである。第四章二・三節で検討したように、戦国大名今川氏の三河支配体制下においては、二度の検地による年貢の増徴と新開耕地への賦課、および段銭・棟別銭等の統一的賦課によって農民の負担は松平時代より相当重くなった。それのみならず松平家臣団は検地によって確定された年貢高に応じて軍役負担を強化され、さらに松平宗家の領主権消滅によって給恩の大部分を喪失し、その結果下級家臣においては本領の名主手作によって生計を維持するのやむなきにいたった。これは直接耕作農民には請作地の減少、したがって再生産の困難化として影響を及ぼした筈である。このような状況で十数年を経て、下級家臣や農民は家康の岡崎入城によって年来の窮状打開の希望をもったことであろう。しかし前節でみたように、家康は今川領国体制の継承を基本方針としたので、かれらの期待は打ち砕かれた。その上に家康家臣による意識的あるいは偶発的な真宗寺院の不入特権侵害がおこった。今川領国下においても保障されていた真宗寺院の不入・諸役免除の特権は、五章四節でみたように窮迫した小領主・農民にとってはその再生産を維持するためには不可欠の場所であった。それすらも家康家臣の行動によって侵害された時、真宗坊主の法門護持の訴えは門徒団に強くアピールしたのではなかろうか。そこに門徒家臣と農民が、本来的矛盾の存在にもかかわらず、一時的にではあれ統一して戦国大名化を志向する家康と対決する条件が出現したのである。

これにたいし上級家臣の立場は別である。彼らの多くも本願寺門徒であった。しかし彼らは今川領国においてより進んだ支配体制の存在とその内容を知った。それは地縁的一揆を根底とした松平の支配体制よりは、はるかに効率のよい強力な収奪体制であり軍事力編成方法であった。かくて上級家臣にとっては、家康をおしたてつつ今川領国を基本的に継承していくことこそ、自らの階級的利益を実現しうるものという判断が成立したのであろう。もちろん上級家臣内部における権力闘争や外交方針の転換にともなう軋轢のため、一定の分裂は存在したがそれは小部分にとどまった。彼らの多くは門徒であることをやめても自らの階級的利益の擁護を推進する方向に動いたと考えるべきであろう。それは本願寺を頂点とするいわゆる門徒領主連合による階級的支配の貫徹という方向性を放棄するものであり、この点で三河一向一揆は石山戦争の三河版といえるものであろう。

一揆にいたる過程において、個々の家臣には主従関係を優先するか、信仰を第一とするかの苦悩はたしかに存在したであろうが、基本的には右の把握に立つべきであろう。本多重次がいう「御存知之師匠を見はなしかね、ふちを承候普代之もの共別儀を仕候」という点は否定できないとしても、本来階級的対立関係にある小領主層と農民との共同戦線の成立は、一定の歴史的条件の下でのみ可能であった。それは今川氏の保護から離れた松平宗家の力を過少評価して家康の誘発にのったというのみでは説明しえないものである。それが「剰家康国を望」むようになり、「家康先年一城ニ罷成」にいたったのは、旧領回復を志向する吉良・荒川や、上級家臣内部の勢力争いに敗北した酒井忠尚や松平庶家が反家康の一点で一揆と共同行動をとるにいたったことが大きく関係していた。したがって、一揆の軍事行動の中心であった小領主層が、戦局こう着の段階で本領安堵を条件に帰参を認められ脱落していくと、一揆そのものは急速に解体への道をたどるのである。

三河一揆に関する諸書は、一揆の際に中心的役割を果した人物の行動を明示していない。しかし一揆和睦の絶対条件として一揆張本人の助命があげられていること、また『三河物語』『松平記』が本多弥八郎正信・三弥正重・渡辺八郎三郎秀綱・同源三・鳥居四郎左衛門忠広・波切与八郎を張本とし、彼らの三河退去を記していることは注目に値いする。彼らはともに家康家臣として永禄初年以来の戦闘に参加していた。それが一揆の張本になりえたということは、この段階の松平領国が内包していた矛盾がいかに強烈であったか示すものであろう。その意味では、家康家臣である一方で門徒領主連合の主導的地位にあった部分にとっては、それまでの半自立的地位を継続するか否かの判断が問われたものと考えられ、張本といわれる部分は門徒領主連合を維持しようと決断したのである。それに吉良・荒川・桜井・大草等の非門徒の国衆や松平庶家、および老臣の地位の危くなった酒井忠尚が結びついて一揆方武士が構成されたといえる。したがって「国を望む衆」も、門徒領国維持をはかる衆も、上層家臣としての地位維持をねらうものをも包含した一揆は、四ヵ寺に立籠った部分を別とすれば、必ずしも組織的に連携した行動をとりえなかったのである。

最後になったが、一揆関係の諸書においては家康家臣の分裂のみが強調されて、一揆構成員の大多数をしめたはずの門徒農民が一向に姿をあらわさない。『三河物語』は各地にたてこもった一揆の参加者名を記したあと、野寺本証寺には「其外、爰ハ之衆、百余モ可有。小侍ハ数ヲシラズ。シルスニ不及」、上宮寺では「其外、是に躍《ヲトラヌ》爰ハ之衆、百騎余可有。其外、小侍共ハサイゲン無」、本宗寺に「其外、是に劣ヌ兵供、七八十騎コモル。其外、小侍供百余可有」、勝鬘寺に「此外、是に劣衆、七八十騎可有、其外に小侍共、数多有」と記す。ところが『松平記』は小侍に関する記事が欠落し、『家忠日記増補』にいたっては姓名を記されない部分への言及すらなくなっている。これは三河一揆が次第に家康家臣団の分裂した争いという理解へ矮小化されていく過程を反映していると考えられるが、「一揆書」以後復活し、「都テ諸方ノ城々ニ籠ル所ノ其勢一万余人トソ聞エケル」（一揆書）「其方都合人数凡一万余人トソ聞ヘシ」（拾遺録）となる。この一万余の数字の根拠には問題があるが、実数はともかく、有名無名の武士の一〇倍以上という数字はさほど不当ではないであろう。そうしてこのような多数の「士民」「百姓」が参加したのは、基本的争点が彼らの利益にかかわるものであったからである。この点を見落しては、三河一揆における小領主と農民の一時的な共同戦線形成の意味が理解しえなくなる。さらにまた在地する領主と真宗門徒として同朋として平等の立場に立つ圧倒的多数の農民門徒があったことが、小領主層の多くを一揆方に引きつけて、半年にわたる戦いを可能にした条件でもあったのである。そのことがまた一揆の戦闘経過に種々影響を及ぼしたことであろうが、その点を考慮しつつ、次節で一揆の経過を検討することにしたい。

第四節　一揆の経過

三河一向一揆の戦闘経過は『岡崎市史』別巻上に整理されている。これは「三州一向宗乱記」を基本にしつつ他書を参照してなされたらしいが、どの書をどこまで採用したか明らかではない。そこで第一節でみた一揆関係諸書の成立年代を考慮しつつ、原典を明示しながら一揆の経過をまとめてみよう。

「拾遺録」「宗乱記」は一揆方と家康方の最初の戦闘を、田原戸田氏一族で浪人して上宮寺に籠っていた戸田三郎左衛門尉忠次が家康方に帰し、酒井忠次の兵を案内して夜討をはかった事件としている。この件は『三河物語』

『松平記』では一揆方の名簿をあげたところに記されており、また酒井勢を引入れたのではなく、「戸田三左衛門御前ヲソムキ、御面目タルに寄て、寺内え入タル事ナレ供、心カラノ御別心にアラザレバ、寺内ヲ可取トテウギ（調儀）ヲシケル処にアラハレケレハ、外グルハヲ燔《ヤキ》て出」たという（三河記）。これが古い形であるが、「拾遺録」以下の形となるのは戸田の家伝によるらしく、『藩翰譜』『寛政重修諸家譜』(76)が同じ趣旨の記事をのせ、特に『藩翰譜』の記述は「拾遺録」以下と親近性を有する。

月日のはっきりするのは『家忠日記増補』十月二十四日の戦闘である。この日東条松平の家忠（忠茂子亀千代、後甚太郎）と松井左近将監忠次が幡豆郷に砦を構え東条城の吉良義昭を攻めて出奔させた。家康は同城を家忠に与えたが若年のため伯父忠次が執政したという。これは他書にはない記事である。この記事の背後には、同日付で家康から松平亀千代・松井忠次宛に出された「幡豆取出之依忠節、出置知行之事、如一書永不可有相違」という誓書(77)、およびやはり同日付の「衆儀に付候て、しんろう祝著ニ候、かめ千代との少地（知）行可進候、いさい雅楽助（酒井政親）申候」という忠次宛書状(78)、同年閏十二月八日付に「今度忠節付、東条城并知行五百貫文出置申」として東条城領のうち駮目《まだらめ》・岡山・萩原・綿内四郷の内で五〇〇貫文を給し、「相残之地野山共ニ一円ニ代官之義申付」た所領宛行状(79)があり、これらによって記事がつくられたと推定される。しかし右の文書によるかぎりでは、幡豆郷に砦をかまえて吉良勢と戦い、東条城を陥落またはその寸前にいたらしめたことはいいうるが、この日に戦闘があったわけではない。同日付の二通は家康が戦闘準備にあたって東条松平氏との関係をより強めるためになされたもので、実際の戦闘は十一月にはいってのことであろう。

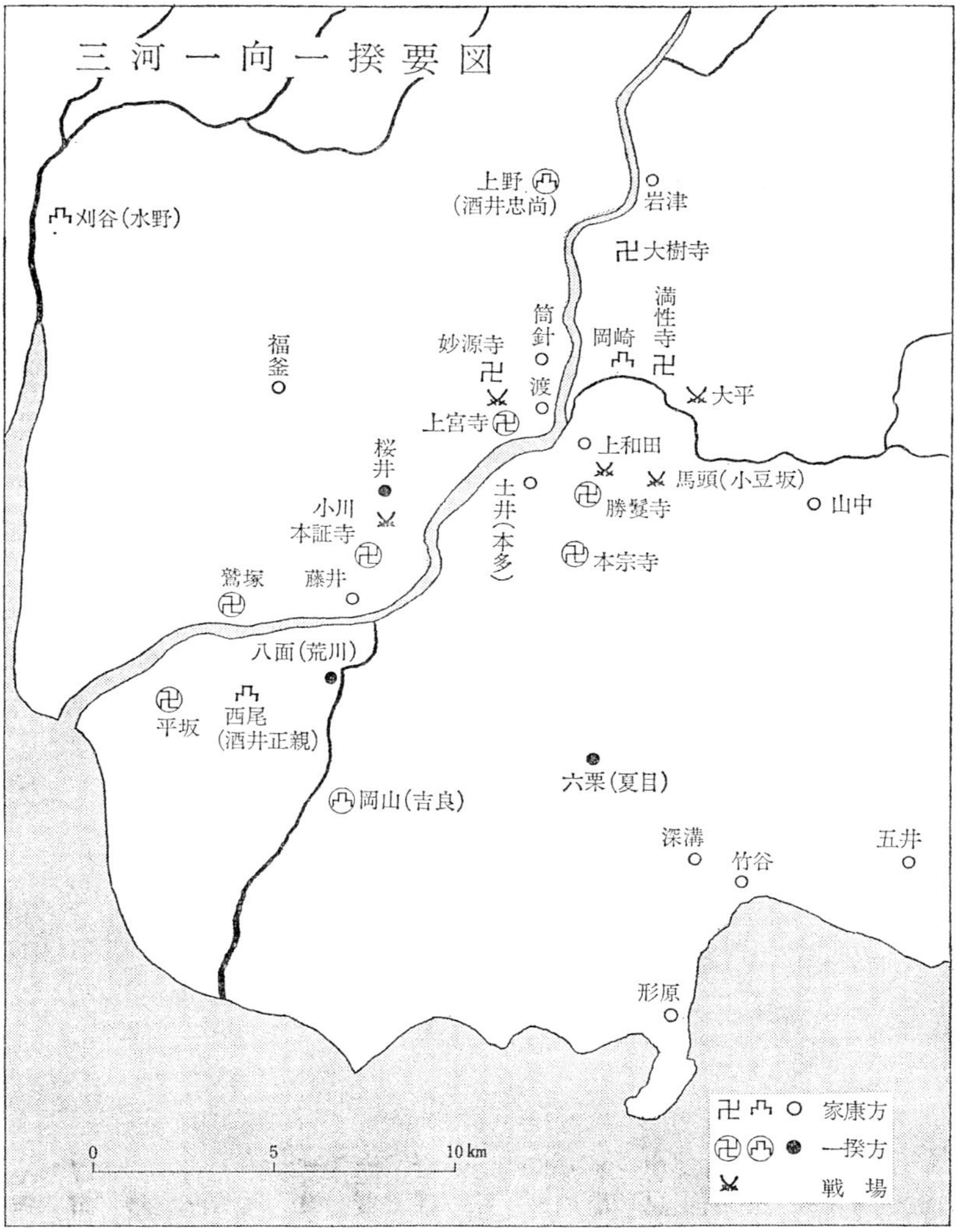
三 河 一 向 一 揆 要 図
刈谷(水野)
上野
(酒井忠尚)
岩津
大樹寺
満性寺
岡崎
筒針
渡
妙源寺
福釜
大平
上宮寺
上和田
桜井
馬頭(小豆坂)
土井(本多)
勝鬘寺
山中
小川
本証寺
本宗寺
鷲塚
藤井
八面(荒川)
平坂
西尾
(酒井正親)
六栗(夏目)
岡山(吉良)
深溝
竹谷
五井
形原
家康方
一揆方
戦 場
0
5
10 km

「拾遺録」「宗乱記」は次に十一月二十五日に土呂・針崎一揆が、伏勢の計で岡崎城より出馬する家康を挾み討ちにしようとしてまず大久保一党のこもる上和田砦におし寄せたが、家康に伏勢の計を見破られて失敗におわったという記事をかかげる。これは二書にあるのみで他にはない。『松平記』は「同十一月二十五日上和田へとりかゝり、原木坂と云所にて合戦を初む、家康御詰有」として、以下一揆方の蜂屋半之丞・渡辺源三、家康方の植村庄右衛門・黒田半平・阿部四郎兵衛・水野藤十郎らの戦いぶりを記しさらに松平金助討死の状況を記している。これは『三河物語』は年月日なしで、「拾遺録」「宗乱記」は一月十二日のこととしているものである。『家忠日記増補』は『松平記』によったらしくこれをやはり十一月とし、さらに「宗乱記」等が一月十三日としている大久保一党の針崎攻めおよび馬頭原合戦まで記述するなど相当の錯乱がある。大久保一族の動向にくわしい『三河物語』になく、『寛政重修諸家譜』の大久保忠勝・忠世譜にもみられないこの十一月二十五日の戦闘の実在には疑問が多いが、さりとてまったく否定することもできない。またこの頃には一揆との戦いが激しくなっていたであろうから、確定はできないけれども一応「拾遺録」等に従っておく。

なお永禄六年中のことと考えられるものに上野城の酒井忠尚の岡崎攻撃がある。「一揆書」「拾遺録」「宗乱記」によれば、上野に在った伊賀谷惣左衛門が石橋道全(80)をもって家康方の倉橋与三郎・竹尾半兵衛へ、酒井忠尚が岩津・細川・大樹寺辺へ出陣の由を告げてきた。倉橋から家康へ言上し、家康は本多忠勝・石川家成を将として二百余人を待伏せさせ、それとは知らぬ忠尚方は矢作川を越えたが、伏兵にあって大敗して退却したという。『三河物語』『松平記』にない記事である。『家忠日記増補』は九月十三日条に「先日より石川日向守家成上野ノ城ヲ囲テ屢攻撃、依味方ノ軍勢小林金田ヲ始二十四人戦死ス」とある。これは『松平記』が一揆終結後に「酒井将監上野に籠り、石川日向守と日夜せり合給へ共、一国皆敵に成ければ、終に不叶、永禄六(七ナラン)年九月六日攻落され、将監は駿河へ落行給ふ。しかれども、味方にも石川同心北村・金田、其外のよき侍二十四人、爰にて将監方へ打とられる」とあるのと関連あるのであろうが、何故永禄六年九月十三日になったのかは不明である。忠尚方との戦いは石川家成・本多忠勝譜には記されていないが、忠尚が上野城から一歩も出なかったとは考えられないから、岡崎攻撃の件は典拠不明にしても否定はできまい。

永禄六年には戦局を左右する一大合戦がないままに暮れたようであるが、一揆勃発以来の家康の動きを発給文書からみてみよう。この年秋から冬にかけての家康文書は、前出の松平亀千代・松井忠次宛の三通の外には十二月七日付本多広孝宛の所領宛行状二通(81)と、同月二十一日付の伊与田太郎蔵宛書状(82)、閏十二月付の大樹寺進誉上人宛定書(83)の七通が知られる。さらに一揆終結の翌七年二月末までには、正月二十八日付深溝松平の伊忠宛徳政許可状(84)と前出の二月五日付松平直勝宛安堵状があるから、一揆中のものは計九通となる。本多広孝、松井忠次宛のものはともに永禄四年の東条攻め以来の戦功と一揆勃発以来の忠節の賞として所領宛行がなされている。また松平伊忠・直勝・広孝宛のものは、一揆中の忠節の恩賞として徳政令の局地的施行が認められていて注目される。

就今度別而御馳走候、其方一身并闕(ママ)中徳政之儀、任望同心候、永代祠堂物相除、当借・久借・年記・本物・本武(ママ)等之地、米銭可被下候ハヽ、土呂・針崎其外敵方之者、無事之上申事候共、右可為同前候、縦前々自今以後、徳政除之判形雖出方有之、今度之御忠節異他候間、可為無除者也、

永禄七年甲子
正月廿八日　　蔵人
　　　　　　　家康
松平主殿助殿

この三日前の二十五日伊忠は六栗城に籠った一揆方の夏目吉信を降しているので、その恩賞として伊忠自身および闍中（意味不明、一族をさすか）に徳政令が発せられることを望み、家康が承知したのであろう。内容的には室町幕府徳政令との関連が指摘できるが、このような一揆方寺院に関係した地域的個人的徳政令が家康より恩賞として発されており、それが伊忠に限らなかったことが注目される。すでにみたように松平三蔵宛に「於敵方寺内、其方借用之米銭等、縦雖無事罷成候、不可有返弁候事」とあり、本多広孝宛所領宛行状に「本知之内永代売借米銭、今度敵方ニ成者、借儀為何儀候而、忠節又者無事候共、被官人至迄、一切納所ナク可被取候[85]」とある。地域的徳政令は戦国大名の領国支配政策の一環で特に珍しいことではない[86]が、一向一揆に関連して門徒領国的西三河の再生産構造の破壊を意図しているものとして注目すべきものである。これによって本願寺派寺院と門徒との強固な結合関係は楔を打ち込まれたのであり、本願寺派四寺の不入特権否定が一揆蜂起の直接的原因であることと考えあわせると、家康の断固たる決意と一揆を崩壊させる適確な政策とを知ることができる。

永禄七年になると一揆の動きは激しくなった。一月十一日、土呂・針崎一揆八百余人は上和田砦に押寄せて大久保一党と大激戦を展開し、大久保忠世・忠俊はともに片目を射られて敗色濃厚の折に家康がかけつけて体勢をもちなおした。この日中根喜蔵と渡辺源三が組み討ちをして共に負傷し、家康方の鵜殿十郎三郎・宇津与五郎は、各々渡辺源五左衛門と蜂屋半之丞に討ちとられた。その渡辺源五左衛門は甥の内藤甚市の矢にあたって戦死、家康方の土屋忠吉は門徒であったが奮戦の末討死した。一説では忠吉は一揆方であったが、鉄砲で狙われた家康の身をかばって死亡したという。翌十二日、土呂・針崎一揆はまたも上和田をせめ、家康が馳けつけた。家康方の黒田半平が渡辺源蔵と一騎打ちとなったが勝負なしであった。背後をつかれた一揆が退却するところ水野藤十郎はしんがりの蜂谷半之丞と鑓を合せたがかなわず、松平金助は蜂谷に討たれた。蜂谷は家康に声をかけられると鑓を引いて退却した。

十三日の早朝に今度は大久保一党が針崎勝鬘寺に押し寄せ、大久保忠世が本多正重を狙撃し弾は命中したが正重は薄手を負っただけで助かった。一揆方は兵を分けて大久保勢の背後をつく計略をたてたが、蜂谷半之丞がそれとなく知らせたために、大久保勢は上和田に引き上げてしまった。この日家康は翌日の佐々木攻めに備えて休息していたが、筒井甚六・土屋甚内が高落・青野付近の「一揆に与せざる郷民・地士等を相語置候儘、彼等を本多・大久保が勢に加へ、今日又針崎に打出、一合戦可仕候、御見物の為に、御出馬可被遊也」と言ったので、家康は少勢で正午頃城を出て穢多ヶ原へ出馬した。ところがこれを一揆方に通報した者があったらしく、一揆は伏兵をもって家康勢を襲ったので、家康は命からがら退去して菅生川を渡って満性寺へ逃げ込んだ。一揆は菅生河畔まで追って来たが、家康家臣が馳けつけたので引き上げた。

以上は「宗乱記」の記すところであるが(87)、諸書の記すところには相当差違がある。『三河物語』は日付は一切なしに黒田と渡辺源蔵、水野藤十郎と蜂谷半之丞の一騎討、松平金助討死、蜂谷の家康と顔を合せての退却、大久保一党の勝鬘寺攻め、大久保忠世の本多正重狙撃、蜂谷の計略通報を記す。『松平記』は先述のように十一日の戦いを十一月二十五日にかけ、別に十一日の戦いとして中根喜蔵と渡辺(マヽ)半之丞の一騎討、鵜殿十郎三郎討死、内藤甚市が伯父渡辺源五左衛門を射倒したことを記し、さらに日付なしで勝鬘寺攻め、本多正重狙撃、蜂谷の計略通報をのせている。『家忠日記増補』は十一日の戦いのみをのせ、一揆方の土屋忠吉が家康の身代りとなったとしている。『寛政重修諸家譜』の大久保忠世・忠勝の譜には十一日の戦闘のみ、蜂屋半之丞譜では十一日に上和田を攻め水野藤十郎忠重と戦ったとあるが、忠重譜にはその記事はない。右のことから一月十一日の戦闘はほぼ確認されるが、十二、十三日の件はそれほどはっきりしない。しかし『三河物語』が継起的に記していること、これ以後上和田周辺では大きな戦闘はなかったことなどから考えると、一応「宗乱記」の記すように理解してよいであろう。ただし家康の穢多ヶ原出馬とその敗走については「一揆書」以下にあるのみであって原拠は不明であるから、にわかに事実とすることはできない。

このあと「宗乱記」等は佐々木方面の戦闘を記す。上宮寺内にたてこもる一揆の外に、隣屋敷には松平三蔵が城を構えており、一揆方はなかなか強力であったというが、三蔵は家康方であることは先述のとおりであるから「中納言」のことであろう。これにたいして家康方では、佐々木東隣りの渡に鳥居党があり、西北方では約一キロに桑子妙源寺を要害に構え、佐々木の一揆が出張すれば鐘をついて岡崎城へ通報したと「宗乱記」等は記す。妙源寺の件は「永録一揆由来」に、「本願寺一揆之節は、高田宗門之分は御味方申、桑子村明眼寺惣堀さらへ、かり櫓をあけ、佐々木之手を押候、明眼寺の鐘打次第、家康公佐々木・野寺御出馬の筈にて」とその付城なることを記しているから、相当古くからの所伝で、まず事実であろう。

一月十四日の夜、家康は深津九八郎・青山虎之助に上宮寺に忍び入って放火すること命じた。忍び入った二人は発見されて討死し計略は失敗した。これは『三河物語』『松平記』にはなく、『家忠日記増補』は一月二十五日夜のこととし、また二人の相談によるとする。計略が家康の命によるかどうか判然としないが、『断家譜』青山虎之助長利の譜には一月二十二日に忍び入って討死し岡崎大林寺に葬られたが、のち家康の命で上宮寺の門前に石碑を建てたとある。(88) また寛政深津氏の譜では九八郎の名はみえないが、弥七郎正利は同年四十二歳で子正吉は七歳であるから、正利の兄弟に九八郎があったと考えてもよく、日付はともかく深津・青山の討死は事実としてよいであろう。

十五日早朝に一揆方が二人の首級を梟した後に戦闘がはじまった。妙源寺の鐘を聞いて家康は矢作川を渉って渡から佐々木にいたり、一揆方三百余人と戦った。家康方の勢い強く、一揆の将矢田作十郎は鉄砲にあたって討死、松平三蔵と家老戸松孫左衛門が討死したと「宗乱記」は記している。この戦いについては『三河物語』『松平記』には記事なく、『家忠日記増補』は十一月とする。これは次に述べる馬頭原合戦の前哨戦ともいえるものであり、佐々木一揆との戦闘を伝える文書(写)も現存するから、(89) 一応「宗乱記」のいうところに従ってよいであろう。ただしこの後に「宗乱記」は「伝曰」として、松平三蔵の西国落および三蔵息の天草一揆参加を記すが、その原拠は先出の『松平記』である。『三河物語』『家忠日記増補』「一揆書」「野村本拾遺録」にはなく、「閣本拾遺録」にはじめてあらわれるところである。

「宗乱記」は佐々木の戦いの記事に続けて家康が佐々木攻めの途中段子畠(団)という所で一揆の待伏せにあい、命からがらただ一騎で妙源寺へ逃げこみ、同寺の黒本尊に一揆退治の祈願をした。のちその霊験をうけたとして三月二十五日付の書状でこの黒本尊を請いうけて持仏とし、のちに芝増上寺の方丈仏としたが、この代りの本尊と書状が同寺にあると記す。さらにその続きとして、佐々木一揆は上宮寺住持、高浜恩任寺、西端（碧南市）の杉浦六郎左衛門らが中心となって土呂・針崎一揆と共に上和田砦を攻めた。救援に出馬した家康は大力の三人を中心とする一揆に攻められて危うくのがれ、明大寺の六所明神の森へ逃げこんでようやく助かったとしている。(90) この二件を本文として採用しているのは「宗乱記」のみである。「拾遺録」の両本は「或書ニ」（閣）とか「或記ニ」（野）という表現で、小書きまたは一段下げにしており、他の諸書は一切これを記さない。したがって二件は「拾遺録」の段階でとり入れられたもので、しかも筆者の判断で本文には採用されなかったものが、「宗乱記」にいたって本文にくり込まれてしまったのである。そのため同書はこの辺の叙述に混乱がおこり、つぎの馬頭原合戦へのつながりも悪く、まことに不体裁なものとなった。それではこの二件はまったく根も葉もないものであろうか。妙源寺黒本尊の件ではたしかに同寺に年欠三月二十二日付家康書状(91)が現存する。

恵心之阿弥陀申請度候由候処、御本寺へ可被仰届候段、相意得候、然者先其内可被預ケ置候旨申入候処、御領掌令祝著候、自然余寺へ可為寄進も様ニ御内証候哉、聊非其儀候、家康持仏堂ニ為可令安置ニ候、委細雅楽助可申入候、恐々謹言、

三月廿二日　　家康（花押）

明眼寺

中村孝也氏は右の文書は花押からみて永禄八、九年のものとされている。(92)したがって一揆の後に家康が、妙源寺の本尊仏であった恵心僧都作と伝える阿弥陀仏像（通称黒本尊）を、持仏堂の本尊として所望して預るという形式で望みを叶えたことは事実である。しかし僅か一騎で妙源寺へ逃げ込んで云々の信憑性が保証されるわけではない。妙源寺は上宮寺の付城の役目を果し、同寺には家康方家臣や専修寺派門徒が在ったことは事実である。彼らがしばしば上宮寺一揆と戦い、十五日にも戦闘はあったであろう。そこまでは承認できるが、それと黒本尊所望との結びつきは現段階では無理というべきであろう。

それでは佐々木一揆の上和田攻めはどうか。これに関しては上宮寺にも所伝はないが、一月十一日に蜂屋半之丞に討ち取られた松平金助が再度討死したり、六所明神の森へ逃げこんで命が助かったとする点には作為を強く感ずる。そうじてこの件は「宗乱記」欄外の註記に「此戦の月日不審、尚可考」、「拾遺録」両本に「伝ニ云、此ノ闘ノ未タス分明ナラ一、猶追テ可シレ考レ之」とするように判然としないことが多い。(93)

さて、十五日朝の佐々木の戦いのあと、家康が、陣中に見舞に来た刈谷城主水野信元と対面していたところへ、上士呂・針崎一揆が岡崎城へ攻め寄せつつあるとの報がはいった。家康は、信元と共にただちに矢作川をこえて上和田にいたり、羽根の盗木（戸崎のことか）から小豆坂を押し登った。一揆は石川新九郎・同新七郎らを将として八百余が馬頭原から生田原にいたり、これを阻止しようとした太平・岡の家康方や岡崎からの後詰の兵と戦っていた。そこへ家康が馳けつけたため、一揆は前後を挾みうちにされて馬頭原へ押し戻された。ここで敵味方入り乱れての大乱戦となったが、家康方が勝利をおさめ、翌十六日朝に菅生川畔で一三〇級の首実験が行われた。馬頭原合戦の折に、信元の弟で当時兄の勘気をうけて碧海郡大浜に蟄居していた水野藤十郎忠重は、相聟の水野太郎作、親類の村越又市郎と三人で活躍し家康にほめられた。忠重は石川新七郎を、太郎作は筧藤六を討ち取ったのである。また一揆方の波切孫七は、家康に二鑓突かれたが、後にそれを否定したので一揆の赦免をうけられなかったという。

以上「宗乱記」によって馬頭原合戦の状況を略述したが、この戦いは本多重次書状にあらわれているところからまず間違いのない事実である。その経過も『三河物語』『松平記』の記すところにほぼ一致する。ただし両書には月日は記されていない。この月日については、「拾遺録」「宗乱記」の十五日説の原拠は明らかでない。寛政水野忠重譜では石川新七郎討取とするが月日は記さず、[94] 同水野太郎作正重譜には一月三日小豆坂合戦に青見藤六某を討ち取るとする。[95] これはおそらく『家忠日記増補』が一月三日としていることに関係あるだろう。『岡崎市史』はこの戦いを一月七日とするが、出典を記していない。[96]「永録一揆由来」も月日はないが小豆坂合戦とし、

則首実検、菅生天王前ニ而百三十在之、（中略）百三十の首之内九十一番目之首、満性寺旦那靍田惣七郎と申者取申首也、

としている。これは「宗乱記」等によれば生田原で討ち取った村井源六の首である。

なお十五日の戦いに関連して、①発知（柴田）藤三郎の強弓（宗乱記・拾遺録・一揆書）、②一揆の将は月塊左五郎・白銀八左衛門（宗・拾）、③鍋田正数が芦谷善大夫を討取る（宗・拾）、④矢作勝蓮寺の強弓と還俗（宗・閣拾）、⑤水野

信元の一揆挾撃作戦（宗・閣拾）などの「伝曰」が記されている。これはどれも確実な史料で裏付けることはできないが、一揆の折の武勇談として伝承されていたものであろうから、一概に否定することはできないであろう。

一月二十五日、深溝松平の主殿助伊忠は額田郡六栗城に拠って一揆方になった夏目次郎左衛門吉信を攻め、乙部次郎兵衛の裏切りによって城を陥落させ、吉信を土倉にとり籠めてその由を家康に注進してきた。家康は吉信の赦免を命じたので伊忠は大変立腹したと諸書は伝えるが、ひとり『家忠日記増補』のみは伊忠が吉信の忠義の士なるを見込んで赦免を請うたとする。家記としての性格が強くあらわれたところである。吉信は赦免後伊忠与力とされ、のち三方ヶ原で戦死した。

二月三日または十三日、家康方の石川又四郎重政・根来重内・布施孫左衛門等二五人が針崎へ物見に出たところを伏勢にあって散々の敗北を喫した。この戦いを三日とするのは「宗乱記」「一揆書」、十三日とするのは『松平記』『家忠日記増補』、三日とするが十三日説もあるとするのが「拾遺録」である。ここから諸書の系譜をうかがうことができるが日付を決定することはできない。寛政石川重政譜には、この時蜂屋半之丞の鉄砲で負傷したとあるが、二月とあるのみで日付は知りえない。(97)

この間西尾城にあって八面・東条の一揆方と対峙していた酒井政親より兵糧の欠乏が伝えられた。二月八日家康は水野信元の加勢を得て兵糧を入れ、帰途に八面城を攻めて一揆の将馬場小平太を討ち取った。その帰り道に小川（安城市）の安政で野寺本証寺空誓をはじめとする一揆三百余人と戦い、一揆方の将鈴木弥兵衛を刈谷の上田半六が討ち取った。重傷を負った円光寺順正は空誓の身代りとなって壮烈な自害ぶりを見せたので、家康方は本証寺攻撃をしないで引きあげた。以上は「拾遺録」「宗乱記」の記すところであるが、『三河物語』『松平記』はこの戦闘を一切記していない。この時討死した順正について円光寺の由緒書は安政の戦いを五月七日としている。(98) しかし五月では一揆を解体しているから、どこかで所伝が誤ったのであろう。寛政水野信元譜もこの戦闘を記すから事実と認められるが、(99) 年月日の記載はない。したがって月日を明らかにすることはできないから、「宗乱記」等に従って二月八日としておこう。

一揆の経過を総括すると、いくつか考えねばならない問題が残る。第一に一揆方に戦略・戦術というべきものが欠けていたと思われること、第二に門徒農民の姿が史料にあらわれない理由、第三に家康と顔を合わせると戦わずして退却したような家康家臣の意識の問題である。第一から考えよう。家康は岡崎城を本拠に文字通り東奔西走して一揆と戦っているが、一揆方は連合して一挙に岡崎を攻撃するという戦法はとっていない。土呂・針崎一揆の協同作戦は両寺が指呼の間にあるから当然としても、二寺一揆と他との連携は、わずかに家康の佐々木出撃の背後を衝いた一月十五日の例のみであり、これとても十分な連携によるものかどうか、史料的制約はあるにしても疑わしい。酒井忠尚の岡崎夜襲は、単独作戦の失敗の好例であろう。また史料的制約もあってか、桜井松平や吉良・荒川の動きが不明のままであるが、協同作戦をとったらしい様子はみられない。このような状況にいたった理由としては、まず協同作戦を不可能としたような家康方の配備が考えられる。地図でもしられるように、一揆の拠点となった諸寺や諸城は岡崎城とは若干の距離があり、一揆が一挙に岡崎に押し寄せるには不都合であった。また一揆方拠点にたいし、付城の役目をはたすがごとく家康方家臣の本拠があった。吉良義昭のこった東条城、荒川義広の八面城にたいして西尾城に酒井政親があり、桜井松平と本証寺に対しては福釜・藤井の両松平、上宮寺にたいして妙源寺や渡の鳥居党、土呂・針崎には上和田や土井砦、六栗にたいしては深溝松平があって家康方の前哨拠点となった。このため一揆が岡崎城にせまるためにはこれらの拠点を潰しておかなければ背後の安全は確保できなかったわけで、土呂・針崎一揆が執拗に上和田を攻撃した理由もここにある。一揆は各拠点の家康方を釘付けにしておくだけの兵力をもたなかったのである。

しかしこのような状況のみが協同作戦を不可能にしたのであろうか。やはり前節で指摘した一揆構成の多様性と、一揆側に統一した目的あるいは見通しといったものが欠如していたことが、作戦行動の中枢司令部を形成せしめず、協同作戦を不可能としたのであろう。本宗寺を頂点とする三河大坊主も統一行動の主導者ではなかった。結局一揆の中核となるべき松平家臣上層が家康方に組織されたこと、そこに明確な戦略目標をたてて一揆の個別撃破を実行した家康にたいし、一揆方が大きく遅れをとった理由の一半がある。三河一揆は、門徒が護法のみで統一しきれずに階級的分裂の萠芽を見出さしめるという点では、やはり石山合戦の先駆的なものであったといえよう。第三点もここに関連させて理解せねばならないであろう。

第二の点は結論的にいえば史料自体の限界ということになろう。三河一揆に関する諸書はすべて近世に成立したものであり、各々編さん執筆の目的は異なっても全体として近世の支配者階級の意識が貫徹している。大久保忠教が記したように、徳川幕府創業に参画した三河以来の譜代家臣の功賞を明らかにすることを基本とする立場は、以後の諸書にも多かれ少なかれ共通するものであり、したがって支配の対象としての農民門徒は、いかに勇敢な行動があったとしても記述される可能性はなかったのである。島原一揆が切支丹統制を強化する材料に粉飾されたごとく、三河一揆は家康家臣団の一時的分裂と封建君主家康の恩情によるその平和的収束という形で矮小化され、同時に家康の恩情によって真宗信仰が許されたとして近世の宗教統制を合理化する。そのためには農民門徒は主役ではなく、「小侍」多数、「都合一万余人」の中に解消されねばならなかったのである。

にもかかわらず、近世中期にいたって三河一揆に関する書物が著作され、増補・筆写されつつ流布したことの意義は大きい。その原拠は『三河物語』『松平記』であることは明らかであるが、それが各種の所伝をとり込んで最終的に「宗乱記」に定着する過程においては、三河の在地における伝承が大きな役割を有していた。伝承の一例は上宮寺の「雑録」で知られるが、伝承を採集し比較考察して一書にまとめあげた人物もさることながら、その伝承を保持してきた寺と門徒のありようを考えることが必要であろう。現在知りうる形に定着する以前の伝承、それが門徒団にとって何であったかは今後検討に価するものであろう。

第五節　一揆の敗北と本願寺派禁制

永禄七年（一五六四）二月中旬頃より、一揆の側から和議の話がもち出されるようになった。各地で各個撃破されて一揆の勢いは次第に弱まってきていた。家康にとっても、半年にわたる戦闘の継続は三河統一戦略にとっては大きな痛手であったから、和議は双方にとって望ましい条件の中で進められることになる。『三河物語』によってその経過をたどってみよう。

土呂本宗寺にあった蜂屋半之丞が大久保忠佐・忠勝を仲介として家康に和議を申し入れた。家康が承知したので、石川源左衛門一勝・同半三郎正俊・本多甚七郎ら数人と協議して、一揆参加者の赦免と「寺内ヲ前々ノゴトク立ヲカセラレて可被下。次にハ、此一騎（揆）のクハタテ之者ノ命ヲ御拾面（赦免）」の三条件をまとめた。家康は一揆張本の助命は認められないとしたが、蜂屋らはそれが認められねば和議は成立しないと主張した。結局大久保常源忠俊が、一族の苦闘の代償として一揆張本の助命を請い、赦免した一揆方家臣を先頭とすれば酒井忠尚や松平家次、吉良・荒川らを撃破することは容易であり、「何カ之御無心モ打被捨給ひて、何ト成供、面々ガノゾ見次第に可被成候えて、先御ブチにサセ給え。御手サヱ広クナラセラレ給ハヾ、其時ハ何ト被成候ハンモ御儘に罷可成物ヲ、只今ハ何カト被仰処ニアラズ」と諌めたので、家康はこれをいれて、上和田の浄土宗浄珠院において「御キセウ（起請）ヲアソバシて、右之者供に被下」た。これをうけた蜂屋らは「サラバトて石河日向守（家成）を土ろの寺内え、高須之口寄、八町え引入ケレバ、一騎（揆）方之各々憿慅供《ヲドロキサハゲ》、早乱入ケレハ不叶シテ我モ〳〵と手ヲ合ケレバ、御寛有て、方々え御先懸ヲス」という状況になった。桜井の家次は降参して赦免されたが、吉良・荒川は降って赦されず上方へ退去した。酒井忠尚は上野城を明け渡して駿府へ逃れた。「其後、土ろ・鍼崎・佐崎・野寺之寺内ヲ敗給ひて、一向宗に宗シ（旨）ヲカヱヨトキセウ（起請）ヲ書セラレ給えバ、前々之ゴトクに被成て可被下ト、御キセウ之有由ヲ申シケレバ、前々ハ野原ナレバ、前々のゴトク野原にセヨト仰有て、打敗給えバ、ボウズ立（坊主達）ハ此方彼方え逃チリテ行」った。一揆方家臣で赦された者が多かったが、鳥居四郎左衛門・渡辺八郎三郎・波切孫七郎・渡辺源蔵・本多弥八郎・同三弥らは改易されて国外に退去し、大草の松平七郎も行方しれずになった。『松平記』も大筋は同じで細部に若干の差違がある。まず和議は大久保一党から提議されたとし、またその条件は「寺中は本のごとく立おき、不入に被仰付、一揆共も命を御助候様」の二条である。このほか石川家成勢に攻められて、永禄七年九月六日に上野城落城とする。

右のごとき一揆の解体過程を検討してみよう。和議は蜂屋が提議したのか大久保一党の働きかけからであったかはどちらでもよいが、[100]蜂屋半之丞は大久保忠俊の婿であり、一月十三日の戦闘では一揆方の伏兵の計をそれとなく知らせていることなどからみて、大久保と蜂屋の間に最初の接触があったことは間違いあるまい。その際家康方には「方々の合戦に味方打勝といへとも、三州所々一揆の起り、御一家衆もあまた逆心し、味方つかれ果てけり、此時多勢にて甲駿の敵押来ば御大事なり」という状勢判断があり、一揆方には「度々の合戦に打負大かた退屈しける」状況があったことは事実であろう(松平記)。しかし「拾遺録」が記す織田信長の和議勧告があったかどうかは疑問である。

和議の条件は『三河物語』のいう三条が正当であろう。そのうち本願寺派寺院に関しては『松平記』の方がより正鵠を射ている。それは一揆の直接的原因が「不入」問題であったからばかりでなく、次の酒井政親書状[101]があるからである。

今度御元儀就御取相ハ、其御寺内雖敵味方被成候、只今士呂殿を初而被致惣無事を上者、如前々別而御等閑有間敷候、若此上於御寺内諸事狼藉致候於輩有者、不及御届急度御成敗可被成者也、但此方之儀、於御無沙

汰者不及是非候、此一札相立間敷者也、仍如件、

永禄七　　　　　　　　　　　　　　酒井雅楽助
三月九日　　　　　　　　　　　　　　政家（花押）
平坂
無量寿寺参

これによれば、本宗寺以下の真宗寺院はすべて赦免され、若干の制限はありながらも四寺の寺内不入は認められたのである。この月日からみると、家康が浄珠院で書いた起請文をうけて発されたことは明らかである。「拾遺録」が典拠不明ながらも、起請の日を二月二十八日[102]としているのはさほど無理なく了解できる。

三条件のうち他の二条件は『三河物語』と『松平記』でくい違うが、これは最初は全員赦免を要求したのに家康が応ぜず、ついで張本の一命は助けるという要求に一揆が妥協したために、結果的には三ヵ条になったのではなかろうか。蜂屋らの和議派が張本の助命を強く要求し、それがいれられねば和議成立はおぼつかないとしていること、しかも和議条件のみならず交渉自体を秘しており、石川家成を寺内に引き入れる形で一揆の解体を突然行っていること、などからみて和議条件のみならず、和議そのものに反対する勢力が相当強かったのであろう。しかもこの和議は土呂一揆のみで進められたらしく、他の三ヵ寺や一揆方諸城とは全く連絡はとられなかったらしい。ここに一揆の構成が反映しているが、同時に戦場で家康と顔を合わせると退却する一揆方家臣の意識の一端が露呈したといえよう。家康にとっては、半年にわたって苦しめられた一揆の張本人を赦免することは、大久保忠俊の説得であっても感情的には耐えられないところであったろう。しかし前述のような状勢判断にたち、し

かも一揆張本の肉親・一族で家康方にある者の多い事を考えれば、命だけは助けるという条件で妥協せざるをえなかったのである。それはいまだ戦国大名としての強力なる公権的支配体制を構築するにいたっていない、国人連合の盟主的地位を脱却していない家康にとっては、如何ともしがたいところであった。家康が起請文を書かねば和議が成立しなかったのはその象徴ともいえよう。

一揆張本の誅殺はできなかったが、一片の起請文によって家康の得たものは大きかった。家臣団の復帰は、家康の今川領国継承政策に反対した下級家臣＝小領主と農民の共同戦線を解体させたのである。和議が成立しても今川領国以来の負担増大の状況、すなわち一揆の根底にあるものは一向に解決しなかった。寺内不入、一揆方家臣の本領安堵、張本助命によって家康はその政策に敵対する勢力を解体させることができたのである。その点に関する農民層の強力な反対が危惧されたからこそ、石川家成を土呂寺内に引き入れることによって一揆を解体させるという強行手段がとられねばならなかったのであろう。

和議の三条件は反家康共同戦線を形成した小領主・農民間に打ち込まれた楔であり、小領主層を完全に家康の家臣化させる役割を果した。それは門徒家臣の一揆参加の大義名分を認めながら、一揆成立の基盤を根底からくつがえした。一揆の戦闘力の中核であった門徒武士は支配者としての階級的利益を擁護された。しかし一揆に加わった門徒農民にとっては、寺院の不入権は一応擁護されたものの、収奪関係の緩和は実現せず、矛盾は一向に解決されなかったのである。この点に一揆解体の根本原因があった。一揆は常に攻勢に出ており、拠点の四ヵ寺は無傷であった。それが一挙に瓦解するのは、三条件が一揆の最も弱い点、すなわち基本的階級関係が同行同朋意識に隠蔽されているという一向一揆全般に通ずる問題点を適確に衝いたためと評価できよう。そのため本宗寺陥落が他の三寺へ連鎖的に波及し、やがて門徒集団という同盟者を失った国人、庶家は、赦免か追放かの決定権を家康に握られたまま降伏を余儀なくされたのである。

一揆が解体し「御手サヱ広クナラセラレ」た家康は、早速一向宗禁圧にのりだした。その際の家康の詭弁は事実であろうが、門徒は抵抗力を喪失しており強い反対はなかったであろう。改宗を拒否した寺院は破却され、坊主は国外退去せざるをえなくなった状況は次の文書(103)で知られる。

以手紙得貴意候、御寺内御勇健之由珍重存候、然者此間岡崎表ゟ飛脚之趣、得与相尋候処大間違ニ而、殿様御直命ニ而宜改之段、当屋敷ゟ申遣せとの御上意候、殊更貴僧者、佐々木一件之節茂御出合候而、御世話被申候之御噂も御座候、夫ニ此度不筋之義出合候ハヾ、御家人不案内ニ而門徒宗と相混、卒邇ニ申参候事ニ而候間、御安心可被成候、依之此度申上候所、委敷御事書被下置候間、慥ニ御請取可有之候、委細者貴面ニ而可得其意候、以上、

（永禄七年）
六月□日　　松平左馬

西蓮寺様

これは福釜松平三代の親俊が真宗専修寺派の東端西蓮寺に送った書状写であるが、一揆解体後のおそらく永禄七年五月に家康が本願寺派寺院の転宗を強制し、従わぬ場合は破却を命じたことが知られる。この時西蓮寺は誤って破却対象とされたが、住持蓮誓が家康に訴え出て、その言い分が認められたのである。家康がこのような措

置を強行しえたのは、この時点で一揆の跡始末は完了し、一揆方家臣の帰参と張本の追放によって家臣団統制は強化され、一揆方の国人・庶家は降伏して反対勢力が存在しなくなったからである。

一揆方の庶家と国人のうち、桜井松平の家次は降伏して赦免されて本領を安堵された。荒川義広は家康の妹を室としていたが赦免されず、三河を退出して後河内で没した。[104] 吉良義昭は近江の六角承禎をたよったが、のち摂津芥川で没した。酒井忠尚については、『三河物語』は一揆解体後直ちに上野城を明けて駿河へ退去したとするが、『松平記』は石川家成勢と戦い九月六日に落城して駿河へ去ったとする。寛政譜では一旦許されたが翌年再度謀叛してのち駿河へ去ったとするなど、[105] にわかに決しがたい。

張本として追放された者のうち鳥居四郎左衛門忠広はやがて帰参を認められ、のち三方ヶ原で戦死、[106] 渡辺八郎秀綱は帰参を認められず陸奥国で死亡した。[107] 本多弥八郎正信・三弥正重は加賀に逃れて加賀一揆の将となり、天正八年の柴田勝家との戦いに活躍し、のちに召しかえされたという。[108] ただし寛政譜には、正信は国を去って加賀に住したが、家康が高木九助広正を使として帰参を許したので、再仕して、元亀元年の姉川合戦に従ったとする。[109] 期間はともかく一時加賀にあったことはまちがいない。

本願寺派寺院の破却によって、諸寺も所縁をたよって各地に赴いた。本宗寺証専は兼帯寺院である播磨本徳寺へ、勝鬘寺了順は信濃井上へ、本証寺空誓は加茂郡菅田輪へ、上宮寺の勝祐・真祐父子は尾張の末寺刈安賀専称坊へ退去した。その他の諸寺も各地を流浪したらしいが、詳細は知りえない。かくて三河本願寺教団は壊滅し、以後二〇年間の西三河には本願寺派寺院は存在しないことになった。門徒農民の大部分は信仰を保持したようであるが、多くの武士門徒は転宗した。

一揆の解体によって家康の支配体制は一変した。反対派国衆を一掃し、一揆方家臣をあらためて家臣団に組み込むことによって、その戦闘力は著しく強化された。一揆方国人の所領は没収されて、家臣への給恩地や家康直領化されたことであろう。ただし現存の家康文書からその状況を窺うことはできない。また一揆方家臣の本領安堵は給恩としての色彩が強化されたことであろう。和議条件ではあったにしても家康の承認によっての本領安堵となり、没収されても仕方のないものが安堵されたという意識が形成されたと考えられる。大久保忠俊が和議の仲介にあたって、一揆方家臣の本領を安堵すれば、彼らは死物狂いで戦陣で活躍すると指摘したのはこの点をついたものといえる。三方ヶ原で家康の身代りとなって戦死した夏目吉信はその典型といえよう。

かくて家康は一揆との戦いに勝利をおさめることによって、従来の国人連合の盟主的性格を払拭し、今川領国の支配体制を継承した戦国大名としての地位を確実にしたといえよう。その点を若干検討してみよう。

奉寄進宝樹院領之事(110)

合五石五斗目者

一　壱石壱斗五升　北田

一　六斗目　井田茶木嶋

一　壱石目　大門黒崎

一　弐石五斗五升目　阿知波宮崎

一　六斗目　　　　山之田

右彼下地、公方成并反別等之無諸役可有御所務候、額田藪田之上本増共ニ令寄進処堅実、永不可有相違者也、仍如件、

永禄九丙寅三月　日　　　　　　　　　　松　蔵

家康御在判

大樹寺進誉上人

この寄進状では、北田以下五ヵ所の土地計五石九斗目がはじめて寄進されたようにみえる。しかし関係文書を検討すると、井田茶木嶋の六斗目は天文十六年二月一日付で酒井九郎兵衛尉康家が二貫七五〇文で大樹寺に売却した土地か、[111]同十九年二月二日に同じく酒井康家が三貫二五〇文で売却した土地のいずれかである。[112]大門黒崎の二反の田は、天文十六年四月二十一日に内田信家・信次が七貫三〇〇文で売却した土地である。[113]阿知波宮崎は同年二月二十六日に中山大井野（近藤）橘平が二一貫文で売却、[114]山之田は永禄七年二月五日に孫三郎が二貫文で売却したところである。[115]しかもこのうち井田茶木嶋は一〇〇文を岩津真福寺へ、大門黒崎は二〇〇文を滝山寺菩提坊へ、阿知波宮崎は額は不明であるが同じく菩提坊へ、それぞれ公方年貢を納入することになっていた。このような由緒をもった土地を「公方成并反別等之無諸役」く支配してよいというのであり、公方年貢や反銭等の諸役を大樹寺宝樹院は他に納入する必要がなくなったわけである。ここで公方年貢が反銭以下の松平氏より賦課される諸役とならんで納入義務なしとされていることは、一揆後に家康が、公方年貢に象徴される重層的な職の体系を

否定する政策をとったことを示すものであり、次の文書(116)がその例である。

知行方之事

一　五拾三貫七百四拾文　智鯉鮒郷

一　弐拾貫四百文　一ツ木郷豊後分、公方年貢八貫四百文ハ先給人へ此方より替地可遣也、

一　弐拾貫八百六拾文　是ハ水野藤九郎分岡之内ニ而、丹羽平兵衛へ加地子也、

已上

右之分可有領知、猶追而可致沙汰者也、

永禄十一

六月八日　家康（花押）

永見淡路守殿

右史料の二項は、一ツ木郷のうち豊後分を永見淡路守（知立神社神主）に給するのであるが、この豊後分は公方年貢八貫四〇〇文を誰かに納入すべき土地であり、したがって豊後の収納分は一二貫文であった。ところが家康はこの地における公方年貢分を従来の収納者よりとりあげて永見に給し、旧収納者には他所で替地を与えるというのである。かくて、永見は一ツ木郷豊後分を一円的に知行することとなり、この地における重層的な職の体系による剰余生産物の分割収奪は終了した。これはいわゆる「上からの一職」の形成であり、大樹寺の例も同様である。公方年貢収納権を否定された真福寺や滝山寺は、その分を他に新たな所領として寄進されることによっ

て、旧来と同程度の収取を確保しえたことであろう。この政策が三河一円に適用されれば、重層的な職の体系は完全に否定され、諸社寺は家康から寄進・保障された近世の御朱印地につらなる一元的な支配可能な所領を確保するようになる。

公方年貢収取関係を否定することは、重層的な土地支配関係とそれに適合的な職の体系による収奪体制にかわる新たなそれを構築することを意味する。それは二度にわたる今川検地で成立せしめられた百姓前直納体制に基盤をおくものであろう。ただし永見淡路守宛知行宛行状にみられるように、家康はいまだ百姓前とその下にある直接耕作農民との間の加地子収取関係を否定するまでにはいたっていない。したがって公方年貢収取関係の否定の結果、家康またはその給人は公方年貢十名主得分までしか収奪しえず、作職得分の収奪にはいたっていない。それを実現するには、いわゆる「作合い否定」をともなった全剰余生産物収奪を可能にする体制を創出せねばならないのであり、この段階の家康領国においてはありえないものであった。

公方年貢否定政策は一揆解体後に出現するが、それを桶狭間直後まで遡らせて、三河一向一揆の原因をそこに求めるのは正しくないであろう。この政策の出発点は、本願寺派寺院追放によってその所領所職を没収した段階から考えるべきではなかろうか。一揆中にこの政策の存在を示す史料は全く無いからである。もちろんこの政策は、ある時期に家康領国全域で一斉に行われたのではなく、反対勢力を打倒した場合や旧来の在地領主を移封して、従来の領主農民関係をたち切った地域から実施されていったのであろう。天正六年九月二十八日、松平家忠・松井忠次は妙源寺に田畠六ヵ所計二町五反五ツを「張忠康忠任一札之旨」せて寄進した。(117) これも大樹寺の例と同じく十六世紀初頭以来の寄進・買得地であるから、実質的には本領安堵といえるが、実は「諸役不入色成之儀致新寄進」すものであった。おそらく領主交代を機に色成年貢納入義務を否定して、妙源寺の一元的支配を承認したものであろう。公方年貢が否定されれば、それと表裏の関係にある色成年貢も当然否定されるものであった。

永禄七年四月、家康は小松原東観音寺に禁制を発し、五月には二川大岩寺・小坂井莵足神社・老津太平寺にも同様の禁制を発している。(118) これらはすべて東三河吉田周辺の寺社であり、一揆で一頓座した三河統一への歩みが再開されたことを物語る。一揆以前とは比較にならない強固な領国支配体制を構築した家康の戦国大名としての歩みが再開されたのである。

第六節　本願寺教団の復興

三河の本願寺教団が壊滅してから二〇年の歳月が流れ、家康は三遠駿甲信五ヵ国の大守となった。その間遠江以下の四ヵ国ではその様子はないが、三河においては本願寺派禁制は厳しく貫徹していた。その解除の萠しは天正十年冬にあらわれてくる。

天正十年十二月四日本願寺門主顕如は家康に音信を送って好を通じた。

一　三河ノ徳川へ、為御礼寺内相模法橋被遣之。近年ハ御儀絶ナレドモ、今度入眼ニ付テ御一礼也。惣入目金卅枚計ノ分也。コレハ国ノ御門徒中トシテ、被調之者也。安芸後室一身ノ馳走肝煎也。

十二月四日寺相発足。刑法ヨリ井上勘介ヲソヘラル丶ナリ。(119)

長らく断絶していた家康との関係が回復され、顕如から御礼の使者が派遣されたのである。これには石川安芸守清兼の後室妙春尼（妙西尼、家成の母）の尽力が大きかった。妙春尼は刈谷城主水野忠政の娘で家康の生母於大の妹にあたり、於大離別後の家康の養育にあたった熱心な門徒であった。したがって、家康としてはその要望をむげに拒否できない相手であり、三河教団の復興に大きな役割をはたしたのである。翌年二月、顕如は家康に年頭の音信を送り、酒井忠次・石川数正・家成・康通にも太刀と馬代を贈った。この際の家康宛書状の添状は忠次・数正・康通の三人宛で、これは家成がすでに隠居していたためであった。また妙春尼へも「年来ノ心懸馳走無比類」との書状を送っている。(120)

かくて本願寺と家康の交渉が開始されたが、これがすぐに三河における本願寺派再興につながるわけではない。天正十一年の暮にいたって家康の本願寺派禁制がとけるが、同年と推定される霜月廿日付榊原康政宛顕如書状(121)には「只今家康へ以一翰申候、宜様取成可為喜悦候、仍連々一礼之儀、乍存知莵角遅引、失本意候」とあり、次第に交渉が進展して和解が成立していったことが窺える。

本願寺と家康の和解は、当時の両者をめぐる政治状勢からみて必然的ともいえるものであった。両者の和解を天正十年の信長急死の結果とのみみるのは正しくないが、信長の死は本願寺が活動を再開するには好都合であった。本願寺としては、三河における本願寺派禁制をいつまでもそのままにしておいて良いわけはなかった。おそらく妙春尼等在国の門徒の工作が先行し、やがて本願寺が動きはじめたのであろう。その上、同年の秋頃より家康の方でも和解を必要とする状勢になってきた。対豊臣秀吉の関係においてである。本能寺の変で急拠帰国した家康は、甲信の奪取とその経営に勤めていたが、その間に秀吉は光秀を倒して勢威を張り、天下を手中に収めんとしつつあった。天正十年十月に顕如は秀吉に音信を通じ、同十一月に秀吉から堺御坊の地が本願寺へ返付された。さらに秀吉の意見で、本願寺は紀州鷺森から和泉貝塚へ移転することとなり、天正十一年七月四日に顕如・教如らは貝塚御堂へ移り、同十二月一日に「門前境内地子已下」免許を認められた(122)。

秀吉と本願寺の関係の親密化を、秀吉の動向を注視していた家康が知らなかったはずはない。天正十一年四月二十四日柴田勝家は北庄城で自刃、神戸信孝も尾張内海で自殺して、反秀吉勢力の一環は崩壊している。その一方家康は北畠信雄としばしば会見し、両者の同盟が形成されつつあった。すでに同年閏一月には柴田・神戸・北畠・徳川の連合成立の噂が流れていた程であるから(123)、秀吉・家康の対決は時間の問題といえる状況であった。したがって家康にとって秀吉との戦いのために国内体制を整備することは緊急の課題であった。本国三河には本願寺派寺院は存在しなかったとはいえ、門徒はそのままであり、本多正信を筆頭として門徒家臣の数も多く、旧門徒の家臣をあわせれば一大勢力となる。これを放置しておいて秀吉に乗ぜられることは絶対に避けねばならない。家康自身も小牧・長久手戦の直前には雑賀一揆を誘って秀吉の足下を脅やかし、また「今度信雄被遂御入洛、御本意之上、大坂之儀、如先規之可被進置候、殊賀劦之儀者、信長如御判形之、是又不可有相違候(124)」と、大坂還付のみならず、信長の古証文を持出して本願寺を味方にしようとしている位であるから、秀吉が三河門徒を利用する可能性は充分承知していたわけである(125)。それを封ずるためには、前年以来の本願寺との音問を一歩進めて、三河本願寺派禁制を解除し、寺院道場の還住を認めることが有効な手段であったのである。

天正十一年の末日、家康は妙春尼宛消息で本願寺派寺院道場の再興を認め、同日付でこの旨が本願寺へ伝えられた。

本くわんし門との事、このたひしやうめん(赦免)せしむるうへは、分こく中前々よりありきたるたうちやう(道場)さういあるへからす、しからは、このむね申こさるへく候、仍如件、

天正十一年　　　　（朱印）
十二月卅日
ひうかのかみ
はゝかたへ(126)

本願寺御門徒之儀、度々御理候条申聞、如前々相済候、雖然三州之内七ケ寺之儀者、先年不相届仕立候之間、今以還住之事可被除之候、向後之儀御門跡様当方御入魂之儀不可有相違候、尚隠居委細可被申入候、恐々謹言、

（天正十一）
極月卅日　　　　酒井左衛門尉
　　　　　　　　　　忠次
　　　　　　　石川伯耆守

数正

石川日向守

家成

下間刑部卿法眼（頼廉）

人々御中[127]

（傍点筆者）

妙春尼に宛てて寺院道場再興許可が伝えられたのは、彼女がこの件の裏面において大きな役割を果していたこと共に、前述の家康との関係によるものであろう。もっともこの時は本証寺・勝鬘寺・上宮寺・無量寿寺・慈光寺・浄妙寺・願照寺の七ヵ寺は[128]「不相届仕立」があって還住を認められなかった。「色々諸欝憤依不浅」ともあるから、[129]これはどうやら二〇年前の永禄一揆をさすものであろう。この七ヵ寺こそが一揆の中心であり、これに対する家康の反感は強烈であったと推定される。と同時に七ヵ寺こそ三河教団の中心であり、その帰国を認めると、秀吉が本願寺教団を利用して家康領国の攪乱をはかる際の中心となるおそれありと判断していたのではなかろうか。

道場再興許可以前に、専福寺のごとき一揆の際調停工作にあたった寺院は帰国を黙認されていた。[130]しかし一般寺院はこの時はじめて還住を許されたのである。諸国へ所縁を頼って散ってより二〇年、中には石山合戦で討死した坊主もあれば、[131]禁制のため他国へ移住して帰国しえずに終ったものも多かったであろう。[132]ところが還住を認められなかった七ヵ寺のうち二ヵ寺が秘かに三河へ帰ったことが発覚し、再度七ヵ寺追放命令が発されるという事態が生じた。

（追而書略）

急度令啓達候、仍其以来久絶音問、慮外之至候、抑如度々申候、愈々貴寺当方御入魂之儀弥可為深重候、連々被成申ニ付而、御寺内之儀一所被申付候、可御易候、就中七ヶ寺之儀先年如申進候、安芸後室種々訴訟候、色々諸欝憤依不浅不相調候、然処今度家康へ無一旦御届二ヶ寺御還住、一段無曲被存、七ヶ寺共追放之分候、委曲期後音之時候、恐々謹言、

（天正十三）三月卅日

石川伯耆守　康輝在判

石川日向守　家成在判

酒井左衛門尉　忠次在判

下間刑部卿法眼御房

御同宿中(133)

（傍点筆者）

この「二ケ寺」は上宮寺と勝鬘寺である。天正十三年と推定される上宮寺尊祐の書状(134)によれば、信越境に蟄居していた上宮寺尊祐は、石山退去以来の本願寺に参詣する力もなくなっていたので、門徒と相談して一度本願寺

へ参詣の念願を果すために、勝鬘寺了順と順礼姿で三河へ入ってしばらく滞在していた。しかし家康へ訴人が出て討手が出されたので、ようやく信州へ逃げ帰ったという。これは天正十三年一月の事である。家康は即座に七ヵ寺還住不承認をあらためて明確にしたらしい。二月朔日に本願寺坊官八木駿河重仍は上宮寺へ「野寺本証寺殿御てまへ御沙汰有様あしきにより、各国を御はらい被成之由、其聞被入候、千万〳〵無御心許存候」と事情の報告を求めている。(135)おそらく本証寺へも同様の書状が送られたのであろう。上宮寺がどう返事をしたか不明であるが、前出の三月三十日付書状によって三河の状況の概略は本願寺に知らされたわけである。

五月になると本証寺空誓は貝塚本願寺へ赴き七ヵ寺追放決定にいたる事情と同寺の立場を説明したらしい。五月十三日に八木重仍は上宮寺に書状を送り、(136)「七ヶ寺三州ニ御かん住ならさる之御事ニ付而、家康公より被仰者、今度本証寺殿御参候て御申候と、ことの外ちかい申たる御事御座候ニ付、国の様躰御たつね可被成との御事ニて御座候、をとなしき御門徒又御下坊主衆、国の如此成行様能々存被申たる衆めしつれられ候て、早々御のほり被成候へとの御事ニて候」と、本願寺へ上って詳しく事情を報告するよう求めた。これに対する上宮寺の解答は知れないが、同寺に次の書状案文がある。上宮寺にかわってその下坊主衆が事情説明のため送った書状の案文で、六月上旬頃のものであろう。

乍恐申上候、仍本証寺殿被仰事ニつき、其子細可有御尋之由候て、早々上宮寺可被罷上候由、為　上様御意、自本証寺殿自八木駿河殿御状到来候由候、上宮寺之儀、御推量之様ニ身上迷惑仕候て、可被罷上便も無之御事候之間、国之有様為衆中申上候、抑去比上宮寺当知行之堺目西端まて被罷出候事、更聊爾ニ而無御座候、其子細者、去年於尾州陣中杉浦与三郎と申者、自本田作左衛門為使一段懇切ニ申、其上家康於分国之内々、古之御屋敷之外ハ何所成共御存分之所ニ可被御居住之由被申候へ共、作左直談ニ不被申候之間、不審ニ被存候之処、重而彼与三郎為作左御使罷越、手堅申候之間、参詣門徒中為覚悟指置御申候、然共作左之墨付も無御座候つる間、聊爾被存押、晴而居住者不被指、西端之道場ニ蟄居候事候、然間上宮寺在置候道場とてハ、家康分国之内ニ者、其任も御断有間敷候間、本証寺殿御身上とハ可為各別候而御不審被思召候て、被立御指文候ても、一ツモ（無脱カ）御覧候、此趣者本証寺殿も淵底可為御存知候、将又本田作左衛門以肝煎、御国安堵相済候之処、石河安芸守後室七ヶ寺嫌、家康へ支申ニ付て、重而御追出之由本証寺殿被仰之由候、其段者可為御虚言候、但右之趣ニ本作左書状以証拠被仰上之由候、其書状如是謀書之由作左被申候由候、然者此通子細国中被沙汰、他宗世間へ無隠候条、御門家ニ謀書者珍敷由候て、御一宗之坊主をハ盗賊之様ニ申成候間、末々迄迷惑仕候、依之国中自惣坊主衆、以目安被申上候、然者上宮寺被罷上候て、国之有様別ニ可被申上事不可有候、此之趣可然様御言上可忝候、

これとほぼ前後する六月十五日付本多重次書状[137]と合せ考えると、事情は次のようである。小牧・長久手合戦直前の天正十二年三月、尾張星崎城に在った本多重次に本証寺が困窮を訴えた。重次はやがて七ヵ寺の還住も実現するであろうから三河国境付近に忍んでいるようにと折紙を書き、家臣杉浦与三郎を使者に遣わした。ところが杉浦は、家康分国中で旧寺址以外ならどこに居住してもよいと伝えた。三河坊主衆には不審をもつ者が多かったが、本証寺は旧地に道場を建立し、重次の肝煎で家康は七ヵ寺還住を認めたと宣伝した。上宮寺・勝鬘寺もそれ

を信じて天正十三年春帰国し、上宮寺は西端道場に入った。これが家康に知られて上宮寺等は三河を去り、家康はあらためて七ヵ寺追放を命じた。三月三十日付書状でそれを知った本願寺は、不審を本・上両寺にただしたところ、本願寺へ上った本証寺は重次折紙を証拠として、重次の肝煎で還住が実現したにもかかわらず、妙春尼が七ヵ寺を嫌って家康へ働きかけ、その結果再度追放となったと説明した。驚いた本願寺は妙春尼の許へ重次折紙の写を下して真偽を確めたところ、それは重次の出したものとは似ても似つかぬ文面のものであった。結局それは本証寺が虚言を構えて謀書を行ったことが明らかになったのである。

この件は、「今度三州七ヶ寺之儀、家康赦免初中後共無之候ニ、本田作左衛門以墨付、本証寺国安堵之儀相済之由被仰上儀虚言候、弥御門跡御旨御入魂御文、作左衛門一切存間敷候間、縦書付候共不可成証拠候、神八幡も御照覧候へ、安芸後室七ヶ寺之儀支申儀毛頭無之候」という六月二十三日付の石川家成らの本願寺宛書状[138]によって一応の結着がついたと思われる。しかし、何故本証寺は帰国を急いだのであろうか。二〇年以上におよぶ流浪の苦しみは当然あったとしても、禁制をやぶり虚言・謀書をかまえ、とくに、熱心な門徒で教団復興の立役者である妙春尼までも誹謗して

この文ともハいつれとてもよき事ハ申入候ハぬまゝ、さた申たくハ候ハねとも、はやとてものてら(野寺)殿の御てニ候て候、仰やふられ候まゝ、つゝむ候へもつゝまれす候ほとニ、ありやうをミな〳〵御め ニかけ候て申候、これはうつしにて候、かしく、

六日

人々(139)御返し　　　　　　　　　　ゐんきよ（黒印）

と妙春尼を嘆息させる事態にまでいたらねばならなかったのか。

その原因は明らかではないが、「御寺内之儀一所被申付」という本願寺と徳川氏の関係にあったのではなかろうか。すなわち七ヵ寺が還住を許されないでいる間に、かつての土呂本宗寺のごとき一家衆寺院が創建されれば、三河教団の主導権は完全にそれに帰し、七ヵ寺ら大坊主の末寺・道場はそれに付せられて、大坊主の存立基盤は消滅してしまう。そのおそれと焦燥が本証寺をして、重次書状を改ざんしてまでも帰国を実現しようとしたのではなかろうか。天正十四年顕如の次子興正寺顕尊が三河へ下向する予定であったが、秀吉と家康の間に「御存分出来候故」に下向を中止したことがある(140)。顕尊の下向は前年の「寺内之儀一所」に入寺するためであったと考えられる。結局顕尊下向は行われなかったが、上宮寺文書中に顕尊やその坊官下間美作の書状があるところをみれば、顕尊はかつての本宗寺のごとき一家衆としての位置をしめる予定であったと考えられる。本願寺の地方末寺対策の推移からみてもこれはありうることで、しかもこの動きは大坊主七ヵ寺の未還住という教団組織の変則状態の頃から開始されていたならば、本証寺のみならず上・勝両寺も、相当の危険は覚悟の上で三河潜入を進めたであろう。そしてこの問題が、後に三河七ヵ寺を東派に属せしめる遠因となるのではなかろうか。

本証寺がどのような措置をうけたか不明であるが、再追放後約半年を経た天正十三年十月七ヵ寺の還住が許可され、寺院再興が認められた。これはおそらく家康をめぐる厳しい政治情勢のしからしむるところであった。

野寺道場屋敷之儀、自今以後不可有相違、并家来卅間之儀、諸役令免許者也、仍如件、

天正十三年

十月廿八日　　　　家康（黒印）

本証寺[141]

これと同内容の写が勝鬘寺、上宮寺に現存するから、三ヵ寺は同一の扱いをうけたわけである。また同日付で馬頭に建立された寺内の安堵も行われている。

三州馬頭寺内之事[142]

右諸式法度以下前々如土呂、自今以後、不可有相違、但家康於勘気之者、於寺内不可有御許容、者以此旨仏法興隆可為肝要候者也、仍如件、

天正十三年

十月廿八日　　　　家康御判

本願寺

この年家康は小牧・長久手戦の戦後処理に忙殺されていた。前年十二月に次子於義丸（後の結城秀康）を秀吉養子という名の人質として大坂に送ってはいるものの、秀吉との正式の和睦は成立していない。家康は三河国内の戦備の強化をすすめ、七月から閏八月には信州上田の真田昌幸を攻撃して領国の安定をはかったが、これは成功しなかった。同年秋までに、小牧・長久手戦当時の同盟者であった越中の佐々成政、四国の長曾我部元親、紀州畠山、根来・雑賀の一揆はすべて秀吉に降っていた。家康は孤立状態となり、十月に秀吉が諸大名から人質を徴す

るにいたると、対立は頂点に達したとみられる。秀吉の人質提出命令にたいし、家康は家臣を集めて意見を問い、家臣は一同に人質を出す必要はないとの見解であった。

（十月）廿八日乙未（浜松）城へ出仕候、上へ質物御出候て能候はんか、又御出し候はでよく候はんかとて御談合にて候、各国衆同意ニ、質物御出し候事不可然候由申上候。（家忠日記）(143)

これは秀吉との全面的対決路線であり、当然その準備がなされねばならない。まさにこの決定と同日付で三ヵ寺還住と寺内諸役免許および馬頭寺内不入の文書が発されている。ということは秀吉との対決の準備の一環として七ヵ寺還住が決定された可能性が大きい。そこにいたるまでの妙春尼をはじめとする門徒・旧門徒家臣の働きかけは見逃せない。しかしこの時点では政治的配慮が優先したとせねばならない。七ヵ寺追放の続行は秀吉が本願寺を動かして家康領国の撹乱をはかる糸口となることを心配したので、それを解消するための措置の考えることができるのである。この年八月晦日、本願寺は秀吉から与えられた摂津天満の地へ貝塚より移転しており、両者の関係は一層親密の度を深めていた。したがって、本国であると同時に領国の西端にあって対秀吉作戦の最前線となる三河において、秀吉の工作を防止する手段は最も緊急の課題であったわけである。

七ヵ寺の追放は解除され、三河本願寺教団は再建されることとなったが、それは必ずしも平坦な道ではなかった。この還住に際して一四〇〇貫から一五〇〇貫文が礼金として費されたという。(144)その詳細は知りえないが、ここにいたる間の門徒の経済的負担は大きかった。と同時にこの還住決定をめぐって、教団側に相当とまどいが見られることは、決定が政治的考慮を優先して行われたことを示している。

猶々先達而御意之通、道場門徒拝領之上者、御支配可為勝手旨無異儀候、以上、

預御折紙候、令披見申候、仍御門徒之事即申上候処、前々之道場門徒之儀弥無別条候間、何方之郷ニ候共不苦事候、知行主之方へも何も其段堅申届候、本作左（本多重次）かたへも此段申遣候、惣別被仰定候旨少も無異儀候、恐々謹言、

（天正十三）
十一月十一日

石川日向守
家成
本多佐渡守
正信
酒井左衛門
忠次

本証寺
勝万寺（ママ）
上宮寺

（上宮寺文書、傍点筆者）

還住を認められた七ヵ寺は教団組織のあり方について石川家成らに問い合せ、その返事が右の書状である。七ヵ月前とは一変した家康の態度に不審を抱き、その政治的意図をはかりかねた教団側のとまどいが看取できよう。と同時に、「道場門徒拝領之上者、御支配可為勝手」という返答は、封建支配者の恩給として宗教的支配関

係が承認されるのであるという、幕藩体制下における宗教政策の原型が形成されはじめたことを示している。それは末寺道場坊主と門徒農民が身分的に切断されていく過程のはじまりであり、門徒を宗教的に支配する坊主、それを支配する封建領主という幕藩体制における二重の宗教的支配関係構築の第一歩であったのである。

註

(1) 『松平記』六巻のうち巻五は他と調子を異にし、巻五の「松平之五人衆七人衆之次第」「三河岡崎・遠州浜松に至迄正月二日国衆御礼之次第」「同正月二日夜御謡初座敷次第」「三州遠州両国御手末入時被仰付候」などは、独立した一書として存在するか、他書にも同様の記事がある。

(2) 拙稿「三河一向一揆の一史料——勝鬘寺蔵『永録一揆由来』について——」(『歴史研究』〈愛教大〉一九)。

(外題) 永録(ママ)一揆由来

当国本願寺一揆之由来

家康尊公岡崎之城主たりし時、渡り村之住人鳥居(ママ)等に分際宜き買人あり。本願寺宗徒也。古より今に至まで難有古跡大地とあれハ、守護不入にして、何事も他所の支配をうけざる故、野寺本証寺中を借り、家作をいたし蔵を建、金銀米銭の奢(カ)りを仕候処、岡崎の御家中衆意恨之、其寺中へ馬を乗り入れて、鳥居の庭に干し置し米穀等を散々に蹴散らし、其外放埒の振舞幾々度々に重なれハ、此段無念に至極に候し寺中の同宿、百姓等、鳥居一類相集り、棒ちきりらを持て出、寺中へ入れしと追払ひ、乗り放置く馬を取、尾髷を切て追放セハ、勢たけき武士なれ共多勢に不勢、不時して我か身に疵を蒙らしと漸々迯てそ退ける。迯て退き去て訴訟言上、本証寺寺中の悪僧徒等我に恥辱を与る事、上々の御なおり偏に御遁れあるへからす。彼を被致仰付ハ、悪行弥止むへからすと、我か身に非儀なき由に、坊主悪行甚しき旨念比に言《ゴン》上に及へハ、御憤不斜して、然らハ野寺へ押寄セて彼奴等を打着し(ママ)、右の恥辱を雪くへしと仰を蒙り、悦ひて人数を率し押寄て、僧俗共に打着し、鳥居の庫蔵を打破り、財宝悉散乱し金銀青銅を投捨つれは、本より下賤之者共手々に取て迯にける。最中存分これなりと駒の手綱を引返し各々帰宿、其段早速登城被致て、首尾宜く披露を遂け、御憤ハ止にけり。かくて本証寺中の僧俗打着に逢耳ならず、鳥居も庫蔵を打破られ、剰へハ財宝も皆々散乱仕。住持無念に思ひ、三ヶ寺五ヶ寺を初として懇意の一家へ廻文して、土呂の御堂へ集会いたし、只壱筋無頼ニより幾か程なく相談堅く相究、人数を催、岡崎へ針崎よりも打て出を上和田にて押へられて合戦の程、永禄六年の春家康公廿二の御年と申也。本願寺一揆之節は、高田宗門之分は御味方申、桑子村明眼寺惣堀さらへ、かり櫓をあけ、佐々木之手を押候。明眼寺の鐘打次第家康公佐々木野寺御出馬の筈にて、明眼寺鐘の音にて下渡り川を御渡り、佐々木野寺の手御懸り可有之時、土呂御堂より針崎へ向押寄参故、家康公桑子の手より御引返し上和田へ御出合ひ候。上野ゟ小豆坂ニ而御合戦在之、則首実見、菅生天王前ニ而百三十在之。満性寺旦那寺中御味方ニ出、土呂御堂にて色々乱放（ママ）取致、至今在之。百三十の首之内九十一番目之首、満性寺旦那鶴田惣七郎と申者取申首也。其後御家中を初、御分国中在々所々に至るまで、一向宗旨御禁制急度被仰付、御意不相背して令改宗。其後家康公遠州に被為成御座、岡崎の城をは三郎殿へ御譲リ、石川安芸守同姓日向守父子御守に相添候。其節日向守殿母儀、一向宗旨御詫言申上られしにより、則一通の御赦免状を被成下云々。

本くわんし門との事、此たひしやめんセしむるうへハ、分こく中前々よりありきたるたうちやう、さういあるへからす、しからハこのむね申こさるへく候、仍如件、

天しやう十一年　　御朱印

十二月卅日

ひうかのかミ

はゝかたへ

此書付当国岡崎満性寺家東泉坊教山に借りて書写もの也、

天和三壬亥臘月五日夜燈下書写之もの也、

（句読点は筆者）

（3）東泉寺所蔵。筆者は十代竜海とおもわれる。

（4）内閣文庫本奥書に「于時元禄拾五初春晦日書写畢」とある。『国書総目録』には大谷大（明治写）・京大・早大・旧岡崎・牧野各図書館本、豊川市加藤五一氏本があげられている。外に岡崎市滝町野村哲之氏所蔵の宝暦三年写本（以下野村本と称す）があり、奥書に

「于時宝暦三年癸丑五月端午書写之　飛石窟藤恒斉」とある。

(5)『日本歴史文庫』版底本。

(6) 日本思想大系『蓮如　一向一揆』所収の「宗乱記」の底本である。以下「宗乱記」の引用は思想大系本による。

(7)「宗乱記」の原蔵者中村左仲号寓岩について知りうるところは少ない。愛知図書館所蔵の「岡崎領主古記」末尾は、

右此書ハ、水野監物侯岡崎在城之節宝蔵ニ有之、岩津妙心寺ノ管農中村左京故有テ書写ス、于時寛政十一己未春写置之者也、但し朱添書ハ東武儒者柴田右仲改名中村左仲ト申仁ノ作ナリ、此仁ノ志願ニハ御当家御先祖親氏公ヨリ巳来御八代之旧書等種品雖有之、或ハ誤、或ハ偽多クシテ一書モ難信用、因茲当州ヘ立越、数年経古実相糺度由ニテ、此国之御由緒ノ寺社方及俗家并旧地ヲ為見聞、悉巡村ノ上数本ヲ写、僕知人故因ニ此仁ノ名顕爰ニ置者也、（稲垣弘一「竜城中岡崎分間記〈一―四〉」の四、『岡崎市郷土館報』五）。

と伝える。これによれば中村左仲は旧名柴田右仲で江戸の儒者となる。菅生満性寺所蔵の家康子の岡崎三郎信康書状の写しを同寺に送った一紙の端裏に中村左仲とあり「文化五年戊辰七月　信好印」とある。印文は柴田信好と読めるから、中村左仲は旧姓柴田で実名を信好と称したのであり、おそらく岩津の豪農中村右京の婿養子にでもなったのであろう。この左仲信好が満性寺に送った信康書状は設楽郡長篠村の医者阿部玄説の許にあった写本によるとある。したがって左仲が三河各地を巡回して徳川（松平）関係資料を求めたという事実が裏付けられる。とすると「宗乱記」はこの左仲寓岩の著作ということも考えられる。しかしその生存年代は十八世紀後半から十九世紀前半であるから、その成立年代はこれ以上さかのぼらせることはできない。

なお鍋田三善と中村寓岩の関係について中嶋次太郎氏は『碧海郡誌』によって、矢作光明寺に食客としていた寓岩なる人物が、文化年間に刻苦して鍋田系図を編纂したとしている（『三州一向宗乱記評釈』）。この寓岩が中村左仲と同一人物とすれば、三善が「宗乱記」を所写した事情も理解しえよう。

(8) 上記二書本文未見。近藤恒次『三河文献綜覧』による。

(9) 以上二本内閣文庫所蔵。

(10) 豊橋市立図書館所蔵。

(11)「宗乱記」、思想大系本二八八頁。

（12）　笠原一男『一向一揆の研究』一四章四節。
（13）　煎本増夫「三河一向一揆の再検討」（『史学雑誌』七八—九）。
（14）　「雑録」は、上宮寺四一代真祐（聖徳太子を初代とする）が伝来の古文書や寺伝を集成して編集した「古今纂補鈔」五巻（享保十年自序）を、四四代乗槃が享和三年に要約したものである。ところが「古今纂補鈔」全五巻のうち一揆の頃にあたるはずの第二巻は現存せず、その原型は推定することができない。
（15）　煎本前掲論文、四九—五三頁。
（16）　近世の矢作川舟運の存在から鷲塚・平坂・大浜湊より信州にまでつらなる流通ルートの存在も推定されているが、慶長十年（一六〇五）の新川開さく以前の矢作川の流路は現在の矢作古川で、幡豆郡で三河湾に流入していた。鷲塚らが矢作川口の湊となるのは新川開さく以後である。大浜・鷲塚等が西三河の湊として重要であり、『宗長手記』等にもその名がみえるが、西三河全域を対象とする流通機構の想定にはいまだ具体性が乏しいといわねばならない。なお『安城市史』三六八頁参照。
（17）　坂本勝成「中世的寺社権力の否定過程について」（『立正史学』三〇）。
（18）　大泉寺文書（中村孝也『徳川家康文書の研究』上巻、二一—二頁）。
（19）　同前、（同前書二二—三頁）。
（20）　高隆寺文書（同前書二四頁）。
（21）　浄妙寺文書（同前書二六頁）。
（22）　このほか永禄元年七月十七日付六所明神神主宛社領安堵状（同前書二九—三〇頁）にも「妙台寺《（明大寺）》上下六所神主於屋敷、門次諸役并竹木切取事、如前々可為不入者也」とあるが、同文書は真偽未定である。
（23）　中村孝也『徳川家康伝』、『岡崎市史』別巻上等による。
（24）　北島正元『江戸幕府の権力構造』九五—六頁。
（25）　古文書集（『徳川家康文書の研究』上巻、七二—三頁）。
（26）　『三川古文書』所収、永禄五年八月六日付松平源七郎宛知行宛行状（『徳川家康文書の研究』上巻、四八—九頁）。
（27）　弘文荘所蔵文書、（『徳川家康文書の研究』上巻、三一—二頁）。

(28)『安城市史』、三〇九―一一頁。
(29)法蔵寺文書、天文二十二年十月二十一日付治部大輔（今川義元）安堵状（『岡崎市史』第八巻、五八七頁）。
(30)法蔵寺文書（『徳川家康文書の研究』上巻、三五頁）。
(31)「古今消息集」五、『徳川家康文書の研究』下巻之二、一三二―三頁。
(32)無量寿寺文書。
(33)同前（『徳川家康文書の研究』上巻、四六―七頁）。
(34)閣本「拾遺録」には張紙して「イニ一向宗祐欽専福寺現住也同宗渡村善秀此両僧ヲ召テ被仰ケルハ」とある。これは本文とは別筆であり、五人とする所伝は閣本「拾遺録」成立段階から存在したことになる。閣本以外はこの張紙にいう異本の所伝が記されたわけであり、したがって節末にも二人の動向が記されているのみである。
(35)上宮寺文書（『新編一宮市史　資料編』第六巻、四六三―七五頁）。
(36)「如光弟子帳」（同前書四四八―五六頁）には「オカサキ　一箇所」とあるものの発展形態である。専福寺は室町期の十二光仏を蔵するところからみて、本願寺改派以前からの上宮寺末道場であろう。
(37)「温故追補」（西尾市立図書館岩瀬文庫所蔵）所収。
(38)『岡崎市史』第七巻、四九一頁。
(39)「閣本拾遺録」の三人の伝は次のようである（句読点筆者）。

正秀ハ山州伏見ノ郷ヘト逃去リシナリ。天正年中帰参仕り御城下亀井ドノ上ニ一宇再立シ、先ツ鸞上人ヨリ付属ノ十字名号ヲ本尊ト仰キ、其後万徳寺ト寺号アリシガ、子細アリテ今ハ岡崎興蓮寺是也十字名号ハ今高宮村万徳寺ニ所持ス。明秀ハ勢州ヘ落去リシトナリ。帰参ノ後ハ御城下唐沢ニ道場ヲ立テ勝蓮寺ト云。其後矢作村柳堂ノ旧地ノ傍ニ引越シ、今ニ矢作アリ。往古矢作橋浦ニ本願寺蓮如上人ノ御弟子蓮智随専坊トテアリ。天正帰参比能見村ニアリシガ、勝蓮寺引ニキ矢作ニシヨリ随専坊岡崎ニ出テ四ケ寺ノ中ニ入リ、今覚恩寺是ナリ。

秀了ハ濃州ヘ逃去リケリ。元来矢作ノ宿柳堂薬師寺ニテ親鸞上人一七日御説法ノ霊地ナリ。其節ハ岡崎御城中筑山ト云所ニ引越シタリシカ、帰参ノ後ハ岡崎伝馬町ノ裏ニアリシトナリ。今ハ十王堂ノ裏ノ西照寺是ナリ。

（40）『岡崎市史』第七巻所収（五一〇頁）の西照寺古系図によれば、同寺は矢作の柳堂薬師寺の跡で和田門徒系の寺であったが、円覚―円秀と次第し、円秀に嗣子なきため円秀室が浦辺の渡辺源左衛門重秀女であった所縁により、同じく渡辺党の源五左衛門重綱の子半七郎重之が永禄一揆の後桑名最勝寺で剃髪して秀了と名乗ったのを円秀の養子にしたという。秀了は石山合戦に活躍して慶長十六年に六十五歳で没。子順法は元和六年没。その跡に本多伊勢守忠利養子となって本多左京と称して忠利死去後上宮寺に帰っていた上宮寺一〇代尊祐八男祐寿を入れた。祐寿は十八歳で得度し、寛永十四年に没したという。

（41）『岡崎市史』第七巻、五一一―三頁。

（42）註（39）参照。

（43）『岡崎市史』第七巻、五〇一―三頁。

（44）煎本増夫「三河一向一揆の再検討」（『史学雑誌』七八―九）、「永禄末年における徳川氏家臣団の動向」（『地方史研究』九五）。

（45）「桜井之松平監物殿も荒（揆）河殿ト仰被合て、別心ヲ被成けり」（『原本三河物語――研究・釈文篇――』一〇四頁）、「扨又、松平七郎殿ハ大草の城ヲ持て、一騎ト一見シテ御敵に成給えバ、是も土呂同前に御カイヱキヲ被成ケレバ、何クヱ行供無、跡方モ無シテ、七郎殿跡は絶タリ」（同書、一〇八頁）、「佐崎に松平三蔵殿ゝ城ヲ、勿て居給えハ、御家勢ヲクハヱ給ふ」（同書、一〇七頁）、「扨又、佐崎にハ松平三蔵殿、御家勢ヲ申請て御忠節有」（同書、一一一頁）。

（46）「桜井の松平監物も御敵に成」、「松平三蔵三左衛門弟大草の城を持、今度一揆に一味して敵に成、彼家来大田善大夫已下皆敵に成候間、岡崎衆に攻落され、三河に安堵しがたくて西国へ浪人有、後には加藤主計頭に在て、加藤左助と改名し、天草の合戦に討死しけると聞えし、是は内藤弥次右衛門が妹聟にてありし也」。

（47）『三川古文書』、永禄五年八月六日付松平源七郎（康忠）宛松蔵源元康知行宛行状（『徳川家康文書の研究』上巻、四八―九頁）。

（48）「古文書集」十三之五（『徳川家康文書の研究』上巻、五二頁）。

今度、大野取出之儀就申付、佐々木郷入作以下、三左衛門如所務如前代不可有相違者也、

永禄六年癸亥六月　蔵人元康

松平三蔵殿

（49）浅草文庫本古文書（『徳川家康文書の研究』拾遺、一〇頁）。

(50) 「中納言」なる人物は不明であるが、大樹寺文書「天」十二、永正十六年七月十二日付二郎九郎宛二郎四郎売券にみえる「さゝきのなかつかさ殿」と何か関係があるかもしれない。

(51) 『徳川家康文書の研究』拾遺、一〇頁。

(52) 『寛政重修諸家譜』第一三、一九四—五頁。これは註の『松平記』の記述とほぼ一致する。

(53) 註(51)に同じ。

(54) 上宮寺は松平三蔵について「宗乱記」等と全く異なる話を伝えている。松平三蔵信次は尾張梅森城主で同所の上宮寺末寺眺景寺の本尊を寄附した開基旦方で弘治二年四月朔日没。子信之は直勝ともいい、天正十四年五月十四日に没し、その廟所は上宮寺の近辺にあるという(上宮寺「乗槃雑録」、過去帳)。これによれば直勝と同一人物とされる信次はその父親で、一揆の数年前に死んでいる。三蔵家は松平庶家のどの系統かも、またその世代も不明のため混乱がおこっているわけで、その一族に一揆に加わった者はあっても三蔵自身は家康方であったことは間違いない。

(55) 『寛政重修諸家譜』巻一、一四一—二頁の大草松平系譜は次のようである。

信光五男光重 ― 昌安 ― 七郎某 ― 三光 ― 正親 ― 康安
　　　　　　 └ 親貞

七郎某は「永禄六年一向専修の門徒叛きまいらせし時、七郎も東条の吉良義昭にくみし、大草の手のものを率ゐて東条城にこもる。七年二月義昭没落して近江国にのがるゝに及び、七郎もまた逐電す」とある。孫とされる正親は「清康君、広忠卿、東照宮に歴仕し、永禄三年五月十八日棒山(或いは丸根)の砦をせめ給ふ時、さきがけして討死す、年四十八、法名真浄」とある。このとおりとすれば、正親討死の時七郎某は八十歳以上と推定される。しかも孫が清康以下三代に仕えたというのであるから、その点では七郎の一揆加担は無理となる。正親は七郎某の孫ではなく、兄弟等の系にかけるべきものではなかろうか。

(56) 上宮寺の記録は酒井正親系は代々上宮寺門徒と伝えるが(雑録)、『寛政重修諸家譜』では大樹寺檀那であったが正親の父清秀の代に清康の命で禅宗竜海院檀那となったとある。忠尚・忠次系は大樹寺檀那であったことは『寛政譜』の伝えどおりで、大樹寺過去帳にも両人の父忠善の没を記している。

(57) 『寛政重修諸家譜』ではわからないが、『藩翰譜』所収石川系図では清兼は天正六年四月十一日卒とあり、一揆当時は在世中であった。ところが諸書は清兼の動向を一切伝えていない。老臣の立場と門徒団の中核の立場の矛盾に苦しんで具体的行動にでなかったと考えられる。もっとも三男家成が永禄元年頃より清兼の職務を継いだようであるから、当時すでに隠居していて表面に出なかったとも考えられよう。

(58)『寛政重修諸家譜』第三、三頁。
(59)同前、三〇頁。
(60)石川玄『浄土真宗と三河石川』四一頁。
(61)『士林泝洄』一（『名古屋叢書続編』一七）二五七頁。
(62)『寛政重修諸家譜』第三、三頁。
(63)同前、一七頁。
(64)上宮寺「乗槃雑録」。
(65)『寛政重修諸家譜』第一一、二七八頁。『三河物語』には「本田豊後守は、土井之城に居て、土ろ・鍼崎に向有て之御忠節成」とある。
(66)『寛政重修諸家譜』第一一、二七八頁。
(67)同前書二五九頁。
(68)上宮寺「乗槃雑録」。
(69)「本多要枢記」上（岡崎市立郷土館中根文書本）。
(70)『寛政重修諸家譜』第一一、二〇九頁。
(71)同前、二〇八頁。
(72)古文書集十三之五、永禄四年六月二十七日付本多豊後守宛家康所領宛行状。（『徳川家康文書の研究』上巻、三九―四〇頁）。
(73)『家忠日記増補』永禄六年十二月七日付所領宛行状、（『徳川家康文書の研究』上巻、五七―八頁）。
(74)『寛政重修諸家譜』第九、二八九頁。
(75)『藩翰譜』（人物往来社版）第二巻、一三―四頁。

永禄六年の秋の比より不思議の大変出来て国中以ての外に騒動す。縦令ば当国佐崎といふ所に上宮寺といふ寺あり。彼寺の僧侶、徳川殿に叛き参らせ、野寺、針崎の寺々に牒し合はせ、門徒の郷人等駈け催し、吉良義昭を大将におし立て、東条の城に移し入れて、国中の一揆等所々に蜂起す。徳川殿、宗徒の人々を召して、一向専修の教法、此の国に行はるる事年久し、譜代の家人等、多くは彼寺々の檀那たり、速かに其の宗門を改め彼逆徒に組すべからざる旨の起請文を書きて参らすべし、と仰せ下さる。彼檀那等、各寄合ひ寄合ひ詮議す。抑衆生の四恩、何れ浅深はあらず、去りながら君父現当の恩よりも、如来悲願の大恩は、未来永劫を経るとも尽くる期、更に有るべからず、さればたとへ譜代相伝の主君に叛き奉るとも、如何で仏法の破滅を擁護せざらん、と同意一統して、或は兄弟引き別れ、或は父子と打連れて、都合侍八百余人皆寺へぞ籠りける。

(76) 『藩翰譜』第二巻、一八〇―一頁。『寛政重修諸家譜』第一四、三三二―三頁。

(77) 「松平家譜」(『徳川家康文書の研究』下巻之二、一三六頁)。

(78) 同前、一三六―七頁。

(79) 『家忠日記増補』(同前書五九―六〇頁)。

(80) 「拾遺録」による。「宗乱記」には石手道金。天文十八年本証寺連判状に「山さき石河道金正家」あり、あるいはこれにあたるか。

(81) 『家忠日記増補』(『徳川家康文書の研究』上巻、五七―八頁)。

(82) 伊予田盛枝氏所蔵家康書状写、重松明久「三河一向一揆の性格」(『西三河地理歴史論集』四〇頁所収)。

此度上野之寺内、一揆与党之向寄ニ付、人数多籠置之処(?)、兵粮払底ニ付、繋(?)之砦ゟ領ニ可入候、上野寺内江ハ、阿弥(陀脱カ)堂ゟ繰合差配尤候、猶松平善兵衛可申也、

永禄六年十二月廿一日　　松蔵人家康(在判)

伊与田太郎蔵殿

現物を見ていないので重松氏所引のものによったが、上野寺内は浄土宗隣松寺のことで酒井忠尚のこもった上野城の東約一キロにあたり、向城としては絶好の地といえる。意味不明のところもあるが、上野向城の兵糧が払底したので、阿弥陀堂の砦(阿弥陀堂は隣松寺東南約一・五キロの字名)より補給を命じたものであろう。上野城と酒井忠尚について諸書の言及が少ないので、確かなものであればその地域の状況を知る貴重な資料である。伊予田家は近世阿弥陀堂村の豪農の一員で明らかな偽文書も蔵するというから(田中善一「伊予田与八郎」、『熱田神宮とその周辺』所収)、確実性には若干の留保が必要であろう。

(83) 大樹寺文書「判」(『徳川家康文書の研究』上巻、六〇―一頁)。この文書について中村孝也氏は家康と改名した直後であるから、祖先以来の菩提寺に対して新たに三ヵ条の定書を下したのであろうとされている(『徳川家康文書の研究』上巻、六一頁の解説)。大樹寺宛家康文書の最初であるからその通りともいえるが、この文書の宛名は同寺十二代住職昇蓮社進誉上人宛になっているから、その大樹寺住持継職に際してのものであろう。
(84) 『朝野旧聞裒藁』所収貞享書上、辻善之助『日本仏教史』中世篇之五、二三〇頁。
(85) 『家忠日記増補』(『徳川家康文書の研究』上巻、五七―八頁)。
(86) 中村吉治「戦国時代の徳政」(『中世社会の研究』所収)。
(87) 日本思想大系本、二九七―三〇五頁。
(88) 『断家譜』第二、三二〇頁。
(89) 西蓮寺文書、本書三〇八頁参照。
(90) 日本思想大系本、三〇六―九頁。
(91) 妙源寺文書(『徳川家康文書の研究』上巻、八二頁)。
(92) 『徳川家康文書の研究』上巻、八三頁。
(93) 閣本「拾遺録」はこのあとに次のように言っている。信長召出し切腹は正しくない。
　但シ上宮寺大カノ坊ハ如光ト号セシ、是ヨリ先ニ死去セシトナン、其時ノ住持ハ真祐ト云、其ノ子性祐ト云シカ、一揆平均ノ後チ佐々木ヲ擯出シ、尾州刈安賀ニ蟄居セシヲ、信長公閣召シ、三河ヲ背タル者ナル故父子共ニ捜出シ切腹サレラル、此ノ両人大カニアラスト云ヘリ、恩任寺于今アリ、杉浦子孫モ于今アリ、
(94) 『寛政重修諸家譜』第六、三五頁。
(95) 同前、一〇三頁。
(96) 『岡崎市史』別巻上、三九五頁。
(97) 『寛政重修諸家譜』第三、二二頁。
(98) 「桜井村村誌」(『安城市史』資料編、四七九頁)、円光寺由緒書。

(99) 『寛政重修諸家譜』第六、三四頁。

(100) 『家忠日記増補』「拾遺録」は斎藤某が一揆方の吉田四郎左衛門に働きかけたのがきっかけとしているが、『三河物語』『松平記』にはない。

(101) 無量寿寺文書（『岡崎市史』別巻上、四〇〇―一頁写真）。

(102) 『三河物語』『松平記』『家忠日記増補』には月日は記されていない。

(103) 西蓮寺文書（『安城市史』二六五―六頁）。

(104) 『三河物語』。ただし三河国内で没したとの説もあり、また没年や忌日、墳墓の所在についても諸説あって定まらない。『西尾町史』上、一七七―八頁参照。

(105) 『寛政重修諸家譜』第二、四三頁。

(106) 同前第九、二九四頁。

(107) 同前第八、一一八頁。

(108) 「竹松隼人覚書」（『蓮如　一向一揆』所収）、同書解題（同前書六六〇頁）。

(109) 『寛政重修諸家譜』第一一、二九一頁。

(110) 大樹寺文書「寮」。

(111) 同前「地」、酒井康家田地売券。

(112) 同前「地」、いた（井田）九郎兵衛田地売券。署名は異なるが花押は註（111）文書と同一である。

(113) 同前「地」、内田五郎兵衛門信家・同与一郎信次連署田地売券。

(114) 同前「地」、中山大井野橘平田地売券。

(115) 同前「地」、孫三郎田地売券。

(116) 知立神社文書（『知立市史』文化財編所収）。

(117) 妙源寺文書、天正六年九月二十八日付松平甚太郎家忠・同周防守忠次連署寄進状。

永代奉寄進下地之事

①合畠八段五ツ内、桑子北宮石之代八貫め
②合　四　段在所宮石、畠弐段、まこも屋敷、弐反、此内田四百め、以上参貫弐百め、
③合畠八段在所桑子北五段団粉畠之内、年貢参貫百文ほツ田共ニ、又桑子ミなミ三段寺名之内、年貢壱貫九百め、ほツ田共、
④合田弐段在所とミなかの前壱石め、池端彦左衛門
⑤合田壱段在所かうなき、石米八斗め
⑥合畠壱段在所桑子南真嶋ノ東、年貢八百め、

右奉寄進田畠之儀、張忠康忠（松平甚六郎・右京進）任一札之旨、於末代無異儀、諸役不入色成之儀致新寄進之上者、縦向後何様之儀申出候共、不可有許容候、於此田地子々孫々違乱煩有間敷者也、仍永代状如件、

天正六戊寅九月廿八日　　　　　　松平甚太郎
　　　　　　　　　　　　　　　　　　家忠（花押）
　　　　　　　　　　　　　　　　同　周防守
　　　　　　　　　　　　　　　　　　忠次（花押）

明眼寺

右の田畠のうち①は天文七年三月五日に松平甚六郎康忠が「平岩名字中」より買得して「不入申合せ候間壱反ニ廿文宛色成し之年貢本名へ可有御納所候、此外諸御公事以下之儀不可有之候」と寄進、②は享禄四年十月十七日に松平甚六郎康忠・右京進張忠が「張忠分領」を「永代不入ニ寄進申処実正也、然者為御礼銭十八貫文懸御意候」とした地、③は天文二十年三月二十八日に嶋田弥六広正・佐賀利式部丞綱秀・大塩藤大夫忠良が「桑子御太子江奉寄進候、不入仁申合候上者年貢諸役以下不可有之者也、将為御礼銭拾貫文給候」とした地、④は先行する文書は見当らないが、⑤は天文七年三月二十二日に平岩九郎衛門張元が「年貢諸御公事者自本名致沙汰候間、毎年色なしの年貢百文之外諸役不可有是候、特ニ松平康忠御判形取進之候」として七貫文で売却した地、⑥は天文十九年六月十日に松平甚次忠吉が「件之畠者新屋敷被立候間、永代不入ニ御太子江奉寄進者也、但為御礼銭弐貫五百文給候」とした寄進地であった。

(118)『徳川家康文書の研究』上巻、六五一—七〇頁。
(119)「宇野主水日記」(『石山本願寺日記』下、五〇三頁)。

(120)「宇野主水日記」(同前書、五〇四―五頁)。
(121)『徳川家康文書の研究』上巻、五五八頁。
(122)辻善之助『日本仏教史』近世編之一、三三五―六頁。
(123)『多聞院日記』天正十一年閏正月十二日条。
(124)大谷派本願寺文書、天正十二年四月十日付本願寺宛家康書状(『徳川家康文書の研究』上巻、五九二―三頁)。
(125)秀吉は天正十一年の柴田攻めの際、越中瑞泉寺に書状を送って一揆蜂起を要望している(瑞泉寺文書)。笠原一男『一向一揆の研究』七六五頁参照。
(126)本願寺文書(『徳川家康文書の研究』上巻、五五七頁)。
(127)上宮寺文書。
(128)当時の三河教団には三ヵ寺、五ヵ寺、七ヵ寺等の呼称があった。三ヵ寺は本・勝・上の三寺、七ヵ寺は三ヵ寺に中之郷浄妙寺・長瀬願照寺・平坂無量寿寺・青野慈光寺の四ヵ寺を加えたものである。五ヵ寺は浄・願・無・慈の四寺に大岡明堅房を加えたものである。明堅房はのち本郷正法寺(岡崎市)となったが、なぜ五ヵ寺の一員となったか明らかではない。
(129)註(133)文書参照。
(130)「拾遺録」「宗乱記」『岡崎市史』第七巻、四九一頁。
(131)青野慈光寺十世教寿は石山合戦に参加し、天正十年六月兵糧運搬中に江州坂本で信長の兵に怪しまれて殺されたという(慈光寺系図)。年代等若干疑問はあるが、ほぼ事実とみられる一例である。
(132)加茂郡足助町月原《わちばら》明専寺は本証寺空誓をかくまい、のち石山合戦にも参加したが、家康の真宗禁制のため、故地をすてて天正八年越後に赴き、のち信州に定着した(現長野県上水内郡信濃町柏原)。明専寺の故地には明誓寺が再興されたという。寺伝に若干の疑問もないではないが、真宗禁制によって他国へ赴いた例とすることはできよう。なお月原義方・寺島恭一郎著『明専寺の歴史』(明専寺発行)参照。
(133)上宮寺文書、年代比定の根拠は、三月大は天正十二年以後十六年までの間では天正十三年のみであることによる。
(134)上宮寺文書、(天正十三年)十月十一日付常楽寺殿様宛尊祐書状。

(135) 上宮寺文書、(天正十三年)二月朔日付上宮寺宛八木駿河守重仍書状。
(136) 同前、(天正十三年)五月十三日付佐上様宛重仍書状。
(137) 同前、(天正十三年)六月十五日付刑部卿法眼宛本多作左衛門重次書状写。

(猶書略)

急度申候、只今手まへハ本証寺殿自去年当春迄旧跡ニ道場御建、其上拙者以肝煎家康号赦免、近辺之門下御咄之由候、左様成儀拙者一円不存候、雖何被仰事驚存候、右之理不存候処、去年三月中御進退御迷惑之由候間、本証寺へ折紙ヲ進之申候処、其ヲ被成証拠、海塚殿様へ御訴訟被成候由候、右之理不存にて遣申候間、其ハ証拠ニ罷成間敷候、其前後煩敷候之砌ニ候へハ、今度安芸後室方へ御折紙之写参候間披見申候へハ、一円不存之文躰候、猶以自家康本証寺免許之趣者不被申候、去年於尾州就錯乱御迷惑之由候間、先々御国一篇之間、三劦境目迄深御忍候へと申候処、旧跡ニ道場建、拙者虚言被仰付候事一段迷惑候之間、海塚様之得御意、御家中如御作法被仰付者忝可存候、此上も御聞分於無之者、貴坊様頼入、何ケ度も御訴訟可申候、追而申候、近年安芸後室肝煎等大方ニ無之候、只今拙者引懸後室へ虚言被仰懸候事一円不聞候、猶以今度本証寺以御覚悟我等迷惑仕候、御分別候て早々御披露所仰候、委曲御報待申候、恐々謹言、

本多作左衛門
重次
六月十六日　自駿州湯山

刑部卿法眼(下間頼康)
人々御中

(138) 同前、(天正十三年)六月二十三日付下間刑部卿法眼宛石河家成・同康輝・酒井忠次連署書状写。
(139) 同前、年月欠(天正十三年六月頃)六日付人々宛ゐんきよ(妙春尼)書状。
(140) 「宇野主水日記」天正十四年十月一日条(『石山本願寺日記』下、五四八頁)。秀吉と家康の間の「存分」は家康上洛をめぐる問題である。
(141) 本証寺文書(『徳川家康文書の研究』上巻、六七六頁)。

(142) 本願寺文書、(同前書、六七五―六頁)。
(143) 『続史料大成』一九、二二九頁。
(144) 上宮寺文書、(天正十六年)十月十七日付上宮寺宛賀藤三右衛門信世書状。

結　語

永禄六年秋から七年春にかけての三河一向一揆は、中世後期に東海・北陸・畿内におこった一向一揆と比較してどのような特質を有したというべきであろうか。三河一揆は西三河の門徒領主連合を中核とし、門徒農民との連合戦線によって、家康の戦国大名的支配体制の確立に反対しておこったものである。この点で、諸地の一揆とは明瞭に区別されるものであるが、全体的傾向としては石山合戦期の各一揆に近似しているといえる。何故ならば、重層的な職の体系による土地支配を基盤として成立していた在地領主門徒中心の「門徒領国」的体制の存在をかけた戦いという一面を有するためである。もちろん石山合戦期、あるいは十六世紀以降の後期一向一揆はすべて本願寺の指令によっておこったのであるが、本願寺の関与が全くみられなかった点で、三河一揆は特異なものとすることができよう。

なお三河一揆もまた他地域一揆と同様に、根底には門徒農民の利害が存在したからこそ激しく、広汎に戦われたのであり、中世後期の多様な形態での農民闘争の蓄積の上にたって把握されねばならない。たとえ三河におけるその実例が充分検証しえないにしても。この点は石山合戦期の一揆を理解する上で重要な示唆を与えるもので、石山合戦も単に宗教戦争、あるいは「門徒領国」支配層の利益擁護のみの戦いではなかったはずである。

注意すべきことは、三河は信長の本国尾張の東隣であり、一揆の前年には織田・徳川同盟が成立していることである。信長の対本願寺・一向一揆政策が、石山合戦に先行すること七年前の三河における家康の経験から何を学んだのか、これは石山合戦と信長政権の成立過程を考える重要な視点といえるであろう。また三河一揆の経験が、家康のその後の農民支配や宗教統制政策にどのようなつながりを有したかは、徳川幕府成立過程理解の問題として重要であろう。

本稿によって三河一向一揆の過程は一応明らかにしえたと考えるが、その対極に位置した松平・徳川氏に関しては、究明すべきことは多数あるにもかかわらず、明らかにしえたことは極少であった。これは一向一揆の前提という本稿の立場上やむをえない制約である。これを出発点として、松平・徳川中心史観を克服する方法が積極的に模索されねばなるまい。なお一向一揆研究でありながら、宗教的側面すなわち一揆のイデオロギーや門徒の意識等についてはまったくふれることができなかった。さしあたっては前稿の名を提示することで責をまぬがれることとしたい。(1)

註

(1)「一向一揆の思想構造についての一試論」(『日本歴史論究』所収)、「一向一揆」(『講座日本史』三)。

第二刷のあとがき

本書は十四年前に「日本宗教史研究叢書」の四冊目として刊行された。叢書中の一冊であるためページ数などに制約があり、提出原稿から四〇〇字詰用紙で約一五〇枚を削減しての刊行であった。削減したのは第二章・第六章の一部であり、さらに終章を大幅に縮めて結語という形にした。終章以外の削減部分は次の独立論文として発表した。

(1)「伊勢氏と松平氏」愛知教育大学歴史学会『歴史研究』二一、一九七四年

(2)「最初の徳川家康文書」『日本歴史』三一七号、一九七四年

(3)「天正末年の三河本願寺教団と徳川家康」和歌森太郎先生還暦記念『近世封建支配と民衆社会』、一九七五年、弘文堂

これらは論文としての体裁を整えるために、当初の姿を相当変えているが、構想は一連のものであった。

第一刷刊行後、補遺にあたる論文を二点発表した。

(4)「〝松平中心史観〟と『三河物語』」名古屋歴史科学研究会『歴史の理論と教育』三九、一九七六年。のち小和田哲男編『徳川氏の研究』（戦国大名論集12、一九八三年、吉川弘文館）に収録。

(5)「三河一向一揆論補遺（その一）」中世史研究会『年報中世史研究』二、一九七七年

加である。

(4)は第二章第一節にかかわるもので、(5)は第六章第一節について、「守綱記」(「渡辺忠左衛門覚書」)等の史料の追

刊行時に次の方々の書評で多くの御批判・御指摘をいただいた。

煎本増大『史学雑誌』八四編十一号(一九七五年十一月)

金龍　静『史林』五九巻三号(一九七六年五月)

所理喜夫『歴史学研究』四三五号(一九七六年八月)

河合　勲『日本史研究』一六九号(一九七六年九月)

また論文や学界動向で言及下さった方も幾人かおられた。そこで指摘された多岐にわたる問題点の一部に答えた内容の論文が二点ある。

(6)　「十五世紀三河の守護と国人」『年報中世史研究』四、一九七九年

(7)　「一向一揆と徳政令」北西弘先生還暦記念『中世社会と一向一揆』、一九八五年、吉川弘文館

(6)は十五世紀中葉までの三河の政治状況、(7)は西三河の寺内町と家康の徳政令に関するものである。なお所氏から御指摘をうけた点であるが、本書第二章第三節(とくに二九ページ八行目から三〇ページ一〇行目)で、松平氏は松平郷ではなく岩津出身ではないかとしたことは、全面的に削除すべきものと現在は考えている。

第一刷刊行の頃には三河関係史料の翻刻は大変遅れており、三河中世史研究の低調の原因であった。一九七七年から開始された新編岡崎市史編さん事業において、岡崎市内と周辺地域の中世文書の大部分を『新編岡崎市

史』6史料古代中世として、一九八三年に刊行することができた。本書所収の地元史料はほぼ網羅してあり、かつ本書で言及しなかった史料も多くあり、三河一向一揆と松平氏研究に役立つ多くの新材料を提示しえたと信じている。

刊行以後の三河一揆と松平氏に関する諸氏の研究は数多い。それらの大要は、戦国大名論集12『徳川氏の研究』(一九八三年)、同13『本願寺・一向一揆の研究』(一九八四年)の文献目録、および『史学雑誌』回顧と展望号などの学界動向を御参照願いたい。また本書の内容と関係深い研究書に次の三氏のものがある。

煎本増夫『幕藩体制成立史の研究』、一九七九年、雄山閣出版

所理喜夫『徳川将軍権力の構造』、一九八四年、吉川弘文館

本多隆成『近世初期社会の基礎構造』、一九八九年、吉川弘文館

本年六月の第二刷決定の際、誤読や校正見落し約一〇〇か所の訂正のほか、書評・論稿における批判点への私見の提示、その後の三河一揆と松平氏の研究動向のまとめなどを内容とする一〇〜二〇ページ程度の補遺を追加する約束であった。その直後から入院中の母の病状が悪化し、七月末に不帰の人となったことから、雑事に追われて補遺を完成できないままに期限が到来してしまった。誤りの訂正は行ったものの、所期のものとは違った形での第二刷になったことをお許し願う次第である。

一九八九年九月十五日　　亡母七七忌を終えて

索　　引

に

ぬ

の

は

ひ

ふ

へ

ほ

み

む

め

も

や

よ

り

れ

わ

刊行の辞

四半世紀の戦後の歴史のなかで、学問の世界が生んだ成果は大きい。それは、日本宗教史の分野においても例外ではない。そうした日本宗教史研究の成果は、多種多様な場において発表されており、それらの成果のすべてを手に入れることは極めて困難である。そうしたところに、研究成果を一冊にまとめることへの要望がたかまって来たのも故なしとしない。それだけでなく、各研究者自身にとっても、永年の研究成果を、あるいは最新の業績を、一つの体系にまとめあげることは、今後の研究進展のためにも重要な課題であろう。

このような要望にこたえて企画されたのが、この「日本宗教史研究叢書」である。なお、ここにとりあげた時代は、古代・中世・近世・近代・現代にわたり、内容は道教・仏教・教派神道・キリスト教・民間信仰・戦後の新宗教など、日本の宗教の全分野におよんでいる。また、問題意識の面でも、思想的・社会的・政治的等々の背景との密接な関連をふまえ、それぞれの宗教の本質を多角的視野にたって究明するという態度をとっている。さらに、全執筆者による研究会のつみかさねのなかに、一冊一冊が生みだされてゆくといった方法をとったことも、この叢書の一つの特色といってよかろう。

以上の意図と方法をふまえて生まれたこの叢書が、今後の日本宗教史研究はもちろん、歴史研究全般にわたって寄与するであろうことを期待してやまない。記して刊行の言葉とする次第である。

昭和四十七年十月一日

笠原一男

一向一揆の基礎構造

―三河一揆と松平氏―

昭和五十年二月十日　第一刷発行
平成元年十一月十日　第二刷発行

著者　新《しん》行《ぎょう》紀《のり》一《かず》

日本宗教史研究叢書

著者略歴
一九三七年　北海道旭川市生れ
一九六五年　東京教育大学文学研究科博士課程修了
現　在　愛知教育大学教授、文学博士

主要著書・論文
『新編岡崎市史』6　史料古代中世（共編、一九八三年）
『新編岡崎市史』2　本文編中世（編著、一九八九年）
「中世都市矢作をめぐる諸問題」（一九八三年）
「一向一揆と民衆」（一九八四年）

発行所　吉川弘文館
（郵便番号一一三）
東京都文京区本郷七丁目二番八号
振替口座東京〇―二四四番
電話八一三―九一五一〈代表〉
発行者　吉川圭三
印刷＝明和印刷
製本＝誠製本

〈日本宗教史研究叢書〉
一向一揆の基礎構造 ―三河一揆と松平氏―（オンデマンド版）

Digital Publishing

2017年10月1日　発行

著　者　新行《しんぎょう》紀一《のりかず》
発行者　吉川道郎
発行所　株式会社 吉川弘文館
〒113-0033 東京都文京区本郷7丁目2番8号
TEL 03(3813)9151(代表)
URL http://www.yoshikawa-k.co.jp/

印刷・製本　株式会社 デジタルパブリッシングサービス
URL http://www.d-pub.co.jp/

新行紀一（1937～2015）
ISBN978-4-642-76704-0